Drittmittelforschung in der Medizin

Schriften zum Strafrecht und Strafprozeßrecht

Herausgegeben von Manfred Maiwald

Band 104

PETER LANG
Frankfurt am Main · Berlin · Bern · Bruxelles · New York · Oxford · Wien

Marwan Hamdan

Drittmittelforschung in der Medizin

Eine Gratwanderung zwischen strafbarer Vorteilsannahme und verfassungsgarantierter Forschungsfreiheit

PETER LANG
Internationaler Verlag der Wissenschaften

Bibliografische Information der Deutschen Nationalbibliothek
Die Deutsche Nationalbibliothek verzeichnet diese Publikation in der Deutschen Nationalbibliografie; detaillierte bibliografische Daten sind im Internet über http://dnb.d-nb.de abrufbar.

Zugl.: Saarbrücken, Univ., Diss., 2008

D 291
ISSN 0938-6181
ISBN 978-3-631-58092-9

www.peterlang.de

Vorwort

Die vorliegende Abhandlung wurde von der Rechts- und Wirtschaftswissenschaftlichen Fakultät der Universität des Saarlandes im Wintersemester 2007/2008 als Dissertation angenommen.

Mein aufrichtiger Dank gilt meinem verehrten Doktorvater, Herrn Prof. Dr. iur. Heinz Koriath, der mich in allen Phasen der Arbeit wissenschaftlich und moralisch unterstützt und mir zugleich alle Freiheiten gelassen hat; seine Anregungen waren mir eine große Hilfe, wie auch sein persönlicher Zuspruch und – nicht zuletzt – seine große Geduld. Danken möchte ich auch Herrn Prof. Dr. iur. Rudolf Wendt, der die Last des Zweitgutachtens in sehr kurzer Zeit auf sich genommen hat. Danken möchte ich für ihre Mitwirkung im Disputationsausschuss auch Herrn Prof. Dr. iur. Filippo Ranieri und Herrn Prof. Dr. iur. Carsten Momsen.

Ein besonderer Dank gebührt Herrn Prof. Dr. iur. Dr. h.c. Helmut Rüßmann, der mich als seinen wissenschaftlichen Mitarbeiter stets förderte; die schöne Zeit, die ich an seinem Lehrstuhl habe verbringen dürfen und in der ich auch diese Arbeit habe vorantreiben können, wird mir in guter Erinnerung bleiben.

Ferner möchte ich den Herrn RA/StB/WP Dr. iur. Dietmar Benne und Herrn RA Bernd Weiss dafür danken, dass Sie mir in den Endzügen dieser Arbeit die Möglichkeit gegeben haben, bei der Sozietät Benne & Weiss (Wicora – Rechtsanwälte, Steuerberater, Wirtschaftsprüfer) auf Teilzeitbasis tätig zu sein.

Meinen Eltern, Mauricette und Dr. med. Adnan Hamdan möchte ich ebenfalls danken, die den Grundstein zu dieser Arbeit gelegt haben, indem sie mir die Ausbildung ermöglicht, mich während dieser stets gefördert und mir ihre Gewissheit weitergegeben haben, dass man nie zuviel wissen und in (Fort-)Bildung investieren kann. Meinen „kleinen“ Brüdern Jamal Hamdan und Waël Hamdan danke ich für die zusätzliche Motivation, die in der „Drohung“ bestanden hat, ihre jeweiligen Dissertationen vor mir zu einem Abschluss zu bringen – es ist ihnen nicht gelungen!

Mein größter Dank gilt aber meinen zwei Frauen: Ohne meine Ehefrau, Dr. iur. Binke Hamdan, die mich immer wieder zu dieser Arbeit getrieben, in langen Gesprächen meine Zwischenergebnisse stets kritisch hinterfragt, während aller Durststrecken mitgelitten und mir stets mit Rat, Tat und Ermutigung zur Seite gestanden hat, wäre diese Arbeit vermutlich noch nicht fertig gestellt worden. Mein abschließender Dank gilt unserer kleinen Tochter Zoé Hamdan, die durch ihre alleinige Präsenz jeden Tag lebenswerter macht und durch ein Lächeln jeden Ärger und jede Wolke am Himmel vergessen lässt. Ihnen beiden soll die Arbeit gewidmet sein!

Saarbrücken, im August 2008

M. Hamdan

Inhaltsverzeichnis

Einleitung

(1) **Wissenschaftliche Tätigkeit hängt heute** mehr denn je **von der Bereitstellung ausreichender finanzieller Mittel ab**. Dem Staat kommt dabei nach der Werteentscheidung des Art. 5 Abs. 3 Grundgesetz[1] (GG) die Pflicht zu, für die Idee einer freien Wissenschaft einzustehen und „*sein Handeln positiv danach einzurichten, d.h. schützend und fördernd einer Aushöhlung dieser Freiheitsgarantie vorzubeugen.*"[2] Dieses eindeutige Postulat des Bundesverfassungsgerichts aus dem Jahre 1973 scheint in der heutigen Zeit jedoch eher ungehört zu verhallen. Da die Grundausstattung der Universitäten häufig nicht ausreicht, aufwendigere Forschungsvorhaben zu finanzieren, gewinnen Zuwendungen Dritter in der Hochschulfinanzierung zunehmend an Bedeutung.[3]

Der Deutsche Hochschulverband formuliert diese Entwicklung mit folgenden Worten: „*Professorinnen und Professoren sind de iure berechtigt, Forschungsvorhaben durchzuführen, die aus Mitteln Dritter finanziert werden. Diese Berechtigung ist de facto zu einer Verpflichtung geworden, weil die finanzielle Ausstattung der Universitäten regelmäßig nicht ausreicht, um Forschung auf höchstem Niveau zu betreiben. Zudem wird die Drittmitteleinwerbung immer häufiger zum Gradmesser der Reputation der Professorinnen und Professoren.*"[4] In der Tat könnten die Hochschulen ihre Funktion in der Grundlagenforschung ohne die Zuwendung Dritter kaum mehr wahrnehmen.[5]

Dabei hat diese Entwicklung durchaus **auch positive Aspekte**: Drittmittel fördern den wissenschaftlichen Wettbewerb, weil sie eingeworben werden müssen; sie dienen zugleich der Qualitätssicherung, weil die Anträge in der Regel wissenschaftlicher Begutachtung und abgeschlossene Projekte häufig nochmals einer Evaluation unterworfen werden; schließlich geben sie Anreize für den Transfer wissenschaftlicher Erkenntnisse in die wissenschaftliche Nutzung.[6]

Allerdings hat diese Entwicklung auch eine **Schattenseite**: Durch die steigende Abhängigkeit von Drittmitteln wächst auch die Gefahr einer inhaltlichen Determinierung der Forschung und der Einfluss außerwissenschaftlicher Zielsetzungen – und damit einhergehend auch die der Abhängigkeit der Forscher.

Zudem hat der Gesetzgeber die Anforderungen an die Strafwürdigkeit im Bereich der Bestechungsdelikte in den letzten Jahren deutlich abgesenkt.

Hieraus ergibt sich ein Spannungsverhältnis, das in der folgenden Arbeit rechtlich untersucht werden soll. Die folgende Untersuchung wird sich dabei auf den Bereich der Hochschulmedizin beschränken. Dies ist zum einen mit dem hohen Anteil an

---

[1] GG - Grundgesetz für die Bundesrepublik Deutschland in der im Bundesgesetzblatt Teil III, Gliederungsnummer 100-1, veröffentlichten bereinigten Fassung, zuletzt geändert durch das Gesetz vom 28. August 2006 (BGBl. I S. 2034).

[2] BVerfG, Urteil vom 29.05.1973, Az.: 1 BvR 424/71 und 325/72, BVerfGE 35, S. 79 (114).

[3] *Hermann-Josef Schuster* in: Christian Flämig (Hrsg.), Handbuch des Wissenschaftsrechts, Band 1, § 39 (Finanzen, Haushalt und Rechnungskontrolle), S. 1061 (1066).

[4] http://www.karriere-und-berufung.de/cms/fileadmin/pdf/Drittmitteleinwerbung.pdf; vom 31.05.2006.

[5] *Hermann-Josef Schuster* in: Christian Flämig (Hrsg.), Handbuch des Wissenschaftsrechts, Band 1, § 39 (Finanzen, Haushalt und Rechnungskontrolle), S. 1061 (1066).

[6] *Georg Sandberger* in: Christian Flämig (Hrsg.), Handbuch des Wissenschaftsrechts, Band 1, § 40 (Drittmittelverwaltung), S. 1089 (1089 f.).

Drittmitteln, die den Hochschulen gerade im Fachbereich Hochschulmedizin deutlich mehr als auf den anderen Gebieten zur Verfügung gestellt werden, zu erklären. Zum anderen treten gerade hier Probleme auf, die sich in anderen Fachbereichen nicht in dem gleichen Maße stellen.

Nach dem Medizinproduktegesetz[7] (MPG) und dem Arzneimittelgesetz[8] (AMG) sind medizinische Einrichtungen nämlich sogar **verpflichtet, mit der Industrie zu kooperieren**. Vor der Zulassung eines neuen Arzneimittels beispielsweise sind grds. klinische Prüfungen erforderlich[9], d.h. an Menschen durchgeführte Untersuchungen, die dazu bestimmt sind, klinische oder pharmakologische Wirkungen von Arzneimitteln zu erforschen oder nachzuweisen oder Nebenwirkungen festzustellen oder die Resorption, die Verteilung, den Stoffwechsel oder die Ausscheidung zu untersuchen, mit dem Ziel, sich von der Unbedenklichkeit oder Wirksamkeit der Arzneimittel zu überzeugen (§ 4 Abs. 23 S. 1 AMG). Gleiches gilt für bestimmte Medizinprodukte.[10] Unter den Voraussetzungen des § 28 Abs. 3a AMG können zudem sog. Anwendungsbeobachtungen, d.h. Beobachtungsstudien, die dazu bestimmt sind, Erkenntnisse bei der Anwendung verkehrsfähiger Arzneimittel zu sammeln, angeordnet werden. Sowohl die klinischen Prüfungen als auch die Anwendungsbeobachtungen können aber nur in Zusammenarbeit mit Klinken erfolgen, da nur diese über ausreichende Patientenzahlen und das erforderliche Fachwissen verfügen. Zudem ist auch zu berücksichtigen, dass die Forschungsergebnisse in diesem Bereich unmittelbar dem Patienten – mittelbar also der Volksgesundheit – zugute kommen (können), so dass hier gewichtige Interessen Dritter ebenfalls zu berücksichtigen sind.

Ferner lässt sich auf dem Gebiet der „Hochleistungsmedizin" aus fachlicher Sicht zumeist nicht eine eindeutige Entscheidung für oder gegen ein bestimmtes Medizinprodukt begründen; diese ist vielmehr von der fachlichen Schwerpunktsetzung, aber auch von den persönlichen Präferenzen eines jeden Arztes geprägt.11

Der Gedanke, dass solche persönlichen Präferenzen auch durch gewisse Zuwendungen der Lieferunternehmen hervorgerufen bzw. verstärkt werden können, ist sicherlich nicht fern liegend.

---

[7] Medizinproduktegesetz in der Fassung der Bekanntmachung vom 7. August 2002 (BGBl. I S. 3146), geändert durch Artikel 145 der Verordnung vom 31. Oktober 2006 (BGBl. I S. 2407).

[8] Arzneimittelgesetz in der Fassung der Bekanntmachung vom 12. Dezember 2005 (BGBl. I S. 3394;), zuletzt geändert durch Artikel 2 des Gesetzes vom 21. Dezember 2006 (BGBl. I S. 3367).

[9] Die Ergebnisse der klinischen Prüfung müssen gem. § 22 Abs. 2 Nr. 3 AMG dem Antrag auf Zulassung beigefügt werden

[10] Richtlinie 93/42/EWG des Rates vom 14.06.1993 über Medizinprodukte
(ABl. L 169 vom 12.7.1993, S. 1), Anhang X Nr. 1; s. dazu auch *Erwin Deutsch/ Andreas Spickhoff*, Medizinrecht – Arztrecht, Arzneimittelrecht, Medizinprodukterecht und Transfusionsrecht, Rn. 1003 ff.

[11] *Jens Göben*, Bestechlichkeit und Vorteilsannahme bei der Bestellung medizinischer Produkte durch Krankenhausärzte (Anmerkung zu BGH, Urt. v. 19.10.1999, 1 StR 264/99, MedR 2000, 193 f.), MedR 2000, S. 194 (194).

(2) Welche rechtlichen Probleme die immer mehr um sich greifende Drittmitteleinwerbung mit sich bringt, zeigt die **Herzklappenaffaire**, die ab Mitte der 90er Jahre zu der Einleitung von mehr als 1.800 Ermittlungsverfahren gegen Universitätsprofessoren, Krankenhausärzte sowie Mitarbeiter verschiedener Medizinprodukte herstellender Unternehmen geführt hat.[12]

Zwar ist ein Großteil der eingeleiteten Ermittlungsverfahren gemäß § 170 Abs. 2 Strafprozessordnung[13] (StPO), § 153 StPO oder § 153a Abs. 1 StPO eingestellt worden.[14] Dennoch kann ein solcher Verfahrensausgang nicht befriedigend sein, zumal schon ein Ermittlungsverfahren einschneidende – sei es finanzielle, emotionale oder reputationsschädigende – Auswirkungen für den jeweiligen Betroffenen haben kann. Zudem handelt es sich bei den Einstellungen nach § 153 StPO oder § 153a Abs. 1 StPO um Entscheidungen, die zwar keine Ermessensentscheidungen im Sinne eines echten Wahlrechtes zwischen Verfolgung und Nichtverfolgung sind, aber einen weiten Beurteilungsspielraum eröffnen.[15] Dies macht die Drittmitteleinwerbung nach vielfach in der Literatur vertretener Ansicht unzumutbar.[16] Ob dies wirklich der Fall ist, wird in dieser Arbeit näher zu untersuchen sein.

In jedem Fall zeigt sich hier die Problematik einer sauberen Grenzziehung zwischen Strafrecht und hochschulrechtlich erlaubtem bzw. ausdrücklich gewünschtem Verhalten. Verdeutlicht wird diese Problematik durch ein Urteil des Bundesgerichtshofs[17] aus dem Jahre 2002 zum Herzklappenskandal.

Dieser Entscheidung lag folgender **Sachverhalt** zugrunde: Der Angeklagte, ordentlicher Professor an einer Universität und Ärztlicher Direktor der Klinikabteilung Herzchirurgie des Universitätsklinikums, hatte von einer Medizintechnikfirma, die das Universitätsklinikum mit medizintechnischen Produkten[18] belieferte, umsatzabhängige Zuwendungen erhalten. Diese wurden auf das Konto eines Fördervereins überwiesen, den der Angeklagte zu diesem Zweck gegründet hatte. Hintergrund seiner Entscheidung war, dass er aufgrund seiner bisherigen Erfahrungen mit der Verwendung seines offiziellen Forschungsbudgets und des bei der Universitätsverwaltung für ihn geführten Drittmittelkontos die Effizienz der Förderung seiner Forschungsvorhaben gefährdet sah. Der Angeklagte selbst war erster Vorsitzender des Fördervereins, dessen Mitglieder ganz überwiegend aus seinen Mitarbeitern bestanden. Die von der Medizintechnikfirma auf das Konto dieses Vereins überwiesenen Beträge

---

[12] *Klaus Bernsmann*, Anti-Korruptionsregeln – Problemdarstellung an Hand von Fallbeispielen, WissR Bd. 35 (2002), S. 1 (3). *Göben* spricht von über 1.700 Ermittlungsverfahren, von denen ca. 400 Krankenhäuser und davon 32 Universitätskliniken und Herzzentren betroffen waren (*Jens Göben*, Auswirkungen des Gesetzes zur Bekämpfung der Korruption auf die Forschungstätigkeit von Hochschulangehörigen, MedR 1999, S. 345 [345]).

[13] Strafprozessordnung in der Fassung der Bekanntmachung vom 7. April 1987 (BGBl. I S. 1074, 1319), zuletzt geändert durch Artikel 4 Abs. 6 des Gesetzes vom 17. Dezember 2006 (BGBl. I S. 3171).

[14] Antrag der Freien und Hansestadt Hamburg auf Entschließung des Bundesrates zur rechtlichen Absicherung der Drittmittelförderung, BR-Drs. 541/01, S. 1; *Fernando Sanchez-Hermosilla,* Korruptionsstrafrecht und Drittmittelforschung, Kriminalistik 2002, S. 506 (506).

[15] *Lutz Meyer-Goßner*, Strafprozessordnung, § 152 Rn. 7.

[16] *Brigitte Tag*, Drittmitteleinwerbung – strafbare Dienstpflicht? Überlegungen zur Novellierung des Straftatbestandes der Vorteilsannahme, JR 2004, S. 50 (54).

[17] BGH, Urteil vom 23.05.2002, Az.: 1 StR 372/01, BGHSt 47, S. 295 ff.

[18] Im Einzelnen handelte es sich vor allem um Herzklappen, Herzschrittmacher und Defibrillatoren.

wurden anschließend für Zwecke der Wissenschaft und Forschung sowie zur Gerätebeschaffung und –wartung verwandt.

In erster Instanz hatte das Landgericht den Angeklagten wegen Untreue in sechs Fällen, davon in fünf Fällen in Tateinheit mit Vorteilsannahme, zu einer Gesamtgeldstrafe von 200 Tagessätzen von je 1.000 DM verurteilt. Die sowohl von dem Angeklagten als auch von der Staatsanwaltschaft eingelegten Revisionen führten, da der BGH den Tatbestand der Untreue nicht als erfüllt angesehen hat, in einem Fall zum Freispruch, im Übrigen zum Wegfall der tateinheitlichen Verurteilung wegen Untreue sowie zur Aufhebung des gesamten Rechtsfolgenausspruches.

Allerdings hielt die vom Landgericht vorgenommene Würdigung des Handelns des Angeklagten als Vorteilsannahme gemäß § 331 Abs. 1 Strafgesetzbuch[19] (StGB) in der bis zum 19.08.1997 gültigen Fassung der Überprüfung durch den Bundesgerichtshof stand. Zwar bejahte der 1. Strafsenat des Bundesgerichtshofs mit Blick auf die im Hochschulrecht verankerte Dienstaufgabe eines Hochschullehrers zur Einwerbung von Drittmitteln grundsätzlich die Möglichkeit der Einschränkung des Anwendungsbereichs von § 331 StGB – ohne näher auszuführen, wie dies dogmatisch zu rechtfertigen ist. Begründet wurde dies mit dem Ziel der Vermeidung von Wertungswidersprüchen sowie mit dem durch diesen Straftatbestand geschützten Rechtsgut. Das Vertrauen in die Sachgerechtigkeit und „Nicht-Käuflichkeit“ dienstlichen Handelns ist nach Ansicht des Bundesgerichtshofs dann nicht schutzbedürftig, wenn das im Drittmittelrecht vorgeschriebene Verfahren eingehalten worden ist.[20] Gerade dieses Verfahren hatte der Angeklagte indes nicht durchgeführt, sodass es bei seiner Strafbarkeit gem. § 331 Abs. 1 StGB a.F. verblieb.

Zwar hat diese Entscheidung aufgezeigt, dass Drittmitteleinwerbung nicht per se unter dem Generalverdacht der Korruption gestellt werden darf. Sie aber macht zugleich auch das **Spannungsverhältnis[21] zwischen Strafrecht und Hochschulrecht** deutlich.

Dieses Spannungsverhältnis ist durch die Verschärfung der Bestechungsdelikte im Rahmen des **Korruptionsbekämpfungsgesetzes**[22] noch verstärkt worden.

(3) Angesichts dessen hat sich diese Arbeit zum Ziel gemacht, die Drittmittelforschung in der Hochschulmedizin näher auf ihre Strafwürdigkeit vor dem Hintergrund der grundrechtlich gewährleisteten Forschungsfreiheit näher zu untersuchen.

Nach einer einleitenden Begriffsbestimmung sowie einem Überblick über den Umgang mit dieser Frage in der Praxis, soll in einem zweiten Kapitel die Entwicklung des Straftatbestandes der Vorteilsannahme bis zu seiner heutigen Fassung nachgezeichnet und seine einzelnen Tatbestandsmerkmale vorgestellt werden.

---

[19] Strafgesetzbuch in der Fassung der Bekanntmachung vom 13. November 1998 (BGBl. I S. 3322), zuletzt geändert durch Artikel 2 Abs. 21 des Gesetzes vom 19. Februar 2007 (BGBl. I S. 122).

[20] BGH, Urteil vom 23.05.2002, Az.: 1 StR 372/01, BGHSt 47, S. 295 (307ff.).

[21] Einen Blick auf die Rechtslage in Österreich wirft *Helmut Fuchs*, Drittmittelforschung und Strafrecht in Österreich, MedR 2002, S. 65 ff.; die Problematik im Schweizerischen Recht behandelt *Michael Pfeifer*, Drittmittelforschung unter Korruptionsverdacht? Die Hochschulmedizin zwischen Leistungsdruck und Strafrecht - Der Blick in die Schweiz, MedR 2002, S. 68 ff.

[22] Gesetz zur Bekämpfung der Korruption vom 13.08.19997 (BGBl. I, 2038), das am 20.08.1997 in Kraft getreten ist.

Das dritte Kapitel wird die Haltung der Rechtsprechung sowie der Literatur zur medizinischen Drittmitteleinwerbung nachzeichnen, bevor in einem weiteren Kapitel die verfassungsrechtlichen Implikationen der Drittmitteleinwerbung untersucht werden. Angesichts der hierbei herausgearbeiteten Ergebnisse wird zum Abschluss der Arbeit untersucht werden, ob § 331 StGB in Einklang mit dem Bundesgerichtshof in verfassungskonformer Weise ausgelegt werden kann oder ob auf die in der Literatur verschiedentlich vorgeschlagenen Lösungsmöglichkeiten de lege ferenda zurückgegriffen werden sollte.

1. Kapitel: Drittmitteleinwerbung in der Praxis

Im Zusammenhang mit dem Herzklappenskandal fällt häufig der Begriff der *Drittmitteleinwerbung*[23] oder des *Medizinsponsorings*[24]. Beide Begriffe sind jedoch trügerisch und wenig hilfreich, da eine bestimmte Art von Drittmitteln nicht existiert. Das Spektrum dieser Zuwendungen ist vielmehr äußerst breit.

Aus diesem Grunde sollen in einem ersten Abschnitt seine verschiedenen Erscheinungsformen kurz skizziert werden. Im Anschluss hieran ist die Frage zu untersuchen, unter welchen Voraussetzungen Zuwendungen nach der derzeitigen Rechtslage und Praxis als Drittmittel angesehen werden können.

A. Grundsätze der Finanzierung in der Hochschulmedizin

Die Hochschulen zählen sicherlich zu den wichtigsten Einrichtungen der wissenschaftlichen Forschung und Lehre in der Bundesrepublik Deutschland. Einleitend soll daher ein Überblick über die Grundsätze der Hochschulfinanzierung insbesondere im Bereich der Hochschulmedizin gegeben werden.

Gerade den medizinischen Einrichtungen kommt ein gewisser Sonderstatus zu, da sie im Schnittpunkt der weitgehend in die akademische Verantwortung fallenden Forschung und Lehre einerseits und der vom Staat übertragenen, unter Fachaufsicht stehenden Krankenversorgung und öffentlichen Gesundheitspflege andererseits liegen.[25]

Allgemein erfolgt die Finanzierung von Forschung und Lehre an deutschen Hochschulen aus drei Quellen[26]:

- aus staatlichen Etats; hierbei tragen die Länder als Träger der Hochschulen den größten Finanzierungsbeitrag
- aus Mitteln öffentlicher und privater Geber
- sowie in geringerem Umfang aus Körperschaftsmitteln der Hochschulen selbst.[27]

Die Hochschulmedizin nimmt innerhalb der Fachbereiche an den Hochschulen eine besondere Stellung ein. Sie ist einerseits geprägt durch ihre Zugehörigkeit zu einer Hochschule; andererseits ist sie über ihr Klinikum auch Teil des Gesundheitssys-

---

[23] S. hierzu nur die Titel der beispielhaft aufgezählten Beiträge: *Kai Ambos*, Zur Strafbarkeit der Drittmittelakquisition, JZ 2003, S. 345 ff.; *Stefanie Diettrich/Holger Schatz*, Sicherung der privaten Drittmittelförderung, ZRP 2001, S. 521 ff.; *Cay Fürsen/Juana Schmidt*, „Drittmitteleinwerbung – strafbare Dienstpflicht?" Ein Symposium ruft den Gesetzgeber zum Handeln auf, JR 2004, S. 57 ff.; *Urs Kindhäuser/Barbara Goy*, Zur Strafbarkeit ungenehmigter Drittmitteleinwerbung, NStZ 2003, S. 291 ff.; *Andreas Schmidt/Michael Güntner*, Drittmitteleinwerbung und Korruptionsstrafbarkeit - Rechtliche Prämissen und rechtspolitische Konsequenzen, NJW 2004, S. 471 ff.; *Brigitte Tag*, Drittmitteleinwerbung – strafbare Dienstpflicht? Überlegungen zur Novellierung des Straftatbestandes der Vorteilsannahme, JR 2004, S. 50 ff.

[24] Vgl. etwa *Wolfgang Bruns*, Sponsoring im Krankenhaus, ArztR 2003, S. 260 ff.

[25] *Georg Sandberger* in: Christian Flämig (Hrsg.), Handbuch des Wissenschaftsrechts, Band 1, § 34 (Das Recht der Hochschulmedizin), S. 929 (930).

[26] Hinzu kommt mehr und mehr eine Teilfinanzierung über Studiengebühren.

[27] *Ulrich Karpen*, Wissenschaftsfreiheit und Hochschulfinanzierung – Überlegungen zu einem effektiven Mitteleinsatz, Berlin 1983, S. 11 f.

tems. Diese Zwitterstellung zeigt sich auch bei der Finanzierung:[28] Die Grundfinanzierung der laufenden Ausgaben und Investitionen erfolgt auch in diesem Bereich durch die öffentlichen Haushalte. Hinzu kommen als Finanzierungsquellen für die Aufgaben, die sich wie stationäre oder ambulante Leistungen aus der Zugehörigkeit der Hochschulmedizin zum Gesundheitssystem ergeben, die Krankenkassen, die Kassenärztlichen Vereinigungen der Länder sowie die Sozialleistungsträger.

B. Erscheinungsformen von Zuwendungen der Industrie im medizinischen Bereich

Das Spektrum der Zuwendungen auf dem Gebiet der Hochschulmedizin reicht von Geldleistungen bis hin zur Bereitstellung von medizinischen Geräten. Im Folgenden wird ein Überblick über die wichtigsten Zuwendungsarten gegeben, der sich insbesondere an den bislang ergangenen Entscheidungen in diesem Bereich orientiert. Einen abschließenden Charakter soll dieser Überblick angesichts der Fülle der Möglichkeiten indes nicht haben.

I. Die unterschiedlichen Zuwendungsmodalitäten

Zunächst einmal gilt es, die verschiedenen Zuwendungs- oder Zahlungsmodalitäten zu unterscheiden, die alternativ, aber durchaus auch kumulativ auftreten können.

1. Überweisungen auf Drittmittelkonten

Die Universitäten haben heutzutage in aller Regel Drittmittelkonten eingerichtet, auf die Zuwendungen sowohl von öffentlichen Stellen als auch von privaten Unternehmen oder Privatpersonen überwiesen werden können.

§ 68 Abs. 2 S. 1 Saarländisches Universitätsgesetz[29] beispielsweise bestimmt, dass Drittmittel über den Haushalt der Universität abzuwickeln sind.[30]

2. Zuwendungen an Fördervereine

Nicht selten trifft man auf gemeinnützige Vereine, die von Ärzten zur Förderung der Forschung gegründet worden sind. Ziel ist dabei in der Regel, Zahlungen auf universitäre Drittmittelkonten, die von den Wissenschaftlern als zu bürokratisch und zu wenig effektiv angesehen werden, zu vermeiden. So verhielt es sich beispielsweise im sog. Herzklappenskandal. Hier hatte der Angeklagte aus eben diesen Motiven einen Verein gegründet, dessen erster Vorsitzender er war und dem ganz überwiegend Mitarbeiter von ihm angehörten. Eine solche Vereinsgründung hat den Vorteil, dass die eingehenden Zuwendungen entsprechend dem Vereinszweck eingesetzt werden können, ohne dass eine Kontrolle durch Universitäts- oder Klinikgremien stattfindet.

Im Herzklappenskandal ersetzte der Förderverein mit den Spenden etwa die Auslagen von Mitarbeitern der Herzchirurgie für Kongressreisen, finanzierte die Beschaf-

---

[28] S. hierzu Empfehlungen des Wissenschaftsrates zur Struktur der Hochschulmedizin – Aufgaben, Organisation, Finanzierung, Drs. 4104/99 vom 09.09.1999, S. 37.
[29] Gesetz Nr. 1556 über die Universität des Saarlandes vom 23.06.2004, Amtsbl. S. 1782. – geändert durch Art. 5 Abs. 1 des Gesetzes Nr. 1587 vom 15.02.2006 (Amtsbl. S. 474, 530) und Art. 2 des Gesetzes Nr. 1600 vom 12.07.2006 (Amtsbl. S. 1226).
[30] Auf welche Weise dies geschieht, wird an späterer Stelle näher erläutert.

fung und die Wartung von büro- und medizintechnischen Geräten, bezahlte Probanden in verschiedenen Studien und finanzierte die Aushilfslöhne für geringfügig Beschäftige, die in unterschiedlichen Forschungsprojekten tätig waren.[31]

3. Führung interner Bonuskonten bei den Industrieunternehmen

Die Industrieunternehmen selbst führen häufig sog. Bonuskonten. Auf diesen internen Konten werden dem Arzt Beträge gutgeschrieben, die er für jedes bei dieser Firma bestellte Produkt oder für die mit ihm getätigte Umsätze anteilig erhält. Diese Beträge können von dem Arzt bei Bedarf abgerufen werden. Im sog. Herzklappenskandal hatte das die Zuwendungen gebende Industrieunternehmen solche Bonuskonten geführt, auf denen es die „Boni" des Arztes in Höhe von fünf Prozent auf den getätigten Umsatz gutschrieb.

Diese Gutschriften stehen dem Arzt zur Verfügung und können von diesem unterschiedlich verwendet werden. So ist eine Weiterleitung auf das universitäre Drittmittelkonto ebenso denkbar wie die Überweisung auf das Konto eines Fördervereins[32]. Auch ein Transfer auf ein privates Konto des Arztes ist möglich.

4. Sonstige Zuwendungen

In der Praxis bestanden die Zuwendungen zudem insbesondere auch in der Übernahme von Reisekosten zu Fachkongressen[33] sowie von Betriebs- oder Weihnachtsfeiern für die Mitarbeiter des Arztes sowie in der kostenlosen oder verbilligten Bereitstellung medizinischer Geräte.[34]

II. Der Grund für die Zuwendung

Nicht nur die Zuwendungsmodalität, sondern auch Motivation und Rechtsgrund der Zuwendung können unterschiedlich sein.

1. Zuwendungen aufgrund von erfolgten Bestellungen

Häufig gewähren die Industrieunternehmen dem Arzt „Boni" für jedes von ihm bzw. seiner Abteilung bestellte medizinische Produkt oder einen prozentualen Anteil des mit ihm bzw. seiner Abteilung getätigten Umsatzes.[35]

---

[31] BGH, Urteil vom 23.05.2002, Az.: 1 StR 372/01, BGHSt 47, S. 295 (305).

[32] So geschehen im Herzklappenskandal: BGH, Urteil vom 23.05.2002, Az.: 1 StR 372/01, BGHSt 47, S. 295 (305).

[33] Der Umfang der Übernahme solcher Reisekosten ist allerdings sehr unterschiedlich und reicht von der Übernahme der üblichen Fahrt- und Unterbringungskosten über die Übernahme der Kosten für ein Luxushotel bis hin zur Übernahme sämtlicher Kosten auch für die Freizeitgestaltung während bzw. sogar im Anschluss an einen solchen Kongress für den Arzt oder auch für seine gesamte Familie (s. *Petra Alexa Haeser*, Erfahrungen mit der neuen Rechtslage im Korruptionsstrafrecht und Drittmittelrecht - aus Sicht des Staatsanwalts, MedR 2002, S. 55 [56]).

[34] S. hierzu etwa: BGH, Urteil vom 23.10.2002, Az.: 1 StR 541/01, BGHSt 48, S. 44 ff.

[35] So etwa im Herzklappenskandal: BGH, Urteil vom 23.05.2002, Az.: 1 StR 372/01, BGHSt 47, S. 295 (300).

2. Beraterverträge

Daneben werden teilweise auch Beraterverträge zwischen dem Arzt und dem Industrieunternehmen abgeschlossen, nach denen der Arzt auf der Basis einer Tätigkeit als freier Mitarbeiter als Berater für das Unternehmen verpflichtet wird. Problematisch wird eine Zuwendung insbesondere dann, wenn das hierfür vereinbarte Honorar die üblichen Sätze übersteigt oder nähere vertragliche Regelungen zum Umfang der Beratertätigkeit fehlen.

3. Vergütung für die Durchführung von klinischen Studien und Anwendungsbeobachtungen

In der Praxis erfolgt eine Vergütung oft auch für die Durchführung von Studien. Hierunter versteht man die Erprobung von Arzneimitteln oder von Medizinprodukten am Menschen unter ärztlicher Aufsicht zum Nachweis ihrer Wirksamkeit und Sicherheit.[36]

Bei sog. *echten Zulassungsstudien*, die erforderlich sind, damit ein neues Produkt für den Markt zugelassen wird, erhält der Arzt ein Honorar für die von ihm erbrachte Leistung. Das zu testende Produkt wird dabei kostenlos zur Verfügung gestellt. Von diesen notwendigerweise durchzuführenden Zulassungsstudien zu unterscheiden sind sog. *Marketingstudien*, die den Zweck haben, dem Arzt ein Honorar zukommen zu lassen und ihn dadurch zu veranlassen, das Produkt zu bestellen.[37]

Daneben können Ärzte auch Vergütungen für *Anwendungsbeobachtungen* oder die Weitergabe von *Therapieerfahrungen* erhalten. Hierbei beantwortet der Arzt auf einem Fragebogen Fragen zur Anwendung eines bestimmten Produktes beim Patienten und erhält hierfür ein Honorar. Die Produkte werden von den Unternehmen – im Unterschied zu echten Zulassungsstudien – nicht kostenlos zur Verfügung gestellt, sondern vom Krankenhaus erworben.[38]

Da das Honorar von der Anzahl der beantworteten Fragebögen abhängt, sind diese Honorare im Ergebnis umsatzabhängig.[39]

C. Der Begriff der Drittmittel

Nicht alle diese – beispielhaft – genannten Zuwendungen können jedoch nach dem üblichen Begriffsverständnis als Drittmittel qualifiziert werden. Eine allgemeingültige, d.h. bundeseinheitliche, positivrechtliche Definition des Begriffes der „*Drittmittel*" existiert nämlich bislang nicht. In Abgrenzung zu sog. *Erstmitteln* als private Eigenmittel des Wissenschaftlers und sog. *Zweitmitteln* als institutionelle, d.h. universitäre Mittel lassen sich Drittmittel in einem ersten Näherungsschritt als solche Mittel definieren, die zusätzlich zu den bereits genannten Mitteln von öffentlichen oder privaten Stellen

[36] *Helmut Satzger*, Bestechungsdelikte und Sponsoring, ZStW 115 (2003), S. 469 (492).
[37] *Petra Alexa Haeser*, Erfahrungen mit der neuen Rechtslage im Korruptionsstrafrecht und Drittmittelrecht - aus Sicht des Staatsanwalts, MedR 2002, S. 55 (56).
[38] *Helmut Satzger*, Bestechungsdelikte und Sponsoring, ZStW 115 (2003), S. 469 (493).
[39] *Petra Alexa Haeser*, Erfahrungen mit der neuen Rechtslage im Korruptionsstrafrecht und Drittmittelrecht - aus Sicht des Staatsanwalts, MedR 2002, S. 55 (55).

eingeworben werden.[40] Haushaltsrechtlich sind Drittmittel Zuwendungen die von einem außerhalb der eigenen Verwaltung stehenden Dritten bereitgestellt werden.[41]

§ 25 Hochschulrahmengesetz[42] (HRG) grenzt die Drittmittel negativ ab und spricht von einer Forschungsfinanzierung *„nicht aus den der Hochschule zur Verfügung stehenden Haushaltsmitteln, sondern aus Mitteln Dritter"*. Anders verhält es sich zum Teil in den einzelnen Universitätsgesetzen der Länder. Das Saarländische Universitätsgesetz beispielsweise enthält in § 68 Abs. 1 S. 1 eine Legaldefinition dieses Begriffes: *„Die in der Forschung tätigen Mitglieder der Universität sind berechtigt, im Rahmen ihrer Dienstaufgaben Forschungsvorhaben durchzuführen, die aus Mitteln Dritter finanziert werden (Drittmittelprojekte)."*

Diese Definition wird durch die Drittmittelrichtlinie des Präsidiums der Universität des Saarlandes[43], die hier beispielhaft herangezogen werden kann, insbesondere im Hinblick auf die Art der Zuwendung noch konkretisiert (Nr. 2.1): *„Drittmittel sind Geldzuwendungen,* Sachleistungen *(auch Verbrauchsgegenstände) und Gegenleistungen aus Verträgen sowie alle sonstigen geldwerten Vorteile von Forschung, Lehre und Weiterbildung sowie Krankenversorgung außerhalb der vom Saarland der Universität zur Verfügung gestellten Haushaltsmittel (öffentliche oder private Zuwendungen, Spenden, Entgelte aus Forschungsaufträgen, Sponsoring und sonstige Leistungen mit geldwertem Vorteil, z.B. die Finanzierung der Teilnahme an wissenschaftlichen Symposien, Konferenzen, Kongressen, Fortbildungs- und Informationsveranstaltungen)."* Als Drittmittelprojekte werden alle Lehr- oder Forschungsvorhaben und/oder Entwicklungsvorhaben qualifiziert, die von Mitgliedern der Universität im Rahmen ihrer dienstlichen Aufgaben durchgeführt und mit den genannten Mitteln finanziert werden (Nr. 2.2).

Der Bundesgerichtshof seinerseits geht in der schon zitierten Entscheidung im sog. Herzklappenskandal nicht näher auf den Begriff ein, sondern verweist lediglich auf § 25 HRG sowie § 59 Abs. 2 BadWürttUG i.d.F. vom 30.10.1987.[44]

All diesen Definitionsversuchen ist gemein, dass sie für die Einordnung einer Zuwendung als Drittmittel nicht nur auf die Herkunft der Mittel abstellen, sondern auch auf die Verwendung dieser Mittel zu Forschungszwecken. Entscheidendes Kriterium muss daher vor allem im Zusammenhang mit den sich stellenden verfassungsrechtlichen Fragen der Bezug zu Forschung und Lehre sein. Wie eng diese Verknüpfung ausgestaltet sein muss, wird im Laufe dieser Arbeit noch zu untersuchen sein.

D. Bedeutung der Drittmittel in der Hochschulmedizin

Die Bedeutung der Drittmittel hat in den vergangenen Jahren deutlich zugenommen. Dies belegen die Zahlen des Statistischen Bundesamtes deutlich:[45]

---

[40] *Kai Ambos*, Zur Strafbarkeit der Drittmittelakquisition, JZ 2003, S. 345 (345).
[41] *Ulrich Karpen*, Wissenschaftsfreiheit und Hochschulfinanzierung – Überlegungen zu einem effektiven Mitteleinsatz, Berlin 1983, S. 39.
[42] Hochschulrahmengesetz in der Fassung der Bekanntmachung vom 19. Januar 1999 (BGBl. I S. 18), zuletzt geändert durch Artikel 2 Abs. 3 des Gesetzes vom 5. Dezember 2006 (BGBl. I S. 2748).
[43] Dienstblatt der Hochschulen des Saarlandes Nr. 22/2002 (vom 17.09.2002), S. 176 ff.
[44] BGH, Urteil vom 23.05.2002, Az.: 1 StR 372/01, BGHSt 47, S. 295 (307).

Hiernach beliefen sich die Drittmitteleinnahmen der Hochschulen im Jahr 2002 auf 3,3 Mrd. Euro und deckten damit 10,9 % aller Hochschulausgaben. Dabei variierte der Deckungsgrad, den die Drittmitteleinnahmen erreichten, innerhalb der Länder zwischen 20,5 % in Bremen und 6,0 % in Mecklenburg-Vorpommern. Einen herausragenden Zuwachs verzeichneten hierbei insbesondere die medizinischen Einrichtungen der Universitäten, deren Einnahmen zwischen 1997 und 2002 um 79,4 % stiegen.

Verglichen mit dem Vorjahr, d.h. mit dem Kalenderjahr 2001, stieg das Drittmittelvolumen allgemein um 7,5 %. Ausgenommen von diesem Anstieg waren lediglich die Hochschulen in Brandenburg, Hamburg, Schleswig-Holstein und im Saarland.

Von den insgesamt rund 105 000 FuE-Beschäftigten46 im Jahr 2002 wurden knapp 42 000 Hochschulmitarbeiter über Drittmittel finanziert. Damit wurde zum ersten Mal mehr FuE-Personal an Hochschulen durch Drittmittel (40,1 %) oder über Stipendien (10,8 %) (fremd)-finanziert als durch die Grundausstattung seitens der Träger.

Auch in den darauf folgenden Jahren konnte eine – wenn auch etwas langsamer voranschreitende – Zunahme der von öffentlichen oder privaten Einrichtungen eingeworbenen Drittmittel festgestellt werden. Bis zum Jahre 2004 stieg das Volumen der Drittmittel auf 3,47 Mrd. Euro.[47] Dabei war die Fächergruppe Humanmedizin/Gesundheitswissenschaften wiederum am erfolgreichsten: Im Jahr 2004 lagen die Drittmittel je Professur im Bereich der Humanmedizin bzw. Gesundheitswissenschaften mit Einnahmen von rund 296 100 Euro an erster Stelle.[48]

Bei einem Blick auf die Drittmittelgeber zeigt sich, dass der größte Drittmittelgeber der Hochschulen im Jahre 2002 – wie auch schon in den Jahren zuvor – die Deutsche Forschungsgemeinschaft (DFG) war. Die DFG ist die zentrale Organisation zur Förderung der Forschung an Hochschulen und öffentlich finanzierter Forschungsinstitute in Deutschland. Zur Wahrnehmung ihrer Aufgaben erhält die DFG Bundes- und Ländermittel sowie eine jährliche Zuwendung des Stifterverbandes für die Deutsche Wissenschaft. Wie bereits im Vorjahr stellte die DFG 30,7 % aller von den Hochschulen eingeworbenen Mittel (1,02 Mrd. Euro) bereit.

Hinter der DFG waren Unternehmen der zweitgrößte Drittmittelgeber der Hochschulen. Im Bezugsjahr 2002 bewilligten sie ca. 854 Mill. Euro bzw. 25,8 % aller Mittel. Im Vergleich zum Jahr 2001, in dem sie noch 27 % der Drittmittel bereitstellten, nahm ihr relatives Gewicht an allen Drittmittelgebern in diesem Berichtszeitraum allerdings leicht ab.

Der Anteil der privaten Mittel49 an den gesamten Drittmitteleinnahmen betrug im Jahr 2002 32 % und bewegte sich damit auf etwa demselben Niveau wie schon seit

---

[45] Publikation „Im Fokus: Drittmitteleinnahmen der Hochschulen in 2002" herausgegeben im August 2004 vom Statistischen Bundesamt, abrufbar im Internet unter: https://www-ec.destatis.de/csp/shop/sfg/bpm.html.cms.cBroker.cls.

[46] Gemeint sind damit die Beschäftigten in Forschung und Entwicklung.

[47] Statistisches Bundesamt, Pressemitteilung vom 24.10.2006, abrufbar unter: http://www.destatis.de/presse/deutsch/pm2006/p4490072.htm (Stand: 24.01.2007).

[48] Statistisches Bundesamt, Pressemitteilung vom 24.10.2006, abrufbar unter: http://www.destatis.de/presse/deutsch/pm2006/p4490072.htm (Stand: 24.01.2007).

[49] Damit sind Mittel von Privaten, zu denen auch die Stiftungen zählen, gemeint.

dem Jahre 1997. Besonders hoch war der Anteil privat finanzierter Drittmittel bei den medizinischen Einrichtungen; hier betrug er sogar 47 %.

Auch wenn der Bund seine Drittmittelaktivitäten seit dem Jahre 2000 erheblich ausgeweitet hat – sein relativer Anteil an den Drittmittelgebern betrug im Jahre 2002 24,9 % –, nehmen er und internationale Organisationen wie insbesondere die Europäische Union und die Organisation für wirtschaftliche Zusammenarbeit und Entwicklung (OECD) den letzten Platz der Drittmittelgeber ein.

E. Die Drittmitteleinwerbung regelnde Empfehlungen und Vorschriften

Nach allgemeiner Ansicht muss sich die Drittmitteleinwerbung vor allem nach vier Prinzipien richten: dem Trennungsprinzip, dem Transparenzprinzip, dem Dokumentationsprinzip sowie dem Äquivalenzprinzip.[50]

Das **Trennungsprinzip** fordert eine möglichst weitgehende Trennung zwischen der jeweiligen (Beschaffungs-)Entscheidung und der Zuwendung.[51] Zuwendungen an Mitarbeiter medizinischer Einrichtungen dürfen demzufolge nicht in Abhängigkeit von Umsatzgeschäften mit der medizinischen Einrichtung erfolgen.[52] Dieses Prinzip verfolgt die möglichst weitgehende Objektivierung des Beschaffungswesens vor dem Hintergrund, dass der Patient, der sich in eine Universitätsklinik oder in eine sonst von einem Amtsträger geleitete Klinik begibt, das Vertrauen haben kann, dass die Auswahl eines etwa zu implantierenden medizintechnischen Produkts oder zu verwendenden Medikaments allein nach medizinischen Kriterien, allenfalls bei gleicher Eignung auch unter weiteren aufgabengerechten Gesichtspunkten erfolgt.[53]

Zu diesem Zweck sollten Personen, die im Bereich der Drittmittelförderung tätig sind, so weit wie möglich von Beschaffungsentscheidungen ausgeschlossen sein.[54]

Darüber hinaus sind nach dem Transparenzprinzip die Beziehungen zwischen dem Mitarbeiter der medizinischen Einrichtung und den Drittmittelgebern sowie alle Zuwendungen der Dienststelle offen zu legen.[55] Auf diese Weise soll die Durchschaubarkeit sichergestellt, den Kontroll- und Aufsichtsorganen eine Überwachung ermöglicht und so der Notwendigkeit des Schutzes vor dem Anschein der „Käuflichkeit" von Entscheidungen des Amtsträgers angemessen Rechnung getragen werden.[56]

---

[50] *Urs Kindhäuser/Barbara Goy*, Zur Strafbarkeit ungenehmigter Drittmitteleinwerbung – Zugleich eine Besprechung von BGH - 1 StR 372/01 und BGH - 1 StR 541/01 –, NStZ 2003, S. 291 (295).
[51] *Stefanie Diettrich/Holger Schatz*, Drittmittelforschung: Überlegungen zur Minimierung de strafrechtlichen Risikos, MedR 2001, S. 614 (618).
[52] *Urs Kindhäuser/Barbara Goy*, Zur Strafbarkeit ungenehmigter Drittmitteleinwerbung – Zugleich eine Besprechung von BGH - 1 StR 372/01 und BGH - 1 StR 541/01 –, NStZ 2003, S. 291 (295).
[53] BGH; Urteil vom 23.05.2002, Az.: 1 StR 372/01, BGHSt 47, S. 295 (309).
[54] *Stefanie Diettrich/Holger Schatz*, Drittmittelforschung: Überlegungen zur Minimierung de strafrechtlichen Risikos, MedR 2001, S. 614 (618).
[55] *Stefanie Diettrich/Holger Schatz*, Drittmittelforschung: Überlegungen zur Minimierung de strafrechtlichen Risikos, MedR 2001, S. 614 (618).
[56] BGH; Urteil vom 23.05.2002, Az.: 1 StR 372/01, BGHSt 47, S. 295 (303).

Eine solche Kontrolle soll durch Dokumentation und institutionalisierte Befassung von Aufsichtsinstanzen, namentlich über Anzeige- und Genehmigungspflicht erreicht werden, um Interessenkonflikten von vornherein zu begegnen.[57]

Dementsprechend hat die Dienststelle oder der Arbeitgeber die Zuwendungen zu genehmigen. Dabei setzt das **Genehmigungsprinzip** voraus, dass sämtliche Genehmigungserfordernisse, die sich aus den beamtenrechtlichen Vorschriften, aus dem Arbeitsvertrag sowie etwa aus § 331 Abs. 3 StGB ergeben, eingehalten werden.[58]

Das **Dokumentationsprinzip** verlangt die schriftliche Dokumentation sowie die Archivierung aller Vertragsbeziehungen und aller Leistungen, die innerhalb dieser Beziehungen erfolgt sind.[59]

Schließlich besagt das **Äquivalenzprinzip**, dass bei Austauschverträgen Leistung und Gegenleistung nicht völlig außer Verhältnis stehen sollen.[60]

Diese vier Grundsätze spiegeln sich auch in den zur Einwerbung von Drittmitteln ergangenen Regelungen und Empfehlungen wieder.

I. Verhaltensanweisungen der Medizinprodukteindustrie sowie der Ärzteschaft

1. Der Kodex „Medizinprodukte"

Anlässlich der eingeleiteten Ermittlungsverfahren gegen Ärzte und Mitarbeiter der Medizinprodukteindustrie haben die Arbeitsgemeinschaft der Spitzenverbände der Krankenkassen und der Bundesfachverband Medizinprodukteindustrie schon im Jahre 1997 einen sog. Kodex *„Medizinprodukte"*[61] veröffentlicht.

Auch hier kommen die genannten Grundsätze in den verschiedenen Vorschriften wie etwa § 6 (Beraterverträge im Rahmen von Forschung und Entwicklung) und § 9 (Allgemeine Beratungstätigkeit) zum Vorschein. § 7 fordert ferner bei den Finanzierungsmodalitäten, dass die Finanzierung von Forschung und Entwicklung seitens der Hersteller von Medizinprodukten in medizinischen Einrichtungen über separate Konten (z. B. Drittmittelkonten) zu erfolgen hat, die vom Träger der Einrichtung oder einem unabhängigen Gremium verwaltet und überwacht werden.

§ 12 (Beschaffung und Vertrieb) bestimmt, dass Beschaffung und Vertrieb von Medizinprodukten dem allgemeinen Preis- und Leistungswettbewerb unterliegt und die Einkaufsentscheidung für Medizinprodukte unter Qualitäts- und Preisge-

---

[57] BGH; Urteil vom 23.05.2002, Az.: 1 StR 372/01, BGHSt 47, S. 295 (310).

[58] *Stefanie Diettrich/Holger Schatz*, Drittmittelforschung: Überlegungen zur Minimierung de strafrechtlichen Risikos, MedR 2001, S. 614 (618).

[59] Bei der Archivierung sind die strafrechtlichen Verjährungsvorschriften zu beachten: *Stefanie Diettrich/Holger Schatz*, Drittmittelforschung: Überlegungen zur Minimierung de strafrechtlichen Risikos, MedR 2001, S. 614 (618).

[60] *Michael Schröder*, Sponsoring – Verwaltungsvorschrift des Bundes –, in: Brigitte Tag/Jochen Tröger/Jochen Taupitz (Hrsg.), Drittmitteleinwerbung – Strafbare Dienstpflicht?, Heidelberg 2004, S. 277 (284); *Brigitte Tag*, Drittmitteleinwerbung – strafbare Dienstpflicht? – Überlegungen zur Novellierung des Straftatbestandes der Vorteilsannahme, in: Brigitte Tag/Jochen Tröger/Jochen Taupitz (Hrsg.), Drittmitteleinwerbung – Strafbare Dienstpflicht?, Heidelberg 2004, S. 153 (167).

[61] Dieser ist abrufbar unter: http://www.bvmed.de/themen/Kodex_Medizinprodukte/article/Kodex_Medizinprodukte.html (Stand: 29.03.2007).

sichtspunkten erfolgen soll (Abs. 1). Gem. § 12 Abs. 2 dürfen Hersteller und Vertreiber von Medizinprodukten nicht zwecks Einholung von Aufträgen oder um anderer Vorteile willen Mitarbeitern von medizinischen Einrichtungen und sonstigen Leistungserbringern oder deren Familienangehörigen oder Geschäftsfreunden unmittelbar oder mittelbar Geldzahlungen oder geldwerte Leistungen anbieten oder gewähren. Parallel hierzu dürfen Beschäftigte in medizinischen Einrichtungen und sonstige Leistungserbringer solche Leistungen weder für sich noch für Angehörige und sonstige Dritte fordern, sich versprechen lassen oder annehmen. Nach § 12 Abs. 3 müssen im Rahmen von Umsatzgeschäften vereinbarte Leistungen und Gegenleistungen von der medizinischen Einrichtung schriftlich festgehalten und die Beschaffungspreise einschließlich aller direkten oder indirekten Geld- und Naturalrabatte und sonstige Vergünstigungen auf der Rechnung ausgewiesen oder in sonstiger Weise von der medizinischen Einrichtung schriftlich dokumentiert werden. Schließlich legt § 12 Abs. 5 fest, dass es unzulässig ist, wenn

1. Rabatte oder Vergünstigungen für Aufwendungen außerhalb des vergütungsrelevanten Bereichs eingesetzt werden;
2. Geräte, die vom Hersteller kostenlos zur Verfügung gestellt werden, über erhöhte Preise bei Anschlussverträgen (z. B. Wartung, Verbrauchsmaterial) abgerechnet werden;
3. über Kopplungsgeschäfte mit erhöhten Preisen bei der Beschaffung pflegesatzrelevanter Güter oder Leistungen solche des nicht pflegesatzrelevanten Bereichs finanziert oder gefördert werden (Umwandlung von Investitionskosten in Betriebskosten);
4. über überhöhte Beschaffungspreise im Bereich der Pflegesätze ein Entgegenkommen bei der Bereitstellung von Mitteln im nicht pflegesatzrelevanten Bereich erwartet, gefördert oder bewirkt wird (z.B. durch Spenden an Stiftungen bzw. auf Drittmittelkonten etc.).

Allerdings hat dieser Kodex nicht den Charakter einer Rechtsnorm, sondern bewirkt lediglich im Wege einer Selbstkontrolle[62] eine – freiwillige – Verhaltenssteuerung der beteiligten Organisationen.[63] Er soll aufklären über rechtlich zulässige Geschäftspraktiken zwischen medizinischen Einrichtungen und Ärzten auf der einen und Herstellern von Medizinprodukten auf der anderen Seite; zugleich sind hierin die aus den bis zu diesem Zeitpunkt eröffneten Ermittlungsverfahren gesammelten Erfahrungen zusammengefasst. Indem dieser Kodex aber, den Einschätzungen der Staatsanwaltschaften gerecht werdend, den „sichersten“ Weg bei der Bewertung von Kooperationen zwischen Forschung und Industrie einschlägt, bleibt er unter Umständen hinter dem zurück, was auf der Grundlage des geltenden Rechts zulässig wäre. Für die weitere Untersuchung kommt ihm daher keine Bedeutung zu.

---

[62] *Peter Dieners*, Selbstkontrolle der Wirtschaft zur Verhinderung von Korruption, JZ 1998, S. 181 (183).

[63] *Jens Göben*, Auswirkungen des Gesetzes zur Bekämpfung der Korruption auf die Forschungstätigkeit von Hochschulangehörigen, MedR 1999, S. 345 (350); *Erwin Deutsch*, Fortschreibung des Medizinprodukterechts, NJW 1999, S. 817 (821).

2. Musterberufsordnung der Ärzteschaft

Auch die Ärzteschaft hat auf die Skandale der jüngsten Zeit reagiert. So regeln insbesondere die §§ 32-35 ihrer Musterberufsordnung[64] unter dem Titel „Wahrung der ärztlichen Unabhängigkeit bei der Zusammenarbeit mit Dritten" das Verhältnis von Arzt und Industrie.[65] Hiernach muss, soweit Ärzte Leistungen für die Hersteller von Arznei-, Heil- und Hilfsmitteln oder Medizinprodukten erbringen (z.B. bei der Entwicklung, Erprobung und Begutachtung), die hierfür bestimmte Vergütung der erbrachten Leistung entsprechen (§ 33 Abs. 1 S. 1 MBO). Gem. § 33 Abs. 1 S. 2 MBO sind diese Verträge über die Zusammenarbeit schriftlich abzuschließen und sollen zudem der Ärztekammer vorgelegt werden. § 33 Abs. 2 MBO untersagt ferner die Annahme von Werbegaben oder anderen Vorteilen, sofern der Wert nicht geringfügig ist.

Insbesondere ist es Ärzten nach § 33 Abs. 3 MBO nicht gestattet, für den Bezug der in Absatz 1 genannten Produkte, Geschenke oder andere Vorteile für sich oder einen Dritten zu fordern. Diese dürfen sie auch nicht sich oder Dritten versprechen lassen oder annehmen, es sei denn, der Wert ist geringfügig. Allerdings ist die Annahme von geldwerten Vorteilen in angemessener Höhe für die Teilnahme an wissenschaftlichen Fortbildungsveranstaltungen sowie berufsbezogenen Informationsveranstaltungen von Herstellern nicht berufswidrig (§ 33 Abs. 4 S. 1 MBO). § 33 Abs. 4 S. 2 MBO qualifiziert einen Vorteil dann als unangemessen, wenn er die Kosten der Teilnahme (notwendige Reisekosten, Tagungsgebühren) des Arztes an der Fortbildungsveranstaltung übersteigt oder der Zweck der Fortbildung nicht im Vordergrund steht.

Auch die (praktische) Bedeutung dieser berufsrechtlichen Regelungen ist – zumindest für die vorliegende Untersuchung jedoch gering.

II. Die Vorgaben des Hochschulrahmengesetzes sowie universitätsinterne Regelungen zur Einwerbung von Drittmitteln am Beispiel der Drittmittelrichtlinie des Präsidiums der Universität des Saarlandes

Auf der Ebene des Bundesrechts hat das Hochschulrecht seine unterverfassungsrechtliche Ausgestaltung im Hochschulrahmengesetz[66] erhalten. Dieses beruhte auf der Rahmenkompetenz des Bundes, die diesem gemäß Art. 75 Abs. 1 Nr. 1 Buchst. a GG für die allgemeinen Grundsätze des Hochschulwesens zukam. Durch die Föde-

---

[64] (Muster-)Berufsordnung für die deutschen Ärztinnen und Ärzte (MBO-Ä 1997) in der Fassung der Beschlüsse des 100. Deutschen Ärztetages 1997 in Eisenach, geändert durch die Beschlüsse des 103. Deutschen Ärztetages 2000 in Köln (§§ 27, 28 Kap. D. I Nr. 1-6, Kap. D. II Nr. 11), geändert durch die Beschlüsse des 105. Deutschen Ärztetages 2002 in Rostock (§§ 27, 28 Kap. D. I Nr. 1-5, §§ 17, 18, 22 a, 15, 20), geändert durch die Beschlüsse des 106. Deutschen Ärztetages 2003 in Köln (§§ 7 Abs. 4, 18, 26, 30 ff.), geändert durch die Beschlüsse des 107. Deutschen Ärztetages 2004 in Bremen (§§ 17-23, Kap. D II Nr. 7-11; §§ 4, 15).

[65] S. hierzu im Einzelnen: *Rudolf Ratzel*, Drittmittelforschung unter Korruptionsverdacht? - Wechselwirkung des Korruptionsstrafrechts mit dem ärztlichen Standesrecht, MedR 2002, S. 63 f.; *Hans-Dieter Lippert*, Wechselwirkungen: Korruptionsstrafrecht – ärztliches Standesrecht, in: Brigitte Tag/Jochen Tröger/Jochen Taupitz (Hrsg.), Drittmitteleinwerbung – Strafbare Dienstpflicht?, Heidelberg 2004, S. 177 ff.

[66] Hochschulrahmengesetz in der Fassung der Bekanntmachung vom 19. Januar 1999 (BGBl. I S. 18), zuletzt geändert durch Artikel 2 Abs. 3 des Gesetzes vom 5. Dezember 2006 (BGBl. I S. 2748).

ralismusreform[67] ist diese Rahmenkompetenz jedoch weggefallen; nunmehr fällt das Hochschulrecht in die Gesetzgebungszuständigkeit der einzelnen Bundesländer.[68] Das HRG gilt zwar als Bundesrecht gemäß Art. 125a Abs. 1 S. 1 GG fort, kann jedoch durch Landesrecht ersetzt werden (Art. 125a Abs. 1 S. 2 GG).

Die Berechtigung der Universitäten und Hochschulen zur Annahme von Drittmitteln ergibt sich aus § 25 HRG, der die Vorgabe für entsprechende Regelungen in den einzelnen Landesgesetzen bildet.[69] Mit dieser Vorschrift wollte der Bundesgesetzgeber die Initiative zur Einwerbung von Drittmitteln fördern.[70]

§ 25 HRG enthält zwei Kernaussagen: In § 25 Absätze 1 bis 3 HRG kommen das Recht zur Drittmittelforschung als Ergänzung staatlich finanzierter Forschung und in § 25 Abs. 4 HRG das Recht zur eigenen Abwicklung ohne staatliche Beteiligung zum Ausdruck.[71] Regelungen hinsichtlich der Berechtigung zur Drittmittelforschung (§ 25 Abs. 1 und 2 HRG), zur Aufsicht der Hochschule über die Drittmittelforschung, die von dem Wissenschaftler angezeigt werden muss (§ 25 Abs. 3 HRG), die Verwaltung der Drittmittel entweder durch die Hochschule oder den Wissenschaftler selbst (§ 25 Abs. 4 HRG) sowie zur Stellung des Drittmittelpersonals (§ 25 Abs. 5 HRG) finden sich – mit ähnlichem Regelungsgehalt – aber auch in den Landesgesetzen. Vor dem Hintergrund der Föderalismusreform sowie insbesondere der Tatsache, dass die Länder detaillierte Drittmittelregelungen geschaffen haben, soll daher an dieser Stelle nicht weiter auf § 25 HRG[72] eingegangen, sondern vielmehr exemplarisch[73] ein Blick auf die im Saarland geltenden Bestimmungen geworfen werden.

Neben § 68 Saarländisches Universitätsgesetz ist hier insbesondere die Drittmittelrichtlinie des Präsidiums des Saarlandes zu nennen. Diese enthält neben einer ausführlichen Bestimmung des Begriffes der Drittmittel detaillierte Regelungen zur Berechtigung zur Einwerbung von Drittmitteln, zu dem hierbei einzuhaltenden Verfahren sowie zur ihrer Verwendung.

Berechtigt zur Drittmitteleinwerbung sind gemäß Nr. 3.1 nur solche Mitglieder der Universität, deren Dienstaufgaben die selbständige Lehr- und Forschungstätigkeit umfasst. Nr. 3.2 schließt sodann verschiedene Fälle von der Berechtigung zur Einwerbung von Drittmitteln aus. All diesen Fällen ist gemein, dass sie den Anschein von Käuflichkeit von dienstlichem Handeln erwecken können. Genannt werden hierbei die Einwerbung von

---

[67] S. BT-Drs. 16/816 vom 07.03.2006, BR-Drs. 462/06 vom 30.06.2006, s. hierzu im Einzelnen: *Alexander Thiele*, Die Neuregelung der Gesetzgebungskompetenzen durch die Föderalismusreform - Ein Überblick, JA 2006, S. 714 ff.

[68] S. hierzu an späterer Stelle.

[69] *Regina Mischalke*, Drittmittel und Strafrecht – Licht am Ende des Tunnel?, NJW 2002, S. 3381 (3381).

[70] BT-Drs. 7/1328, S. 52.

[71] *Andreas Reich*, Hochschulrahmengesetz, § 25 Rn. 1.

[72] Einen detaillierten Überblick über das Themengebiet gibt *Georg Sandberger* in: Christian Flämig (Hrsg.), Handbuch des Wissenschaftsrechts, Band 1, § 40 (Drittmittelverwaltung), S. 1089 ff.

[73] Auf weitere landesrechtliche oder universitäre Regelungen geht etwa ein: *Brigitte Tag*, Drittmitteleinwerbung – strafbare Dienstpflicht? Überlegungen zur Novellierung des Straftatbestandes der Vorteilsannahme, JR 2004, S. 50 (50 sowie insbesondere 55).

- Mitteln für Zwecke, die nicht zu den Aufgaben der Universität gehören
- Mitteln, die einem Bediensteten der Universität nicht für dienstliche, sondern für private Zwecke gegeben werden
- Preisnachlässen oder an den Umsatz gekoppelte Vergünstigungen (insbesondere Einrichtung von sog. Bonuskonten durch Lieferfirmen)
- Zuwendungen zur Finanzierung von Reisen und Arbeits- oder Fortbildungsveranstaltungen, die nicht überwiegend der Erfüllung der Aufgaben der Universität dienen; dies gilt erst recht für die – auch teilweise – Finanzierung von Reisekosten für private Begleitpersonen
- Zuwendungen zur Finanzierung von Gemeinschaftsveranstaltungen und Gemeinschaftseinrichtungen von Beschäftigten.

In verfahrensrechtlicher Hinsicht verlangt diese Drittmittelrichtlinie die unverzügliche Anzeige von Angeboten zur Bereitstellung von Mitteln durch Dritte bei dem Universitätspräsidenten oder der hierzu von ihm beauftragten Stelle. Dabei müssen alle notwendigen Angaben und Unterlagen, wie etwa der Name des Drittmittelgebers, die Höhe, Dauer und Zweckbestimmung der Zuwendung, eine Erklärung des einwerbenden Universitätsmitglieds über Beschaffungsvorgänge, die Produkte oder Dienstleistungen des Drittmittelgebers zum Gegenstand haben, vollständig beigefügt werden (Nr. 4.1).

Sodann entscheidet die zuständige Stelle, d.h. der Universitätspräsident oder das hierzu beauftragte Mitglied des Präsidiums, über die Annahme der Drittmittel durch die Universität (Nr. 4.2). Werden Drittmittel von Mitgliedern der medizinischen Fakultät oder des Klinikums eingeworben, ist vor der Entscheidung die Stellungnahme des Vorstands des Klinikums einzuholen, sofern Aspekte der Krankenversorgung hiervon betroffen sind (Nr. 4.3).

Soll das Universitätsmitglied Empfänger der Drittmittel werden, bedarf es sogar der vorherigen Zustimmung; eine nachträgliche Genehmigung ist in diesem Fall ausgeschlossen. Eine Annahme kann des Weiteren nicht in den Fällen der Nr. 3.2 erklärt werden, d.h. in den Fällen, in denen wegen des Anscheins der Käuflichkeit keine Berechtigung zur Einwerbung von Drittmitteln besteht. Hiervon unberührt bleibt jedoch das Recht eines Universitätsmitglieds, ein Drittmittelprojekt ggf. ohne Inanspruchnahme universitärer Mittel durchzuführen (Nr. 4.2).

Von der Universität genehmigte Drittmittel werden grundsätzlich von dieser verwaltet und bei den entsprechenden Titeln des Haushaltes vereinnahmt und verausgabt (sog. Haushaltsverfahren).

Das Universitätsmitglied kann jedoch beantragen, dass von einer Verwaltung durch die Universität abgesehen wird. Ein solcher Antrag ist zulässig, wenn das Universitätsmitglied selbst Mittelempfänger sein soll und dies mit den Bedingungen des Dritten vereinbar ist (Nr. 5.1). Hierbei kann das Universitätsmitglied Unterstützung von der Universität bei der Mittelverwaltung erhalten, sofern es dies ebenfalls beantragt (sog. Verwahrkontenverwaltung, Nr. 5.1). In diesem Fall werden die Drittmittel entsprechend den Bedingungen des Drittmittelgebers durch die Universitätskasse geführt (Nr. 5.4.1). Bedienstete werden in einem Privatdienstverhältnis zum Mitglied der Universität beschäftigt (Nr. 5.4.2).

F. Fazit

Eine bestimmte Art von Drittmitteln gibt es in der Praxis nicht. Vielmehr lassen sich hierunter verschiedenen Formen und Modalitäten von Zuwendungen der Industrie für die Forschung subsumieren. § 25 HRG sowie die verschiedenen landesrechtlichen Vorgaben orientieren sich ebenso wie die Verhaltensempfehlungen der Medizinproduktеindustrie und der Ärzteschaft an den Vorgaben der Rechtsprechung. Ob damit die Möglichkeit der Drittmitteleinwerbung im Bereich der Hochschulmedizin zu Zwecken der Forschung nicht zu weit beschnitten wird, ist im weiteren Verlauf dieser Arbeit zu überprüfen.

2. Kapitel: Überblick über die Entwicklung des § 331 StGB und seiner Tatbestandsmerkmale

A. Rechtsdogmatische Einordnung der Vorteilsannahme

§ 331 StGB stellt die Vorteilsannahme unter Strafe. Mit Freiheitsstrafe bis zu drei Jahren oder mit Geldstrafe wird nach Absatz 1 dieser Vorschrift in ihrer aktuellen Fassung bestraft, wer sich als Amtsträger oder als ein für den öffentlichen Dienst besonders Verpflichteter für die Dienstausübung einen Vorteil für sich oder einen Dritten fordert, sich versprechen lässt oder annimmt.

Untechnisch gesprochen kann man die Vorteilsannahme als eine Art der Korruption, nämlich als passive Korruption bezeichnen.[74] Rechtssystematisch gehört § 331 StGB zu den Straftaten im Amt und ist als echtes Sonderdelikt, bei dem nur ein Amtsträger oder ein für den öffentlichen Dienst besonders Verpflichteter Täter sein kann, zu qualifizieren.[75] Spiegelbildlich zu §§ 334, 335 StGB, die Fälle sog. aktiver Bestechung unter Strafe stellen, erfasst der Tatbestand des § 331 StGB – neben den des § 332 StGB – die passive Bestechung.[76]

Im System der Bestechungstatbestände stellt die Vorteilsannahme im Rahmen der von Amtsträger erfüllbaren Delikte das Grunddelikt dar, bei dem nur Diensthandlungen in Betracht kommen, die nicht pflichtwidrig sind. § 331 Abs. 2 StGB enthält ein unselbständige Qualifikation für Richter und Schiedsrichter.[77] Eine weitere Qualifikation zu § 331 StGB enthält § 332 StGB, der sich auf pflichtwidrige dienstliche oder richterliche Handlungen bezieht.

Bei § 331 StGB handelt es sich ferner um ein abstraktes Gefährdungsdelikt,[78] d.h. die Strafbarkeit tritt ohne Rücksicht darauf ein, ob im konkreten Fall tatsachlich eine Gefahr für das von § 331 StGB geschützte Rechtsgut begründet wurde oder nicht. Vielmehr soll jegliche Vermischung privater Interessen mit dienstlichen Angelegenheiten tabuisiert werden, so dass § 331 StGB auch als ein eine Art „*Vorfeldstrafbarkeit*" begründendes Delikt bezeichnet wird.[79]

Der Versuch ist nur im Falle des § 331 Abs. 2 StGB strafbar (§ 331 Abs. 2 S. 2 StGB). Hingegen ist eine Strafbarkeit des Versuchs bei § 331 Abs. 1 StGB ausgeschlossen, da es sich aufgrund der Strafandrohung – Geldstrafe oder Freiheitsstrafe bis zu drei Jahren – um ein Vergehen i.S.v. § 12 Abs. 2 StGB handelt und das Gesetz die Strafbarkeit des Versuchs nicht ausdrücklich bestimmt hat (§ 23 Abs. 1 StGB).

---

[74] http://de.wikipedia.org/wiki/Korruption; vom 15.03.2006.

[75] *Günter Heine/Peter Cramer* in: Adolf Schönke/Horst Schröder, Strafgesetzbuch, Vorbem. zu §§ 331 ff. Rn. 7.

[76] *Bernd Heinrich*, Rechtsprechungsüberblick zu den Bestechungsdelikten (§§ 331-335 StGB) - (1998-2003) - 1. Teil, NStZ 2005, S. 197 (198).

[77] *Hans-Heinrich Jescheck* in: Burkhard Jähnke/Heinrich Wilhelm Laufhütte/Walter Odersky, Strafgesetzbuch (Leipziger Kommentar), Achter Band, vor § 331 Rn. 16 (Stand: 01.05.1996).

[78] *Herbert Tröndle/Thomas Fischer*, Strafgesetzbuch, § 331 Rn. 3; *Kai Ambos*, Zur Strafbarkeit der Drittmittelakquisition, JZ 2003, S. 345 (348); a.A.: *Walter Kargl*, Über die Bekämpfung des Anscheins der Kriminalität bei der Vorteilsannahme (§ 331 StGB), ZStW 114 (2002), S. 763 (786), der § 331 StGB als Verletzungsdelikt einordnet.

[79] *Torsten Verrel*, Überkriminalisierung oder Übertreibung? Die neue Furcht vor der Korruptionsstrafbarkeit in der Medizin, MedR 2003, S. 319 (321).

B. Schutzgut des § 331 StGB

Schon die Frage, welches Rechtsgut bzw. welche Rechtsgüter dem § 331StGB zugrunde liegen, ist umstritten. Sie soll, soweit sie für die vorliegende Untersuchung von Bedeutung ist, im Folgenden kurz behandelt werden.[80]

Für die Legitimation der Bestechungsdelikte allgemein werden drei Leitgedanken aufgeführt: Zum einen soll der Staat selbst vor Amtsmissbrauch geschützt werden; zum anderen sollen die Allgemeinheit und schließlich auch der einzelne Bürger hiervor geschützt werden.[81] Diese drei Leitgedanken finden sich in allen Bestechungsdelikten wieder. Allerdings variiert die Akzentuierung auf dem einen oder dem anderen Schutzgut je nach Tatbestand.

Im Anschluss an einige Bestechungsskandale, die Ende der 50er Jahre die Öffentlichkeit erschüttert haben, rückte die Diskussion um das oder die Schutzgüter des § 331 StGB verstärkt in den Mittelpunkt wissenschaftlichen Interesses, ohne dass sich eine einheitliche Meinung herausbilden konnte.

Mit Blick auf den für diese Untersuchung maßgeblichen § 331 StGB kann der Strafgrund nicht – wie etwa von *Binding*[82] vertreten – in der „*Verletzung des großen staatsrechtlichen Grundsatzes der Unentgeltlichkeit der Amtshandlung*" gesehen werden. In der Tat wird nämlich ein erheblicher Teil der Diensthandlungen nur gegen Entgelt, gegen eine Gebühr, vorgenommen.[83] Auch die vom Reichsgericht und dem Bundesgerichtshof hervorgehobene Reinhaltung der Amtsführung[84] skizzieren den spezifischen Unrechtsgehalt der §§ 331, 332 StGB gegenüber den sonstigen Amtsdelikten nicht genau.[85] Schließlich kann auch die „*Verfälschung des Staatswillens*" allein den Unrechtsgehalt des § 331 StGB nicht genau erfassen.[86] Letztgenannte Auffassung ist nämlich mit dem Wortlaut des § 331 StGB nicht vereinbar. Bei einer – vom Tatbestand der Vorteilsannahme umfassten – nachträglichen Annahme von Vorteilen, die auf die Diensthandlung des Amtsträgers keinen Einfluss mehr haben kann, bestünde andernfalls ein unauflösbarer Widerspruch.[87]

Vielmehr liegt dem § 331 StGB ein komplexes Rechtsgut zugrunde: Geschützt wird das Vertrauen der Allgemeinheit in die Unkäuflichkeit von Trägern staatlicher Funktionen und mithin in die Sachlichkeit staatlicher Entscheidungen[88] bzw. in die „Nicht-Käuflichkeit" dienstlichen Handelns.[89]

---

[80] Ausführlich setzt sich hiermit auseinander: *Fritz Loos*, Zum „Rechtsgut" der Bestechungsdelikte, Festschrift für Hans Welzel zum 70. Geburtstag, Berlin/New York 1974, S. 879 ff.

[81] *Gunter Arzt* in: Gunther Arzt/Ulrich Weber, Strafrecht Besonderer Teil, Bielefeld 2000, § 49 Rn. 2.

[82] *Karl Binding,* Lehrbuch des gemeinen deutschen Strafrechts, besonderer Teil, Leipzig, S. 790.

[83] Ebenso: *Günter Heine* in: Adolf Schönke/Horst Schröder, Strafgesetzbuch, § 331 Rn. 2a; a.A.: *Heinrich Henkel*, Die Bestechlichkeit von Ermessensbeamten, JZ 1960, S. 507 (508).

[84] RG, Urteil vom 05.05.1938, Az.: 2 D 872/37, RGSt 72, S. 174 (176); BGH, Urteil vom 30.04.1957, Az.: 1 StR 287/56, BGHSt 10, S. 237 (241).

[85] *Günter Heine* in: Adolf Schönke/Horst Schröder, Strafgesetzbuch, § 331 Rn. 2a.

[86] So aber: Entwurf eines Einführungsgesetzes zum Strafgesetzbuch, BT-Drs. 7/550, S. 269.

[87] *Herbert Tröndle/Thomas Fischer*, Strafgesetzbuch, § 331 Rn. 3; *Günter Heine* in: Adolf Schönke/Horst Schröder, Strafgesetzbuch, § 331 Rn. 2a..

[88] BGH, Urteil vom 25.07.1960, Az.: 2 StR 91/60, BGHSt 15, S. 88 (96); *Richard Sturm*, Änderungen des Besonderen Teils des Strafgesetzbuches durch das Einführungsgesetz zum Strafgesetzbuch, JZ 1975, S. 6 (13).

[89] BGH; Urteil vom 23.05.2002, Az.: 1 StR 372/01, BGHSt 47, S. 295 ff. (303).

C. Der Tatbestand der Vorteilsannahme

Über die Jahre hinweg hat der Straftatbestand der Vorteilsannahme eine deutliche Entwicklung durchlaufen, die im Folgenden unter besonderer Berücksichtigung der in dieser Arbeit zu untersuchenden Fragestellungen[90] vorgestellt werden soll.

I. Objektiver Tatbestand

1. Amtsträger oder für den öffentlichen Dienst besonders Verpflichteter

§ 331 StGB als Sonderdelikt in der Form eines sog. echten Amtsdeliktes beschränkt den Täterkreis auf bestimmte Personen. Gemäß § 331 Abs. 1 StGB findet diese Vorschrift nur auf Amtsträger und für den öffentlichen Dienst besonders Verpflichtete Anwendung. Es handelt sich hierbei um strafbegründende persönliche Merkmale i.S.v. § 28 Abs. 1 StGB.[91] Erforderlich ist stets, dass der Täter den Status des Amtsträgers oder des für den öffentlichen Dienst besonders Verpflichteten zum Zeitpunkt der Tat innehat.[92]

§ 11 StGB bestimmt beide Begriffe für das StGB abschließend.[93]

a) Amtsträger

Nach § 11 Abs. 1 Nr. 2 StGB ist Amtsträger, wer nach deutschem Recht

a) Beamter oder Richter ist,

b) in einem sonstigen öffentlich-rechtlichen Amtsverhältnis steht oder

c) sonst dazu bestellt ist, bei einer Behörde oder bei einer sonstigen Stelle oder in deren Auftrag Aufgaben der öffentlichen Verwaltung unbeschadet der zur Aufgabenerfüllung gewählten Organisationsform wahrzunehmen.

Das Gesetz unterscheidet dabei drei Hauptgruppen:

(1) *§ 11 Abs. 1 Nr. 2 Buchst. a StGB* meint **Beamte im staatsrechtlichen Sinne** und damit solche, die nach den einschlägigen beamtenrechtlichen Vorschriften durch eine dafür zuständige Stelle in ein Beamtenverhältnis berufen worden sind.[94] Auf die Art der konkreten Tätigkeit kommt es für die Qualifizierung als Beamter iS. dieser Alternative mithin nicht an; entscheidend ist vielmehr das Bindungsverhältnis zum Dienstherrn.[95] Auch der Gesetzgeber hat anlässlich der Überarbeitung dieser Norm im Jahre 1973 nochmals deutlich gemacht, dass dieser Begriff beamtenrechtlich zu verstehen ist und damit die Berufung in ein öffentliches Amt durch Aushändigung der Ernennungsurkunde maßgebend ist.[96]

---

[90] Ausgeklammert wird aus diesem Grund § 331 Abs. 2 StGB, der lediglich auf Richter und Schiedsrichter Anwendung findet.
[91] BGH, Urteil vom 24.02.1955, Az.: 3 StR 595/54, NJW 1955, S. 720.
[92] BGH, Urteil vom 28.10.2004, Az.: 3 StR 301/03, NJW 2004, S. 3569 (3574).
[93] *Albin Eser* in: Adolf Schönke/Horst Schröder, Strafgesetzbuch, Vorbem. zu § 11, 12 Rn. 1.
[94] BGH, Urteil vom 24.01.1952, Az.: 3 StR 913/51, BGHSt 2, S. 119 (120).
[95] *Albin Eser* in: Adolf Schönke/Horst Schröder, Strafgesetzbuch, § 11 Rn. 18.
[96] Entwurf eines Einführungsgesetzes zum Strafgesetzbuch, BT-Drs. 7/550, S. 209.

(2) Währenddessen setzt das **sonstige öffentlich-rechtliche Amtsverhältnis** (*§ 11 Abs. 1 Nr. 2 Buchst. b StGB)* Beziehungen zwischen den Beteiligten voraus, die einem öffentlich-rechtlichen Dienst- und Treueverhältnis vergleichbar sind, ohne dass ein Beamtenverhältnis im oben genannten Sinne gegeben ist. In einem solchen Verhältnis stehen etwa die Minister der Bundesregierung[97] und der Landesregierungen, die parlamentarischen Staatssekretäre,[98] der Wehrbeauftragte des Bundestages[99] sowie Notare und Notarassessoren[100]. Ein öffentliches Amtsverhältnis liegt hingegen etwa nicht vor bei Rechtsanwälten,[101] Vormündern oder Testamentsvollstreckern.[102]

(3) § 11 Abs. 1 Nr. 2 Buchst. c StGB schließlich soll die **früheren sog. Beamten im strafrechtlichen Sinne** (§ 359 StGB a.F.) erfassen.[103] Im Rahmen dieser Fallgruppe ist nicht die Begründung eines formalen Beamten- oder öffentlichen Dienstverhältnisses entscheidend; vielmehr gilt hier **eine funktionale Betrachtungsweise**: Der Betreffende muss befugtermaßen Aufgaben der öffentlichen Verwaltung wahrnehmen.[104] Hierzu zählen alle Personen, die durch eine hierfür zuständige Stellung zu Dienstverrichtungen berufen sind, die aus der Staatsgewalt abgeleitet sind und staatlichen Zwecken dienen.[105] Diese vom Gesetzgeber vorgenommene Ausdehnung erklärt sich vor dem Hintergrund, dass häufig nicht Beamte, sondern Angestellte oder Privatrechtsorganisationen mit diesen Aufgaben betraut werden.

Allein das Vorhandensein einer besonderen Ehrengerichtsbarkeit wie etwa bei der Ärzteschaft genügt für die Annahme des Tatbestandes des § 11 Abs. 1 Nr. 2 Buchst. c StGB nicht.[106]

§ 11 Abs. 1 Nr. 2 Buchst. c StGB erfordert zunächst eine Bestellung. Umstritten ist, welche Anforderungen hieran zu stellen sind. Zum Teil wird ein öffentlich-rechtlicher, wenn auch nicht zwingend förmlicher Bestellungsakt gefordert.[107] Dem ist

---

[97] S. § 1 Bundesministergesetz in der Fassung der Bekanntmachung vom 27. Juli 1971 (BGBl. I S. 1166), zuletzt geändert durch Artikel 3 des Gesetzes vom 15. Dezember 2004 (BGBl. I S. 3390).

[98] § 1 Abs. 3 Gesetz über die Rechtsverhältnisse der Parlamentarischen Staatssekretäre vom 24. Juli 1974 (BGBl. I S. 1538), zuletzt geändert durch Artikel 1 des Gesetzes vom 15. Januar 1999 (BGBl. I S. 10).

[99] § 15 Abs. 1 Gesetz über den Wehrbeauftragten des Deutschen Bundestages (Gesetz zu Artikel 45 b des Grundgesetzes WBeauftrG) in der Fassung der Bekanntmachung vom 16. Juni 1982 (BGBl. I S. 677), zuletzt geändert durch Art. 16 BwNeuAusG vom 20.12.2001 (BGBl. I S. 4013).

[100] §§ 1, 7 Abs. 4 BNotO (Bundesnotarordnung in der im Bundesgesetzblatt Teil III, Gliederungsnummer 303-1, veröffentlichten bereinigten Fassung, zuletzt geändert durch das Gesetz vom 15. Juli 2006 (BGBl. I S. 1531)); ausgenommen sind allerdings die badischen Amtsnotare sowie die württembergischen Bezirksnotare (§§ 115, 116 BNotO, s. auch *Günter Gribbohm* in: Burkhard Jähnke/Heinrich Wilhelm Laufhütte/Walter Odersky, Strafgesetzbuch (Leipziger Kommentar), Erster Band, § 11 Rn. 76 (Stand: 01.03.1997).).

[101] § 2 BRAO (Bundesrechtsanwaltsordnung in der im Bundesgesetzblatt Teil III, Gliederungsnummer 303-8, veröffentlichten bereinigten Fassung, zuletzt geändert durch Artikel 42 des Gesetzes vom 19. April 2006 (BGBl. I S. 866)).

[102] *Günter Gribbohm* in: Burkhard Jähnke/Heinrich Wilhelm Laufhütte/Walter Odersky, Strafgesetzbuch (Leipziger Kommentar), Erster Band, § 11 Rn. 29 (Stand: 01.03.1997).

[103] BGH, Urteil vom 19.12.1997, Az.: 2 StR 521/97, BGHSt 43, S. 370 (376).

[104] *Günter Gribbohm* in: Burkhard Jähnke/Heinrich Wilhelm Laufhütte/Walter Odersky, Strafgesetzbuch (Leipziger Kommentar), Erster Band, § 11 Rn. 30 (Stand: 01.03.1997).

[105] BGH, Urteil vom 19.12.1997, Az.: 2 StR 521/97, BGHSt 43, S. 370 (376).

[106] *Albin Eser* in: Adolf Schönke/Horst Schröder, Strafgesetzbuch, § 11 Rn. 31.

[107] BayObLG, Beschluss vom 20.07.1995, Az.: 4 St RR 4/95, NJW 1996, S. 268 (270); *Harro Otto*, Amtsträgerschaft innerhalb zivilrechtlich organisierter Daseinsfürsorge, Jura 1997, S. 47 (49).

jedoch entgegenzuhalten, dass eine für ausreichend erachtete formlose öffentlichrechtliche Bestellung gerade auch in einer privatrechtlichen Übertragung von Aufgaben der öffentlichen Verwaltung liegen kann.[108] Auch der Wortlaut der Vorschrift, der anders als in § 11 Abs. 1 Nr. 4 StGB keine förmliche Verpflichtung fordert, lässt diese Einschränkung nicht zu.[109] Vielmehr kann eine Bestellung auch durch privatrechtlichen Auftrag erfolgen;[110] sie kann im Übrigen hauptamtlich, nebenamtlich, planmäßig oder nur vertretungsweise oder vorübergehend erfolgen.[111] Auch die bisweilen vorzufindende Beschränkung auf *„längerfristige Tätigkeiten"* ist nicht sachgerecht, weil auch einmalige Beauftragungen wie etwa die Korrektur einer Klausur des Juristischen Staatsexamens eindeutig hoheitlichen Charakter haben können.[112]

Entscheidendes Tatbestandsmerkmal im Rahmen des § 11 Abs. 1 Nr. 2 Buchst. c StGB ist vielmehr die öffentliche Tätigkeit. Es muss sich – in Abgrenzung zu dem Beamten i.S.v. § 11 Abs. 1 Nr. 2 Buchst. a StGB, wo die Amtsträgerschaft ohne besondere Rücksicht auf die Art der Tätigkeit bereits aus dem Beamtenverhältnis gefolgert wird – mithin um die Wahrnehmung von Aufgaben der öffentlichen Verwaltung handeln. Der Begriff der öffentlichen Verwaltung seinerseits ist aus anderen Gesetzen bekannt und wird ebenfalls unter anderem in Art. 130 Abs. 1 GG, in § 1 Abs. 4 Verwaltungsverfahrensgesetz[113] (VwVfG)[114] sowie in § 9 Abs. 2 S. 3 des Gesetzes über Ordnungswidrigkeiten[115] (OWiG) verwandt.[116] Ähnlich wie dort ist er nach dem Willen des Gesetzgebers weit auszulegen und dient dazu, sonstige staatliche Funktionen wie die der Rechtsprechung[117] oder der Gesetzgebung aus dem Regelungsbereich dieser Norm auszuschließen.[118] Andererseits gehören hierzu aber

---

[108] *Günter Gribbohm* in: Burkhard Jähnke/Heinrich Wilhelm Laufhütte/Walter Odersky, Strafgesetzbuch (Leipziger Kommentar), Erster Band, § 11 Rn. 32 (Stand: 01.03.1997).

[109] So ausdrücklich auch schon der Gesetzgeber in: Entwurf eines Einführungsgesetzes zum Strafgesetzbuch, BT-Drs. 7/550, S. 209.

[110] H.M., s. *Günter Gribbohm* in: Burkhard Jähnke/Heinrich Wilhelm Laufhütte/Walter Odersky, Strafgesetzbuch (Leipziger Kommentar), Erster Band, § 11 Rn. 31 (Stand: 01.03.1997); *Herbert Tröndle/Thomas Fischer*, Strafgesetzbuch, § 11 Rn. 20; *Horst Zeiler*, Einige Gedanken zum Begriff des Amtsträgers im Sinne des § 11 I Nr. 2 c StGB, MDR 1996, S. 439 ff., der allerdings fordert, dass die Bestellung auf einen gewissen Zeitraum, auf ein bestimmtes Aufgabengebiet sowie auf einen bestimmten Zuständigkeitsbereich bezogen sein muss. Der BGH fordert einen öffentlichrechtlichen Bestellungsakt lediglich zur Begründung der Amtsträgereigenschaft außenstehender Privatpersonen, die von einer Gebietskörperschaft einzelvertraglich zur Erfüllung einer Verwaltungsaufgabe beauftragt werden (BGH, Urteil vom 19.12.1997, Az.: 2 StR 521/97, BGHSt 43, S. 370 [379 f.]).

[111] *Günter Gribbohm* in: Burkhard Jähnke/Heinrich Wilhelm Laufhütte/Walter Odersky, Strafgesetzbuch (Leipziger Kommentar), Erster Band, § 11 Rn. 33 (Stand: 01.03.1997).

[112] *Christoph Knauer/Johannes Kaspar*, Restriktives Normverständnis nach dem Korruptionsbekämpfungsgesetz, GA 2005, S. 385 (386).

[113] Verwaltungsverfahrensgesetz in der Fassung der Bekanntmachung vom 23. Januar 2003 (BGBl. I S. 102), geändert durch Artikel 4 Abs. 8 des Gesetzes vom 5. Mai 2004 (BGBl. I S. 718).

[114] Allerdings lag diese Vorschrift zum Zeitpunkt der Einführung des § 11 Abs. 1 Nr. 2 Buchst. c StGB nur im Entwurfstadium vor. Die Bundestagsdrucksache verweist aber auch auf diese Begriffsbestimmung (BT-Drs. 7/550, S. 209).

[115] Gesetz über Ordnungswidrigkeiten in der Fassung der Bekanntmachung vom 19. Februar 1987 (BGBl. I S. 602), zuletzt geändert durch Artikel 3 Abs. 6 des Gesetzes vom 12. Juli 2006 (BGBl. I S. 1466).

[116] In der Literatur zu § 9 OWiG wird auch auf § 11 Abs. 1 Nr. 2 Buchst. c StGB verwiesen (s. etwa *Klaus Rogall*, in: Lothar Senge (Hrsg.), Karlsruher Kommentar zum OWiG, § 9 Rn. 69).

[117] Anders verhält es sich für die Justizverwaltung wie etwa die Gerichtskasse.

[118] Entwurf eines Einführungsgesetzes zum Strafgesetzbuch, BT-Drs. 7/550, S. 209.

nicht nur die klassischen hoheitsrechtlichen Funktionen der Anordnungs- oder Zwangsgewalt, sondern auch die schlicht hoheitliche Verwaltung.[119]

Ohne Relevanz ist dabei, wie § 11 Abs. 1 Nr. 2 Buchst. c StGB klarstellt, die formelle Organisationsform. Entsprechend müssen die Aufgaben nicht zwingend bei einer Behörde i.S. eines Amtes oder einer ähnlich selbständigen organisatorischen Einheit von Personal- und Sachmitteln[120] bzw. in deren Auftrag wahrgenommen werden. Vielmehr kann dies auch bei einer sonstigen Stelle geschehen. Unter "*sonstigen Stellen*" sind behördenähnliche Institutionen zu verstehen, die zwar keine Behörden im organisatorischen Sinne sind, aber rechtlich befugt sind, bei der Ausführung von Gesetzen und Erfüllung öffentlicher Aufgaben mitzuwirken.[121] Sonstige Stellen sind beispielsweise Körperschaften oder Anstalten des öffentlichen Rechts wie etwa Staats- oder Kommunalbanken,[122] aber auch Einrichtungen oder Zusammenschlüsse, die ungeachtet ihres Organisationsgrades zur Erledigung bestimmter öffentlicher Aufgaben berufen sind.

Mit der Ergänzung von § 11 Abs. 1 Nr. 2 Buchst. c StGB durch die Worte „*unbeschadet der zur Aufgabenerfüllung gewählten Organisationsform*" durch das Korruptionsbekämpfungsgesetz im Jahre 1997 hat der Gesetzgeber lediglich klargestellt, dass die Wahl der Organisationsform – privatrechtlich oder öffentlich-rechtlich – für sich gesehen kein Abgrenzungskriterium sein kann.

Leider enthält das Gesetz keine weiteren Abgrenzungskriterien. Nach gefestigter Rechtsprechung des Bundesgerichtshofs sind auch als juristische Personen des Privatrechts organisierte Einrichtungen als "*sonstige Stellen*" den Behörden gleichzustellen, wenn bei ihnen Merkmale vorliegen, die eine Gleichstellung rechtfertigen. Entscheidend ist in seinen Augen, dass sie inhaltlich Aufgaben im öffentlichen Interesse wahrnehmen und organisatorisch an eine Behörde, beispielsweise durch einen Vertrag oder Bestellungsakt angebunden sind.[123] Das Unternehmen muss also bei einer Gesamtbewertung der sie kennzeichnenden Merkmale als "*verlängerter Arm*" des Staates erscheinen.[124] Dies kann nicht nur im Bereich der Eingriffsverwaltung, sondern insbesondere auch im Bereich der Leistungsverwaltung, der fiskalischen sowie der erwerbs-fiskalischen Verwaltung der Fall sein, beispielsweise wenn diese Aufgaben der Daseinsvorsorge wahrnehmen.[125] Auch eine Gewinnerzielungsabsicht schließt eine Einstufung als öffentliche Aufgabe nicht aus, sofern diese neben die Gemeinwohlzwecke tritt.[126] Für die Auslegung ist damit letztlich entscheidend, dass der Gesetzgeber bei der Definition des Amtsträgers die „sonstige Stelle" den Behörden gleichgestellt hat.[127]

---

[119] BGH, Urteil vom 10.10.1958, Az.: 5 StR 404/58, BGHSt 12, 89(90).
[120] *Ferdinand Kopp/Ulrich Ramsauer*, Verwaltungsverfahrensgesetz, § 1 Rn. 51.
[121] Entwurf eines Einführungsgesetzes zum Strafgesetzbuch, BT-Drs. 7/550, S. 209; BGH, Urteil vom 19.12.1997, Az.: 2 StR 521/97, BGHSt 43, S. 370 (376); BGH, Urteil vom 14.11.2003, Az.: 2 StR 164/03, NJW 2004, S. 693 (693).
[122] BGH, Urteil vom 30.04.1957, Az.: 1 StR 287/56, BGHSt 31, S. 237 (269).
[123] *Herbert Tröndle/Thomas Fischer*, Strafgesetzbuch, § 11 Rn. 22.
[124] BGH, Urteil vom 12.07.2001, Az.: 4 StR 550/00, NJW 2001, S. 3062 (3063).
[125] *Herbert Tröndle/Thomas Fischer*, Strafgesetzbuch, § 11 Rn. 22.
[126] BGH, Urteil vom 12.07.2001, Az.: 4 StR 550/00, NJW 2001, S. 3062 (3064).
[127] BGH, Urteil vom 19.12.1997, Az.: 2 StR 521/97, BGHSt 43, S. 370 (376).

Zur Abgrenzung kann auch auf die Unterscheidung zwischen Aufgabenprivatisierung als sog. materielle Privatisierung und Organisationsprivatisierung i.S. einer formellen Privatisierung abgestellt werden.[128] Wird die Erledigung der Aufgaben privaten Unternehmen überlassen, die marktwirtschaftlich agieren (sog. Aufgabenprivatisierung), fehlt der spezifisch öffentlich-rechtliche Bezug, der eine Gleichstellung mit behördlichem Handeln rechtfertigt, selbst dann, wenn das private Unternehmen einer staatlichen Aufsicht unterstellt wird.[129] Hingegen behält der Hoheitsträger bei der Organisationsprivatisierung die Aufgabe in der Hand und agiert lediglich rechtlich in Form etwa einer juristischen Person des Privatrechts.[130]

b) Besonders für den öffentlichen Dienst Verpflichtete

Den Amtsträgern sind die für den öffentlichen Dienst besonders Verpflichteten gegenübergestellt. Die Vorschrift ist an die Stelle des „besonders Verpflichteten" i.S.d. § 353b Abs. 2 StGB a.F. sowie des § 1 BestechVO[131] getreten.[132] Hiermit soll der Tatsache Rechnung getragen werden, dass der Staat zur Erfüllung seiner Aufgaben mehr und mehr auf die Einschaltung nichtstaatlicher Organisationen und die Dienste solcher Personen angewiesen ist, die ihrer Stellung und Funktion nach zwar keine Amtsträger sind, aber in vergleichbarer Weise Einblick und Einflussmöglichkeiten auf Verwaltungshandeln haben wie diese.[133]

Als für den öffentlichen Dienst besonders Verpflichteter gilt gemäß § 11 Abs. 1 Nr. 4 StGB wer, ohne Amtsträger zu sein,

a) bei einer Behörde oder bei einer sonstigen Stelle, die Aufgaben der öffentlichen Verwaltung wahrnimmt, oder

b) bei einem Verband oder sonstigen Zusammenschluss, Betrieb oder Unternehmen, die für eine Behörde oder für eine sonstige Stelle Aufgaben der öffentlichen Verwaltung ausführen, beschäftigt oder für sie tätig und auf die gewissenhafte Erfüllung seiner Obliegenheiten auf Grund eines Gesetzes förmlich verpflichtet ist.

Neben den Behörden und sonstigen Stellen, für die auf die Begriffsbestimmung des § 11 Abs. 1 Nr. 2 Buchst. c StGB verwiesen werden kann, nennt das Gesetz Verbände, sonstige Zusammenschlüsse sowie Betriebe oder Unternehmen, die mittelbar zur Aufgabenerledigung herangezogen werden. Während Verbände i.S.d. Vorschrift Zusammenschlüsse von natürlichen und juristischen Personen zur Förderung gemeinsamer Interessen, insbesondere wirtschaftlicher, sozialer, kultureller oder politi-

---

128 A.A. *Christoph Knauer/Johannes Kaspar*, Restriktives Normverständnis nach dem Korruptionsbekämpfungsgesetz, GA 2005, S. 385 (387).

129 BGH, Urteil vom 02.12.2005, Az.: 5 StR 119/05, NJW 2006, S. 925 (927).

130 *Fritz Ossenbühl*, Zu StGB § 11 Abs 1 Nr 2 Buchst c, JR 1992, S. 473 (475).

131 Verordnung gegen Bestechung und Geheimnisverrat nicht beamteter Personen vom 03.05.1917/22.03.1943 (RGBl. I S. 351), aufgehoben durch Art. 287 Nr. 3 EGStGB vom 02.03.1974 (BGBl. I S. 469).

132 *Günter Gribbohm* in: Burkhard Jähnke/Heinrich Wilhelm Laufhütte/Walter Odersky, Strafgesetzbuch (Leipziger Kommentar), Erster Band, § 11 Rn. 18 (Stand: 01.03.1997).

133 *Albin Eser* in: Adolf Schönke/Horst Schröder, Strafgesetzbuch, § 11 Rn. 34. Entwurf eines Einführungsgesetzes zum Strafgesetzbuch, BT-Drs. 7/550, S. 209, S. 210

scher Art sind,[134] erfasst der Sammelbegriff der sonstigen Zusammenschlüsse etwa Beiräte oder Ausschüsse.[135] Schließlich werden Betriebe als nicht nur vorübergehende Zusammenfassung mehrerer Personen unter Einsatz von Sachmitteln in gewissen räumlichen Zusammenhang unter einer Leitung zur Erreichung eines bestimmten, nicht stets wirtschaftlichen Zwecks sowie Unternehmen erfasst.[136] Auf die rechtliche Form kommt es ebenso wenig an wie auf einen Bezug zur staatlichen Wirtschaftslenkung[137] Maßgeblich ist vielmehr, ob die betreffende Organisation für eine Behörde oder sonstige Stelle gleichsam als deren verlängerter Arm öffentliche Aufgaben der Verwaltung wahrnimmt.[138]

Der Verpflichtete muss ferner für die in § 11 Abs. 1 Nr. 4 StGB genannten Stellen beschäftigt, d.h. in einem Dauerverhältnis angestellt sein,[139] oder für sie tätig werden, d.h. nur vorübergehend für bestimmte Sachaufgaben[140] herangezogen werden.[141]

Schließlich muss die betreffende Person gemäß § 11 Abs. 1 Nr. 4 StGB auf die gewissenhafte Erfüllung seiner Obliegenheiten förmlich verpflichtet sein. Gemeint ist hiermit eine förmliche[142] Verpflichtung auf die gewissenhafte Erfüllung der Obliegenheiten im öffentlichen Dienst i.S.v. § 1 Abs. 1 Nr. 1 und 2 VerpflG[143].

2. Tathandlung

Tathandlungen sind das Fordern, Sichversprechenlassen oder Annehmen eines Vorteils für sich oder einen Dritten.

a) Fordern, sich versprechen lassen oder annehmen

Fordern ist das einseitige Verlangen einer Leistung, selbst wenn dies in versteckter Form erfolgt.[144] Dabei muss der Täter erkennen lassen, dass er den Vorteil als Gegenleistung für eine Diensthandlung begehrt.[145] Es muss also ein „Beziehungsverhältnis" zwischen dem Fordern des Vorteils und der Diensthandlung bestehen.[146,147] Hingegen erfüllt das bloße Verlangen unberechtigter Leistungen unter Vorspiegelung

---

[134] *Günter Gribbohm* in: Burkhard Jähnke/Heinrich Wilhelm Laufhütte/Walter Odersky, Strafgesetzbuch (Leipziger Kommentar), Erster Band, § 11 Rn. 74 (Stand: 01.03.1997).
[135] *Herbert Tröndle/Thomas Fischer*, Strafgesetzbuch, § 11 Rn. 25.
[136] *Günter Gribbohm* in: Burkhard Jähnke/Heinrich Wilhelm Laufhütte/Walter Odersky, Strafgesetzbuch (Leipziger Kommentar), Erster Band, § 11 Rn. 74 (Stand: 01.03.1997).
[137] Dies war nach § 1 Abs. 1 BestechVO noch erforderlich.
[138] *Albin Eser* in: Adolf Schönke/Horst Schröder, Strafgesetzbuch, § 11 Rn. 37.
[139] Dies ist etwa der Fall bei Bürokräften, Boten, Reinigungskräften.
[140] Beispielsweise als Gutachter oder Mitglied eines Beratungsgremiums.
[141] *Günter Gribbohm* in: Burkhard Jähnke/Heinrich Wilhelm Laufhütte/Walter Odersky, Strafgesetzbuch (Leipziger Kommentar), Erster Band, § 11 Rn. 76 (Stand: 01.03.1997).
[142] Zum Inhalt einer „förmlichen" Verpflichtung: BGH, Urteil vom 28.11.1979, Az.: 3 StR 405/79, NJW 1980, S. 846 f.
[143] Verpflichtungsgesetz vom 2. März 1974 (BGBl. I S. 469, 547), geändert durch § 1 Nr. 4 des Gesetzes vom 15. August 1974 (BGBl. I S. 1942).
[144] BGH, Urteil vom 30.04.1957, Az.: 1 StR 287/56, BGHSt 10, S. 237 (240).
[145] RG, Urteil vom 31.05.1943, Az.: 2 D 40/43, RGSt 77, S. 75 (76).
[146] BGH, Urteil vom 09.04.1986, Az.: 3 StR 238/85 wistra 986, S. 218 f. (219).
[147] Wie eng dieses Verhältnis sein muss, wird noch an späterer Stelle zu diskutieren sein.

eines angeblichen Rechtsgrundes nicht den Tatbestand des § 331 StGB; hier greift vielmehr der Betrugstatbestand des § 263 StGB.[148]

Sich versprechen lassen bedeutet, dass der Täter das Angebot einer künftigen Leistung im Austausch gegen die Diensthandlung annimmt.[149] Auch in dieser Tathandlungsalternative können die Willenserklärungen, d.h. Angebot und Annahme, sowohl ausdrücklich als auch stillschweigend durch schlüssiges Verhalten erklärt werden.[150] Trotz des Wortlautes von § 331 Abs. 1 StGB besteht für den Amtsträger keine Verpflichtung zur Ablehnung entsprechender Angebote; bei dieser Tatbestandsalternative handelt es sich also nicht um ein (echtes) Unterlassungsdelikt.[151] Ohne Relevanz ist, ob die spätere Hingabe unter einer Bedingung erfolgt.[152] Allerdings kommt § 331 Abs. 3 StGB in Betracht, wenn der Täter die Annahme von der Genehmigung der zuständigen Behörde abhängig macht.[153]

Schließlich kann die nach § 331 StGB strafbewehrte Handlung im **Annehmen**, d.h. in der tatsächlichen Entgegennahme des Vorteils liegen. Die Entgegennahme muss zumindest nach außen mit dem Ziel geschehen, eigene Verfügungsgewalt über den Vorteil zu erlangen[154] oder – seit der Tatbestandserweiterung im Jahre 1997 – ihn an Dritte[155] weiterzugeben. Der Tatbestand ist auch im Falle unverlangter, verdeckter oder erst nachträglich zu persönlichen Zuwendungen erklärten Leistungen vollendet, sobald Zuwendender und Amtsträger einen Übereinkunft hierüber erzielen.[156]

Auch hier ist jedoch keine Strafbarkeit gegeben, wenn der Täter die endgültige Annahme des Vorteils von der Genehmigung der zuständigen Behörde nach § 331 Abs. 3 StGB abhängig macht.[157]

b) Vorteil

Als Vorteil kommt jede Leistung in Betracht, auf die der Amtsträger[158] keinen Rechtsanspruch hat und die seine wirtschaftliche, rechtliche oder auch nur persönliche Lage objektiv verbessert.[159]

Nicht zu verwechseln ist der Vorteilsbegriff mit dem des Vermögensvorteils i.S.v. § 263 StGB, da er im Gegensatz zu diesem weder eine mit dem Vorteil korrespon-

---

[148] BGH, Urteil vom 28.10.1955, Az.: 2 StR 315/55, BGHSt 8, S. 214 ff.

[149] *Hans-Heinrich-Jescheck* in: Burkhard Jähnke/Heinrich Wilhelm Laufhütte/Walter Odersky, Strafgesetzbuch (Leipziger Kommentar), Erster Band § 331 Rn. 5 (Stand: 01.05.1996).

[150] RG, Urteil vom 05.10.1906, Az.: V 483/06, RGSt 39, S. 194 (199).

[151] *Herbert Tröndle/Thomas Fischer*, Strafgesetzbuch, § 331 Rn. 19.

[152] RG, Urteil vom 14.03.1922, Az.: II 146/22, RGSt 57, S. 28 (28).

[153] *Günter Heine/Peter Cramer* in: Adolf Schönke/Horst Schröder, Strafgesetzbuch, Vorbem. zu §§ 331 ff. Rn. 23. § 331 Abs. 3 StGB wird an späterer Stelle noch ausführlicher behandelt.

[154] BGH, Urteil vom 03.02.1960, Az.: 4 StR 437/59, BGHSt 14, S. 124 (127).

[155] LG Wuppertal, Urteil vom 19.12.2002, Az.: 26 Kls 835 Js 153/02 - 17/02 IV, NJW 2003, S. 1405 (1405).

[156] *Herbert Tröndle/Thomas Fischer*, Strafgesetzbuch, § 331 Rn. 20.

[157] *Hans-Heinrich-Jescheck* in: Burkhard Jähnke/Heinrich Wilhelm Laufhütte/Walter Odersky, Strafgesetzbuch (Leipziger Kommentar), Erster Band § 331 Rn. 6 (Stand: 01.05.1996).

[158] Der besseren Übersicht halber wird im Folgenden nur noch vom „Amtsträger“ die Rede sein; gemeint sind damit sowohl die Amtsträger als auch die für den öffentlichen Dienst besonders Verpflichteten.

[159] BGH, Urteil vom 10.03.1983, Az.: 4 StR 375/82, BGHSt 31, S. 264 (279).

dierende Verminderung des Vorteilsgebers[160] noch eine Bereicherung des Empfängers voraussetzt.[161]

aa) Drittvorteile

Ausreichend ist nach geltender Rechtslage, wenn der Vorteilt nicht dem Amtsträger selbst zugute kommt, sondern lediglich die Lage eines Dritten verbessert wird. Vor der Änderung durch das Korruptionsbekämpfungsgesetz erforderte die Vorteilsannahme hingegen ein eigennütziges Handeln des Amtsträgers.[162] Im Falle einer sog. *mittelbaren Bestechung*, d.h. in den Fällen, in denen der Amtsträger als Gegenleistung für eine Diensthandlung fordert oder sich versprechen lässt, dass der Vorteil unmittelbar einem Dritten zugewendet wird, war der Tatbestand der Vorteilsannahme nur dann verwirklicht, wenn dem Amtsträger selbst aus der Zuwendung an den Dritten ein wenn auch nur mittelbarer Nutzen, d.h. wirtschaftlicher oder immaterieller Vorteil in dem geschilderten Sinne, erwachsen ist.[163]

Wie schon von *Dölling* auf dem 61. Juristentag 1996 gefordert,[164] hat das Korruptionsbekämpfungsgesetz diese Einschränkung aufgegeben. Nun reicht es aus, dass der Amtsträger einen Vorteil *„für sich oder einen Dritten“* fordert, sich versprechen lässt oder annimmt. Mit dieser Erweiterung wollte der Gesetzgeber sicherstellen, dass auch solche Zuwendungen, die vielfach zur Verschleierung der Rolle des Amtsträgers an Dritte vorgenommen werden, vom Vorteilsbegriff der Bestechlichkeitsdelikte umfasst werden.[165]

Dritte können neben privaten Personen wie etwa nachgeordneten Ärzten[166] auch juristische Personen, Personengesellschaften oder Vereine sein.[167] Unerheblich ist, ob es sich dabei um eine juristische Person des Privatrechts oder des öffentlichen Rechts handelt. Auch Gebietskörperschaften können Dritte i.S. dieser Vorschrift sein.[168] Erfasst werden nach allerdings umstrittener Ansicht auch Zuwendungen an die Anstellungskörperschaft des Amtsträgers.[169] Auf eine Mitgliedschaft oder Beteiligung des Amtsträgers kommt es dabei nicht an.[170]

---

[160] BGH, Urteil vom 02.02.2005, Az.: 5 StR 168/04, NStZ 2005, S. 334 (335).

[161] *Herbert Tröndle/Thomas Fischer*, Strafgesetzbuch, § 331 Rn. 11a.

[162] Allerdings ist die Unterscheidung zwischen Eigen- und Drittvorteilen, wie *Kuhlen* betont, auch nach neuem Recht noch für die Strafzumessung von Bedeutung (*Lothar Kuhlen*, Untreue, Vorteilsannahme und Bestechlichkeit bei Einwerbung universitärer Drittmittel – Zugleich eine Anmerkung zu den Urteilen des BGH vom 23.5.2002 und vom 23.10.2003, JR 2003, S. 231 [233]).

[163] *Hans-Joachim Rudolphi,* Spenden an politische Parteien als Bestechungsstraftaten, NJW 1982, S. 1417 (1418) m.w.N.

[164] *Dieter Dölling*, Empfehlen sich Änderungen des Straf- und Strafprozessrechts, um der Gefahr von Korruption in Staat, Wirtschaft und Gesellschaft wirksam zu begegnen?, Gutachten C für den 61. DJT, in: Ständige Deputation des Deutschen Juristentages (Hrsg.), Verhandlungen des Einundsechzigsten Deutschen Juristentages Karlsruhe 1996, Band I Gutachten, München 1996, C 3-C 115 sub. III 1. 3.

[165] Entwurf eines Gesetzes zur Änderung des Strafgesetzbuches, des Gesetzes gegen den unlauteren Wettbewerb, der Strafprozeßordnung und anderer Gesetze – Korruptionsbekämpfungsgesetz -, BT-Drs. 13/3353, S. 11.

[166] *Wolfgang Bruns*, Sponsoring im Krankenhaus, ArztR 2003, S. 260 ff. (263).

[167] *Herbert Tröndle/Thomas Fischer*, Strafgesetzbuch, § 331 Rn. 14.

[168] OLG Karlsruhe, Beschluss vom 19.03.2001, Az.: 2 Ws 193/00, NStZ 2001, S. 654 (654).

[169] *Manfred Dauster*, Private Spenden zur Förderung von Forschung und Lehre: Teleologische Entschärfung des strafrechtlichen Vorteilsbegriffs nach § 331 StGB und Rechtfertigungsfragen, NStZ 1999, S. 63 (66). Nach a.A. ist in den Fällen, in denen der Amtsträger dem Dienstherrn einen Vermö-

bb) Materielle Vorteile

Nach der vom Bundesgerichtshof zugrunde gelegten Definition umfasst der Vorteilsbegriff zum einen materielle Zuwendungen jeglicher Art. Vorteile können danach sein Geld, Sachwerte, Einladungen zu Veranstaltungen,[171] die Stundung des Kaufpreises auf unbestimmte Zeit,[172] eine Honorarzahlung für wertlose oder weit überbezahlte Gutachten,[173] Preisnachlässe[174] oder auch die Gewährung eines Darlehens, ohne dass es auf die Rückzahlungsbedingungen ankommt[175]. Als Vorteile hat die Rechtsprechung auch die Übernahme der Kosten von Betriebs- und Weihnachtsfeiern,[176] Einladungen in Gourmet-Restaurants,[177] der Mitgenuss von Speisen und Getränken, es sei denn, der Amtsträger zahle seinen Anteil,[178] sowie die unentgeltliche Überlassung des Gebrauchs einer Sache wie etwa einem Leihwagen oder die kostenlose Überlassung bzw. Reparatur hochwertiger (medizinischer) Geräte[179] qualifiziert.

Auch ein Unterlassen kann zu einem Vorteil führen, wenn es der Vermeidung negativer Veränderungen der tatsächlichen oder rechtlichen Lage des Amtsträgers dient. Genannt werden können in diesem Zusammenhang etwa das Unterlassen einer möglichen Kündigung oder einer Mieterhöhung.[180]

cc) Immaterielle Vorteile

(1) Neben den – lediglich beispielhaft – aufgezählten materiellen Zuwendungen können zum anderen auch immaterielle Vorteile den Tatbestand des § 331 StGB erfüllen. Als solche kommen beispielsweise Ehrenämter und eine Unterstützung bei Wahlen in Betracht.[181] Im Hinblick auf die berufliche Stellung des Amtsträgers berücksichtigt der **Bundesgerichtshof** indes nur solche immateriellen Vorteile, die einen **objektiv messbaren Inhalt** haben und den Amtsträger in irgendeiner Weise tatsächlich besser stellen.[182]

Die Kernfrage aber, wann ein solcher objektiv messbarer Inhalt angenommen werden kann, ist jedoch bislang nicht geklärt. Früher hat die Rechtsprechung diesen Begriff extensiv ausgelegt und einen immateriellen Vorteil beispielsweise bejaht, wenn der Amtsträger sich Karrierechance erhalten oder eröffnen wollte;[183] daneben sollten aber auch die **bloße Befriedigung des Ehrgeizes, der Eitelkeit und des**

---

gensvorteil verschafft, eine teleologische Reduktion des Straftatbestandes geboten (*Steffen Walter*, Medizinische Forschung mit Drittmitteln – lebenswichtig oder kriminell? Zur Neufassung des § 331 StGB, ZRP 1999, S. 292 [294]). Hierauf wird später noch einzugehen sein.

[170] *Herbert Tröndle/Thomas Fischer*, Strafgesetzbuch, § 331 Rn. 14.

[171] *Herbert Tröndle/Thomas Fischer*, Strafgesetzbuch, § 331 Rn. 11b.

[172] BGH, Urteil vom 08.02.1961, Az.: 2 StR 566/60, BGHSt 16, S. 40 (44).

[173] BGH, Urteil vom 16.03.1999, Az.: 5 StR 470-98, NStZ 1999, S. 561 (561).

[174] BGH, Urteil vom 11.04.2001, Az.: 3 StR 503/00, NJW 2001, S. 2558 (2559) zu § 332 StGB.

[175] BGH, Urteil vom 06.11.1959, Az.: 2 StR 408/59, BGHSt 13, S. 328 (330).

[176] BGH, Urteil vom 23.10.2002, Az.: 1 StR 541/01, BGHSt 48, S. 44 (48); OLG Köln, Beschluss vom 21.09.2001, Az.: 2 Ws 170/01, NStZ 2002, S. 35 (36).

[177] BGH, Urteil vom 19.10.1999, Az.: 1 StR 264/99, NStZ 2000, S. 90 (90).

[178] BGH, Urteil vom 15.11.1966, Az.: 1 StR 403/66, GA 1967, S. 154 (154 f.)

[179] OLG Karlsruhe, Beschluss vom 30.03.2000, Az.: 2 Ws 181/99, NJW 2001, S. 907 (908).

[180] *Herbert Tröndle/Thomas Fischer*, Strafgesetzbuch, § 331 Rn. 11b.

[181] *Herbert Tröndle/Thomas Fischer*, Strafgesetzbuch, § 331 Rn. 11c.

[182] BGH; Urteil vom 23.05.2002, Az.: 1 StR 372/01, BGHSt 47, S. 295 (304).

[183] BGH, Urteil vom 24.04.1985, Az.: 3 StR 66/85, NJW 1985, S. 2654 (2656).

Geltungsbedürfnisses genügen.[184] Letzterem ist der Bundesgerichtshof jedoch im sog. Herzklappenskandal in einem obiter dictum entgegengetreten: „*Ob dazu schon die bloße „Befriedigung des Ehrgeizes" oder die Erhaltung oder Verbesserung von „Karrierechancen" genügen kann, wie dies vereinzelt vertreten wird (vgl. nur Jescheck, in: LK-StGB, 11. Aufl., § 331 Rdnr. 9 m.w. Nachw.), kann hier dahingestellt bleiben, weil das LG darauf nicht abgehoben hat und sich solches auch aus den Feststellungen nicht ergibt.*"[185] Obwohl der Bundesgerichtshof diese Frage bewusst offen gelassen hat, zeigt der von ihm gewählte Wortlaut auf, dass das Gericht Zweifel an der Tatbestandsmäßigkeit solcher Vorteile hegt.

In der **Literatur** ist die Reichweite der tatbestandsmäßigen immateriellen Vorteile umstritten. Während die Befriedigung des Geltungsbedürfnisses oder des Ehrgeizes oder auch die unentgeltliche Gewährung des Beischlafes zum Teil aufgrund der Verschiedenartigkeit des Vorteilsbegriffes in § 331 StGB und des Vermögensvorteils in § 263 StGB bejaht wird,[186] befürchtet *Bernsmann*[187] als Folge der jüngsten Rechtsprechung des Bundesgerichtshofs eine völlige Eliminierung des immateriellen Vorteils aus dem Korruptionsstrafrecht. Anderorts wiederum wird eine weite Auslegung des Vorteilsbegriffs mit dem Argument abgelehnt, dies sei vom Wortlaut und Sinn des Gesetzes her nicht gerechtfertigt.[188]

(2) In der Tat ist dem **Bundesgerichtshof** dahingehend **zuzustimmen**, dass nur solche immateriellen Vorteile zu berücksichtigen sind, die einen objektiv messbaren Inhalt haben. Zwar ist auch dieses Merkmal recht unbestimmt.[189] Dennoch gelingt es mit diesem – wenn auch ausfüllungsbedürftigen – Tatbestandsmerkmal, den Begriff des Vorteils nicht uneingeschränkt ausufern zu lassen. Im Übrigen besteht angesichts der Reformierung des § 331 StGB durch das Korruptionsbekämpfungsgesetz kein Bedürfnis mehr danach, auch solche immateriellen Vorteile wie die Befriedigung des Ehrgeizes oder des Geltungsbedürfnisses als tatbestandsmäßig anzusehen. In dem viel zitierten Urteil des Bundesgerichtshofs[190] aus dem Jahre 1960 kam eine Strafbarkeit eines der Angeklagten nur unter dem Aspekt der mittelbaren Bestechung in Betracht, da dieser Geschenke nicht für sich, sondern für einen anderen gefordert hatte, dem Beamten jedoch ein mittelbarer Vorteil unter dem Aspekt der Befriedigung des Ehrgeizes oder der Eitelkeit zugekommen sein könnte.[191] Auch der im Jahre 2001 entschiedene Fall des OLG Karlsruhe bezog sich – da auf den zur Anklage gebrachten Sachverhalt noch das Strafgesetzbuch in der Fassung des EGStGB vom

[184] BGH, Urteil vom 03.02.1960, Az.: 4 StR 437/59, BGHSt 14, S. 123 (128); OLG Karlsruhe, Beschluss vom 19.03.2001, Az.: 2 Ws 193/00, NStZ 2001, S. 654 (655).
[185] BGH; Urteil vom 23.05.2002, Az.: 1 StR 372/01, BGHSt 47, S. 295 (304).
[186] *Udo Scheu,* Parteienspenden und Vorteilsannahme, NJW 1981, S. 1195 (1195).
[187] *Klaus Bernsmann*, Die Korruptionsdelikte (§§ 331 ff. StGB) – Eine Zwischenbilanz, StV 2003, S. 521 (526).
[188] *Eberhard Kaiser*, Spenden an politische Parteien und strafbare Vorteilsannahme, NJW 1981, S. 321 (321); *Lothar Kuhlen*, Untreue, Vorteilsannahme und Bestechlichkeit bei Einwerbung universitärer Drittmittel – Zugleich eine Anmerkung zu den Urteilen des BGH vom 23.5.2002 und vom 23.10.2003, JR 2003, S. 231 (233); *Kai Ambos*, Zur Strafbarkeit der Drittmittelakquisition, JZ 2003, S. 345 (348).
[189] *Herbert Tröndle/Thomas Fischer*, Strafgesetzbuch, § 331 Rn. 11c.
[190] BGH, Urteil vom 03.02.1960, Az.: 4 StR 437/59, BGHSt 14, S. 123 ff.
[191] Diese Frage verwies der BGH zur erneuten Verhandlung an das Landgericht zurück.

02.03.1974 zur Anwendung kam[192] – auf die Frage, ob dem Amtsträger durch die Zuwendung an den Dritten ein mittelbarer immaterieller Vorteil zufließt.[193]

Da es nach **jetzt geltender Rechtslage** ausreicht, wenn die Lage eines Dritten verbessert wird, dürfte diese weite Ausdehnung des Vorteilsbegriffs in der Praxis kaum noch Anwendung finden. Zumindest der **Vorteil des Dritten** wird sich nämlich in aller Regel nicht auf einen solchen immateriellen Vorteil beschränken. Auch in dem sog. Herzklappenfall[194] wäre es nach geltendem Recht nicht auf eine etwaige gesteigerte wissenschaftliche Reputation des Arztes angekommen, da die Zahlungen der Firma an den von dem Arzt gegründeten Fördervereins ein materieller Drittvorteil (zugunsten des Vereins) gewesen wären, der vom Tatbestand des § 331 StGB erfasst wäre.

dd) Zuwendung aufgrund eines Vertrages

Schließlich wird ein Vorteil auch nicht dadurch ausgeschlossen, dass der Zuwendung ein zwischen dem Amtsträger und dem Dritten rechtswirksam geschlossener Vertrag zugrunde liegt und diese damit die vertraglich geschuldete Gegenleistung für eine Tätigkeit des Amtsträgers ist. Nach ständiger Rechtsprechung des Bundesgerichtshof kann ein Vorteil nämlich bereits im Abschluss eines Vertrages liegen, der Leistungen an den Amtsträger zur Folge hat, und zwar selbst dann, wenn diese nur das angemessene Entgelt für die von ihm selbst aufgrund des Vertrages geschuldeten Leistungen sind.[195] Dies wird damit gerechtfertigt, dass ansonsten die Gefahr bestünde, dass die Bestechungstatbestände stets durch die Vereinbarung eines Vertragsverhältnisses zwischen Leistendem und Amtsträger ausgeschlossen würden.[196] Etwas anderes soll jedoch dann gelten, soweit der Zuwendungsempfänger einen Kontrahierungsanspruch hat[197] bzw. in den Fällen, in denen der Amtsträger die Zuwendung nur als Mittel zur Ausführung der Diensthandlung erhält.[198]

c) für die Dienstausübung

Der Tatbestand des § 331 Abs. 1 StGB setzt ferner voraus, dass der Täter einen solchen Vorteil **für die Dienstausübung** fordert, sich versprechen lässt oder annimmt. Damit muss sich die Tat auf die Dienstausübung beziehen, d.h. die Handlung muss zu den dienstlichen Obliegenheiten des Amtsträgers gehören und von ihm in dienstlicher Eigenschaft vorgenommen werden.[199]

---

[192] OLG Karlsruhe, Beschluss vom 19.03.2001, Az.: 2 Ws 193/00, NStZ 2001, S. 654 (654).
[193] OLG Karlsruhe, Beschluss vom 19.03.2001, Az.: 2 Ws 193/00, NStZ 2001, S. 654 (655).
[194] BGH, Urteil vom 23.05.2002, Az.: 1 StR 372/01, BGHSt 47, S. 295 ff.
[195] BGH, Urteil vom 19.02.1963, Az.: 1 StR 349/62, BGHSt 18, S. 263 (267); BGH, Urteil vom 10.03.1983, Az.: 4 StR 375/82, BGHSt 31, S. 264 (279 f.).
[196] OLG Hamburg, Beschluss vom 14.01.2000, Az.: 2 Ws 243/99, StV 2001, S. 277 (279).
[197] *Herbert Tröndle/Thomas Fischer*, Strafgesetzbuch, § 331 Rn. 12; *Günter Heine/Peter Cramer* in: Adolf Schönke/Horst Schröder, Strafgesetzbuch, § 331 Rn. 18; *Urs Kindhäuser/Barbara Goy*, Zur Strafbarkeit ungenehmigter Drittmitteleinwerbung, NStZ 2003, S. 291 (295). Letztere verneinen in diesem Fall jedoch die Unrechtsvereinbarung.
[198] OLG Zweibrücken, Beschluss vom 15.12.1981, Az.: 1 Ss 3/81, JR 1982, 381 (382); *Frank Zieschang*, Die Auswirkungen des Gesetzes zur Bekämpfung der Korruption auf den Forschungsbereich, WissR 32 (1999), S. 111 (118).
[199] BGH, Urteil vom 10.03.1983, Az.: 4 StR 375/82, BGHSt 31, S. 264 (279).

(1) Auf die sachliche und örtliche **Zuständigkeit** kommt es hierbei ebenso wenig an wie auf die konkrete Zuständigkeit und die innerdienstliche Geschäftsverteilung; allerdings muss wenigstens eine funktionelle Verbindung mit dem der Amtsperson unmittelbar obliegenden Aufgabenkreis bestehen.[200] Ist dieser gegeben, ist es ferner ebenso unerheblich, ob die Tathandlung in oder außerhalb der Dienstzeiten oder – räume stattfindet.[201]

(2) § 331 Abs. 1 StGB erfasst an sich nur **pflichtgemäße Diensthandlungen**, wie sich aus dem Rückschluss aus § 332 StGB ergibt. Er ist jedoch auch in den Fällen anzuwenden, in denen die Pflichtwidrigkeit zweifelhaft ist oder § 332 StGB deshalb ausscheidet, weil dem Täter die Pflichtwidrigkeit seiner Handlung nicht bewusst ist.[202]

(3) Von der Diensthandlung strikt zu trennen sind Vergütungen für genehmigte oder genehmigungsfreie **Nebentätigkeiten**.[203] Diese sind auch dann nicht tatbestandsmäßig, wenn der Amtsträger hierbei auf dienstlich erworbene Kenntnisse und Fähigkeiten zurückgreifen kann und diese bestimmend für ihre Ausübung sind. Nebentätigkeit eines Beamten ist gemäß § 64 S. 1 Bundesbeamtengesetz[204] (BBG) i.V.m. § 1 Abs. 1 Verordnung über die Nebentätigkeit der Bundesbeamten, Berufssoldaten und Soldaten auf Zeit[205] (BNV) die Ausübung eines Nebenamtes oder einer Nebenbeschäftigung. Während § 1 Abs. 2 BNV das Nebenamt als ein nicht zu einem Hauptamt gehörenden Kreis von Aufgaben, der auf Grund eines öffentlich-rechtlichen Dienst- oder Amtsverhältnisses wahrgenommen wird, definiert, ist unter Nebenbeschäftigung jede sonstige, nicht zu einem Hauptamt gehörende Tätigkeit innerhalb oder außerhalb des öffentlichen Dienstes (§ 1 Abs. 3 BNV). Bestimmte Tätigkeiten gelten nach § 42 Abs. 1 S. 2 Beamtenrechtsrahmengesetz[206] (BRRG) und § 65 Abs. 1 S. 2 BBG sowie den Nebentätigkeitsverordnungen des Bundes und der Länder nicht als Nebentätigkeiten. Hierzu zählen etwa die Wahrnehmung öffentlicher Ehrenämter und die unentgeltliche Vormundschaft. Grundsätzlich muss jede Nebentätigkeit, soweit der Beamte nicht zur ihrer Wahrnehmung verpflichtet ist, genehmigt

---

[200] *Hans-Heinrich Jescheck* in: Burkhard Jähnke/Heinrich Wilhelm Laufhütte/Walter Odersky, Strafgesetzbuch (Leipziger Kommentar), Achter Band, § 331 Rn. 11 (Stand: 01.05.1996).
[201] BGH, Urteil vom 16.02.1961, Az.: 1 StR 611/60, BGHSt 15, S. 350 (352).
[202] *Hans-Heinrich Jescheck* in: Burkhard Jähnke/Heinrich Wilhelm Laufhütte/Walter Odersky, Strafgesetzbuch (Leipziger Kommentar), Achter Band, § 331 Rn. 11 (Stand: 01.05.1996).
[203] BGH, Urteil vom 25.02.2003, Az.: 5 StR 363/02, NStZ-RR 2003, S. 171 (171); *Herbert Tröndle/Thomas Fischer* sehen hierin eine Einschränkung des Unrechtszusammenhangs (*Herbert Tröndle/Thomas Fischer*, Strafgesetzbuch, § 331 Rn. 25b); a.A. BGH, Urteil vom 13.06.2001, Az.: 3 StR 131/01, wistra 2001, S. 388 ff., nach dem es nicht darauf ankommen soll, ob die Nebentätigkeit genehmigt worden ist.
[204] Bundesbeamtengesetz in der Fassung der Bekanntmachung vom 31. März 1999 (BGBl. I S. 675), zuletzt geändert durch Artikel 2 Abs. 2 des Gesetzes vom 5. Dezember 2006 (BGBl. I S. 2748), Stand: Neugefasst durch Bek. v. 31. 3.1999 I 675; zuletzt geändert durch Art. 2 Abs. 2 G v. 5.12.2006 I 2748.
[205] Bundesnebentätigkeitsverordnung in der Fassung der Bekanntmachung vom 12. November 1987 (BGBl. I S. 2377), zuletzt geändert durch Artikel 5 des Gesetzes vom 3. Dezember 2001 (BGBl. I S. 3306), Stand: Neugefasst durch Bek. v. 12.11.1987 I 2377; zuletzt geändert durch Art. 5 G v. 3.12.2001 I 3306.
[206] Beamtenrechtsrahmengesetz in der Fassung der Bekanntmachung vom 31. März 1999 (BGBl. I S. 654), zuletzt geändert durch Artikel 2 Abs. 1 des Gesetzes vom 5. Dezember 2006 (BGBl. I S. 2748), Stand: Neugefasst durch Bek. v. 31.3.1999 I 654; zuletzt geändert durch Art. 2 Abs. 1 G v. 5.12.2006 I 2748.

werden (§ 42 Abs. 1 S. 1 BRRG, § 65 Abs. 1 S. 1 BBG). Ausgenommen hiervon sind lediglich bestimmte Tätigkeiten (§ 42 Abs. 1 S. 3 BRRG, den insoweit übereinstimmenden Vorschriften der Landesbeamtengesetze[207] sowie § 66 Abs. 1 BBG).

(4) Das nunmehr in § 331 StGB enthaltene Merkmal der Dienstausübung ist zudem so weit, dass es auch **bereits vorgenommene Diensthandlungen** mitumfasst.[208]

Bezieht sich die Tat auf eine **zukünftige Diensthandlung**, ist es – unabhängig von der Begehungsform – für die Strafbarkeit unerheblich, ob der Täter die Diensthandlung tatsächlich vornehmen will. Der innere Vorbehalt, diese Diensthandlung nicht zu begehen, schließt den Tatbestand der Vorteilsannahme nicht aus.[209] Während dies im Bezug auf künftige Diensthandlungen unstreitig ist, herrscht in Literatur und Rechtsprechung indes Streit darüber, ob § 331 StGB auch dann erfüllt ist, wenn der Täter eine in der Vergangenheit liegende Diensthandlung nur vortäuscht. Die höchstrichterliche Rechtsprechung und ein Teil des Schrifttums verneinen dies unter Bezugnahme auf den (damaligen) Wortlaut der Vorschrift sowie ihre Entstehungsgeschichte.[210] Nach in der Literatur vorherrschenden Auffassung ist § 331 StGB in einem solchen Fall hingegen erfüllt, da es bei den Bestechungstatbeständen nicht um die Verfälschung des Staatswillens, sondern um den Schutz des Vertrauens in die Nichtkäuflichkeit von Diensthandlungen gehe.[211]

(5) Zwischen der Dienstausübung und der Vorteilszuwendung muss ferner eine inhaltliche Verknüpfung bestehen, die gemeinhin als **Unrechtsvereinbarung** bezeichnet wird.[212] Dieses – ausdrücklich oder konkludent vereinbarte[213] – Beziehungsverhältnis (Äquivalenzverhältnis[214]), in der sich Amtsträger und Vorteilsgeber über die Gewährung eines Vorteils an den Empfänger als Gegenleistung für eine von ihm vorzunehmende oder vorgenommene Diensthandlung einig werden, ist Kern des in den Bestechungstatbeständen umschriebenen Schuldvorwurfs.

Bis zur Änderung des § 331 StGB durch das Korruptionsbekämpfungsgesetz musste der Amtsträger den Vorteil ***als Gegenleistung für eine Diensthandlung*** fordern, sich versprechen lassen oder annehmen.[215] Es musste also eine Vereinba-

---

[207] S. *Willi Blümel/Dieter Scheven* in: Christian Flämig (Hrsg.), Handbuch des Wissenschaftsrechts, Band 1, § 40 (Drittmittelverwaltung), S. 443 (467).
[208] *Matthias Korte*, Bekämpfung der Korruption und Schutz des freien Wettbewerbs mit den Mitteln des Strafrechts, NStZ 1997, S. 513 (514).
[209] BGH, Urteil vom 25.07.1960, Az.: 2 StR 91/60, BGHSt 15, S. 88 (97).
[210] BGH, Urteil vom 02.07.1980, Az.: 3 StR 201/80, BGHSt 29, S. 300 (302); *Herbert Tröndle/Thomas Fischer*, Strafgesetzbuch, § 331 Rn. 10; *Manfred Maiwald*, Belohnung für eine vorgetäuschte pflichtwidrige Diensthandlung - Zur Problematik von Bestechlichkeit und Betrug, NJW 1980, S. 2777 ff. Zum Teil wird in diesem Fall die Strafbarkeit nach § 263 StGB bejaht (BGH, Urteil vom 02.07.1980, Az.: 3 StR 201/80, BGHSt 29, S. 300 (302); a.A.: *Manfred Maiwald*, Belohnung für eine vorgetäuschte pflichtwidrige Diensthandlung - Zur Problematik von Bestechlichkeit und Betrug, NJW 1980, S. 2777 [2280 f.]).
[211] *Hans-Heinrich Jescheck* in: Burkhard Jähnke/Heinrich Wilhelm Laufhütte/Walter Odersky, Strafgesetzbuch (Leipziger Kommentar), Achter Band, § 331 Rn. 14 (Stand: 01.05.1996).
[212] BGH, Urteil vom 29.02.1984, Az.: 2 StR 560/83, BGHSt 32, S. 290 (291).
[213] BGH, Urteil vom 19.11.1992, Az.:4 StR 456/92, BGHSt 39, S. 45 (47).
[214] LG Hamburg, Urteil vom 10.07.2000, Az.: 661 KLs 14/99, StraFo 2001, S. 27 (29).
[215] § 331 Abs. 1 StGB a.F. lautete: „*Ein Amtsträger oder ein für den öffentlichen Dienst besonders Verpflichteter, der einen Vorteil als Gegenleistung dafür fordert, sich versprechen läßt oder annimmt, daß er eine Diensthandlung vorgenommen hat oder künftig vornehme, wird mit Freiheitsstrafe bis zu zwei Jahren oder mit Geldstrafe bestraft.*“.

rung darüber bestehen, dass der Vorteil um einer bestimmten zukünftigen oder vergangenen Diensthandlung willen gewährt werde.[216] Verlangt wurde dabei nicht, dass die Diensthandlung, die den Gegenstand der Unrechtsvereinbarung bildet, in ihrer konkreten Gestalt nach Zeitpunkt, Anlass und Ausführungsweise in allen Einzelheiten schon feststeht; allerdings musste die einvernehmlich ins Auge gefasste Diensthandlung dabei nach ihrem sachlichen Gehalt zumindest in groben Umrissen erkennbar und festgelegt sein,[217] und damit zumindest hinreichend bestimmt sein.

Nach der **Neufassung** wird das Fordern, Sichversprechenlassen und Annehmen eines Vorteils **für eine Diensthandlung"** unter Strafe gestellt.[218] Nunmehr ist es ausreichend, dass der Vorteil von Vorteilsgeber und Vorteilsnehmer allgemein i.S. eines Gegenseitigkeitsverhältnisses mit der Dienstausübung des Amtsträgers verknüpft wird.[219] Damit soll einem bewussten Handeln von Amtsträgern begegnet werden, mit dem ein böser Anschein möglicher *„Käuflichkeit"* erweckt wird.[220] Erfasst werden sollten damit schon die Fälle, in denen der Vorteil nur dazu dienen soll, die Geneigtheit des Amtsträgers zu sichern, sowie ebenso bereits das „Anfüttern" eines Bediensteten, das fast immer am Beginn einer korruptiven Verbindung stehe.[221]

Hintergrund dieser Reform war eine Häufung Aufsehen erregender Bestechungsfälle in der öffentlichen Verwaltung sowie die wachsenden Besorgnis vor einem Eindringen organisierter Kriminalität in staatliche Strukturen.[222] Der Gesetzgeber wollte mit dieser Änderung zum einen die Fälle erfassen, in denen durch die Vorteile nur das generelle Wohlwollen des Amtsträgers erkauft bzw. *„allgemeine Klimapflege"* betrieben wird, und zugleich die Schwierigkeiten überwinden, die sich bei der Anwendung der Norm in ihrer ursprünglichen Fassung daraus ergaben, dass vielfach die Bestimmung des Vorteils als Gegenleistung für eine bestimmte oder zumindest hinreichend bestimmbare Diensthandlung auf Grund der Besonderheiten der Sachverhaltsgestaltungen nicht mit der erforderlichen Sicherheit nachweisbar war, weil entweder Diensthandlung und Zuwendung zeitlich weit auseinander lagen oder die Zuwendung bewusst nicht auf eine konkrete Diensthandlung bezogen wurde.[223]

Die Zuwendung muss nunmehr mit dem Ziel erfolgen, dass der Amtsträger hierfür eine dienstliche Tätigkeit vorgenommen hat bzw. vornehmen wird; dies muss der Amtsträger auch erkennen oder zumindest billigend in Kauf nehmen.[224] Das Merkmal

---

[216] *Herbert Tröndle/Thomas Fischer*, Strafgesetzbuch, § 331 Rn. 22.

[217] BGH, Urteil vom 29.02.1984, Az.: 2 StR 560/83, BGHSt 32, S. 290 (291).

[218] Nicht durchsetzen konnte sich der Entwurf Berlins, der folgenden Wortlaut vorsah: *„der im Zusammenhang mit seinem Amt einen Vorteil [...]"* (Gesetzesantrag des Landes Berlin vom 24.05.1995, BR-Drs. 298/95, S. 4). Zur Kritik hierzu s. etwa: *Michael Hettinger*, Das Strafrecht als Büttel? – Fragmentarische Bemerkungen zum Entwurf eines Korruptionsbekämpfungsgesetzes des Bundesrats vom 3.11.1995, NJW 1996, S. 2263 (2269), nach dessen Auffassung *„schon das Vorfeld des Vorfeldes kriminalisiert werden soll"*.

[219] BGH, Urteil vom 28.10.2004, Az.: 3 StR 301/03, NJW 2004, S. 3569 (3571).

[220] BGH, Urteil vom 02.02.2005, Az.: 5 StR 168/04, NStZ 2005, S. 334 (335).

[221] Entwurf eines Gesetzes zur Änderung des Strafgesetzbuches, des Gesetzes gegen den unlauteren Wettbewerb, der Strafprozeßordnung und anderer Gesetze – Korruptionsbekämpfungsgesetz -, BT-Drs. 13/3353, S. 11.

[222] Hierauf geht ein: *Wolfgang J. Schaupensteiner*, Gesamtkonzept zur Eindämmung der Korruption, NStZ 1996, S. 409 (409 f.).

[223] Beschlussempfehlung und Bericht des Rechtsausschusses (6. Ausschuss) vom 26.06.1997, BT-Drs. 13/8079, S. 15.

[224] *Herbert Tröndle/Thomas Fischer*, Strafgesetzbuch, § 331 Rn. 23.

der **Unrechtsvereinbarung** ist damit nicht vollständig aufgegeben, sondern lediglich **wesentlich gelockert** worden, wie durch die Wendung *„für die Dienstausübung...“* zum Ausdruck kommt.[225] Damit ist der Kreis weit gefasst worden.[226]

II. Subjektiver Tatbestand

Auf der subjektiven Ebene erfordert die Vorteilsannahme Vorsatz bezüglich aller objektiven Tatbestandsmerkmale.[227] Der Täter muss also mit mindestens bedingtem Vorsatz, der sich auf die tatsächlichen Umstände erstreckt, die ihn zu einem Amtsträger oder einen für den öffentlichen Dienst besonders Verpflichteten machen, handeln. Der Vorsatz muss sich ferner auf die Voraussetzungen der Unrechtsvereinbarung beziehen, d.h. der Täter muss wissen oder billigend in Kauf nehmen, dass es um einen Vorteil als Äquivalent für die Dienstausübung geht, auf den kein Rechtsanspruch besteht.[228]

III. Keine Strafbarkeit bei Genehmigung der zuständigen Behörde

Gemäß § 331 Abs. 3 StGB wird nicht wegen Vorteilsannahme bestraft, wer einen nicht von ihm geforderten Vorteil sich versprechen lässt oder annimmt und die zuständige Behörde im Rahmen ihrer Befugnisse entweder die Annahme vorher genehmigt hat oder der Täter unverzüglich bei ihr Anzeige erstattet und sie die Annahme genehmigt.

1. Rechtliche Einordnung des § 331 Abs. 3 StGB

Hintergrund dieser Ausnahme ist, dass die tatbestandsmäßige Verletzung des durch die Strafvorschrift geschützten Rechtsgutes – das Vertrauen der Allgemeinheit in die Unkäuflichkeit von Diensthandlungen und in die Sachlichkeit der Entscheidungen der Amtsträger – zu keinem Widerspruch mit der Rechtsordnung und objektiven Unwerturteil führt, wenn der Zusammenhang von Vorteil und Diensthandlung transparent gemacht wird.[229]

Der Gesetzgeber hat dabei der Wissenschaft und Rechtsprechung die Entscheidung darüber überlassen, ob § 331 Abs. 3 StGB einen Ausschluss des Tatbestandes, einen Rechtfertigungsgrund, einen Entschuldigungsgrund oder lediglich einen persönlichen Strafaufhebungsgrund darstellt.[230] Eine einheitliche Ansicht hat sich seitdem nicht durchgesetzt. Die herrschende Ansicht sieht in § 331 Abs. 3 StGB al-

---

[225] *Wolfgang J. Schaupensteiner*, Gesamtkonzept zur Eindämmung der Korruption, NStZ 1996, S. 409 (414); *Klaus Lüderssen,* Antikorruptionsgesetz und Drittmittelforschung, JZ 1997, S. 112 (115); *Steffen Walter*, Medizinische Forschung mit Drittmitteln – lebenswichtig oder kriminell? Zur Neufassung des § 331 StGB, ZRP 1999, S. 292 (294).

[226] *Klaus Lüderssen,* Die Zusammenarbeit von Medizinprodukte-Industrie, Krankenhäusern und Ärzten – strafbare Kollusion oder sinnvolle Kooperation?, Stuttgart 1998, S. 34.

[227] *Günter Heine* in: Adolf Schönke/Horst Schröder, Strafgesetzbuch, § 331 Rn. 30.

[228] *Herbert Tröndle/Thomas Fischer*, Strafgesetzbuch, § 331 Rn. 31. BGH, Urteil vom 30.04.1957, Az.: 1 StR 287/56, BGHSt 10, S. 237 (240).

[229] OLG Hamburg, Beschluss vom 14.01.2000, Az.: 2 Ws 243/99, StV 2001, S. 277 (283).

[230] Entwurf eines Einführungsgesetzes zum Strafgesetzbuch, BT-Drs. 7/550, S. 272.

lerdings einen Rechtfertigungsgrund.[231] Dies gilt sowohl im Falle einer vor der Annahme erteilten Zustimmung[232] (§ 331 Abs. 3 Alt. 1 StGB) als auch bei einer Genehmigung, die nach der Annahme des Vorteils erfolgt (§ 331 Abs. 3 Alt. 2 StGB). Die nachträgliche Genehmigung ist von ihrer Struktur her zwar eher ein Fall der tätigen Reue, die zu einem persönlichen Strafaufhebungsgrund führen würde.[233] Da dies aber den Fällen nicht gerecht werden würde, in denen die Einholung der vorherigen Zustimmung nicht möglich, aber mit ihrer Erteilung zu rechnen ist, qualifiziert die herrschende Ansicht diese als Rechtfertigungsgrund: Die Annahmefähigkeit ist in diesem Fall wegen der Genehmigungsfähigkeit der Zuwendung von vornherein gerechtfertigt gewesen; die Genehmigung bringt dies nur formell zum Ausdruck.[234]

Der praktische Anwendungsbereich dieser Vorschrift ist allerdings gering. Schon seinem Wortlaut nach findet § 331 Abs. 3 StGB weder auf richterliche Handlungen nach § 331 Abs. 2 StGB, noch auf vom Amtsträger geforderte Vorteile, noch auf pflichtwidrige Handlungen i.S.v. § 332 StGB Anwendung.

2. Voraussetzungen des § 331 Abs. 3 StGB

§ 331 Abs. 3 StGB regelt allerdings nur, unter welchen Voraussetzungen der Leistungsempfang nicht verboten ist, sagt jedoch nichts darüber aus, an welche Voraussetzungen die Genehmigungsfähigkeit der Entgegennahme einer Drittmittelzuwendung geknüpft wird.[235] Diese müssen vielmehr aus Spezialgesetzen entnommen werden.

Die Genehmigung muss von der zuständigen Behörde erteilt werden. Eine rechtswirksame Genehmigung setzt damit die Erteilung durch die sowohl sachlich als auch örtlich zuständige Behörde voraus.[236] Für die Beamten im staatsrechtlichen Sinn ergibt sich die zuständige Behörde aus den einschlägigen beamtenrechtlichen Vorschriften. Für Bundesbeamte ist dies die oberste Dienstbehörde, die diese Befugnis auf andere Behörden übertragen kann (§ 70 BBG, § 43 BRRG); für Landesbeamte regeln dies die Beamtengesetze der Länder (beispielsweise § 85 SBG für das Saarland).[237] Bei Angestellten und Arbeitern des öffentlichen Dienstes ist dies der öffentliche Arbeitgeber.[238] Bei privatrechtlich organisierte Unternehmen, die Auf-

---

[231] BGH, Urteil vom 10.03.1983, Az.: 4 StR 375/82, BGHSt 31, S. 264 (285);OLG Hamburg, Beschluss vom 14.01.2000, Az.: 2 Ws 243/99, StV 2001, S. 277 (282); a.A.: *Klaus Bernsmann*, Die Korruptionsdelikte (§§ 331 ff. StGB) – Eine Zwischenbilanz, StV 2003, S. 521 (522).

[232] § 331 Abs. 3 StGB spricht auch hier von Genehmigung und verwendet insofern eine andere Begriffsbezeichnung als das BGB, das die vorherige Zustimmung als Einwilligung (§ 183 S. 1 BGB) und lediglich die nachträgliche Zustimmung als Genehmigung (§ 184 S. 1 BGB) versteht.

[233] *Herbert Tröndle/Thomas Fischer*, Strafgesetzbuch, § 331 Rn. 36.

[234] *Hans-Heinrich Jescheck* in: Burkhard Jähnke/Heinrich Wilhelm Laufhütte/Walter Odersky, Strafgesetzbuch (Leipziger Kommentar), Achter Band, § 331 Rn. 16 (Stand: 01.05.1996).

[235] *Norbert Gatzweiler*, Zuwendungen und Korruption – Ein Bericht aus der Sicht des Strafverteidigers, WissR 35 (2002), S. 327 (338).

[236] Entwurf eines Einführungsgesetzes zum Strafgesetzbuch, BT-Drs. 7/550, S. 272.

[237] *Siegfried Jutzi*, Genehmigung der Vorteilsannahme bei nicht in einem öffentlich-rechtlichen Amtsverhältnis stehenden Amtsträgern, NStZ 1991, S. 105 (106).

[238] *Herbert Tröndle/Thomas Fischer*, Strafgesetzbuch, § 331 Rn. 34.

gaben der öffentlichen Verwaltung i.S.d. § 11 Abs. 1 Nr. 2 Buchst. c StGB wahrnehmen, ist das Unternehmen selbst für die Genehmigung zuständig.[239]

Die Genehmigung kann generell oder für den Einzelfall, ausdrücklich oder stillschweigend erteilt werden; allerdings bedeutet nicht jedes Dulden durch die zuständige Behörde eine stillschweigende Zustimmung.[240]

Immer muss die Annahme des Vorteils zudem genehmigungsfähig sein. § 331 Abs. 3 StGB ist nämlich eine sog. „offene" Regelung[241], die keine eigene Rechtsgrundlage für die Genehmigungsfähigkeit liefert, sondern durch das öffentliche Dienstrecht ausgefüllt wird. Das Erfordernis der Genehmigungsbedürftigkeit ergibt aus dem Tatbestandsmerkmal *„im Rahmen ihrer Befugnisse"*: Danach reicht es nicht aus, wenn die Behörde abstrakt zuständig ist, sie muss auch konkret für die Genehmigung zuständig sein und dabei ihre Genehmigungsbefugnisse eingehalten haben.[242] Aus dem zuvor dargestellten Zweck dieses Rechtfertigungsgrundes ergibt sich ferner, dass die Genehmigung gerade aufgrund solcher Vorschriften erfolgen muss, die die Verknüpfung von Vorteil und Dienstausübung regeln.[243]

3. Diskrepanz zu den beamtenrechtlichen Vorschriften

Bei der Anwendung von § 331 Abs. 3 StGB können jedoch in zweifacher Hinsicht Probleme auftauchen. § 331 Abs. 3 StGB steht nämlich im Widerspruch zu den für das Beamtenrecht maßgeblichen Vorschriften.

(1) Sowohl § 70 BBG als auch § 43 BRRG verlangen eine *„Zustimmung"*, mit der nach einhelliger Auffassung nur eine vorherige Zustimmung erfasst wird.[244] Bei einer nachträglichen Genehmigung würde die Behörde insofern nicht im Rahmen ihrer (konkreten) Befugnisse handeln. Da diese widersprüchliche Regelung nicht zu Lasten des Betroffenen gehen darf, soll eine beamtenrechtlich unzulässige nachträglich erteilte Genehmigung strafrechtlich die Wirkung des § 331 Abs. 3 StGB entfalten.[245]

(2) Ein weiterer Widerspruch ergibt sich daraus, dass beamtenrechtlich eine Zustimmung nicht ausgeschlossen ist, wenn der Beamte den Vorteil gefordert hat. Gerade in diesem Fall greift § 331 Abs. 3 StGB allerdings nicht.

4. Folgen einer fehlerhaften Genehmigung

(1) Unstreitig kann sich ein Amtsträger grundsätzlich nicht auf die **Genehmigung** berufen, die er **erschlichen** hat, indem er z.B. über den Wert des Vorteils oder des Anlasses, aus dem er gewährt werden soll, getäuscht hat; eine solche Genehmigung ist unwirksam.[246] Hier macht die Rechsprechung eine Ausnahme von der sog. stren-

---

[239] *Siegfried Jutzi*, Genehmigung der Vorteilsannahme bei nicht in einem öffentlich-rechtlichen Amtsverhältnis stehenden Amtsträgern, NStZ 1991, S. 105 (107).
[240] OLG Hamburg, Beschluss vom 14.01.2000, Az.: 2 Ws 243/99, StV 2001, S. 277 (282).
[241] Entwurf eines Einführungsgesetzes zum Strafgesetzbuch, BT-Drs. 7/550, S. 272.
[242] Entwurf eines Einführungsgesetzes zum Strafgesetzbuch, BT-Drs. 7/550, S. 272; *Herbert Tröndle/Thomas Fischer*, Strafgesetzbuch, § 331 Rn. 33; *Günter Heine* in: Adolf Schönke/Horst Schröder, Strafgesetzbuch, § 331 Rn. 43.
[243] *Herbert Tröndle/Thomas Fischer*, Strafgesetzbuch, § 331 Rn. 34.
[244] *Ulrich Battis*, Bundesbeamtengesetz, § 70 Rn. 5.
[245] *Herbert Tröndle/Thomas Fischer*, Strafgesetzbuch, § 331 Rn. 33.
[246] OLG Hamburg, Beschluss vom 14.01.2000, Az.: 2 Ws 243/99, StV 2001, S. 277 (282).

gen Verwaltungsaktakzessorietät, weil der Gebrauch der Genehmigung ein Rechtsmissbrauch ist.[247]

(2) Bei **sonstigen fehlerhaften Genehmigungen** ist zu unterscheiden, ob diese nichtig oder lediglich aufhebbar sind. Im ersteren Fall handelt der Amtsträger im Verbotsirrtum (§ 17 StGB), wenn er die Nichtigkeit nicht erkannt hat.[248] Ob dieser vorwerfbar ist, hängt davon ab, ob er die Nichtigkeit hätte erkennen können. Sonstige rechtswidrige Genehmigungen entfalten bis zu ihrer Aufhebung hingegen Wirksamkeit auch für die strafrechtliche Beurteilung.[249] Dennoch vertritt eine Auffassung auch hier, dass die zu Unrecht erteilte Genehmigung keine Wirkung entfalte, da die Behörde damit den „Rahmen ihrer Befugnis" überschritten habe.[250]

IV. Tatbestandseinschränkung bei sozialadäquaten Zuwendungen?

Zwar kennt der Wortlaut des § 331 StGB – anders als etwa § 248a StGB sowie § 33 Abs. 2 MBO – keine Einschränkung der Strafbarkeit etwa bei **geringfügigen Zuwendungen**. Ein Vorteil i.S.d. §§ 331 ff. StGB wurde daher beispielsweise auch im Falle der Hingabe von jeweils 5 DM pro (pflichtwidrige) Auskunft durch den Amtsträger als gegeben angesehen.[251] Dennoch kommt neben einer Rechtfertigung nach § 331 Abs. 3 StGB für die Annahme kleiner Aufmerksamkeiten und Höflichkeitsgeschenke schon ein **Ausschluss auf der Tatbestandsebene** in Betracht. Insbesondere nach der Erweiterung des Tatbestandes ist Streit um die Frage entbrannt, ob die notwendige Beziehung zwischen Vorteil und Dienstausübung unter dem Gesichtspunkt der Sozialadäquanz dann entfällt, wenn eine entsprechende Vorteilsgewährung üblich ist.[252]

Von der **Sozialadäquanz** sollen Handlungen erfasst werden, die unter den Wortlaut des Straftatbestandes fallen, sich aber völlig im Rahmen der normalen, geschichtlich gewordenen sozialen Ordnung des Lebens bewegen.[253] Nach a.A. sollen solche Zuwendungen gerechtfertigt sein, wobei zugestanden wird, dass diesem Rechtfertigungsgrund neben § 331 Abs. 3 StGB kein großer Anwendungsbereich verbleibt.[254]

Der **Bundesgerichtshof** bejaht eine solche Ausnahme von der Strafbarkeit allenfalls für gewohnheitsmäßig anerkannte, relativ geringwertige Aufmerksamkeiten aus gegebenem Anlass.[255] Eine strikte Wertgrenze existiert allerdings nicht. Jedenfalls

---

[247] *Günter Heine/Peter Cramer/Theodor Lenckner* in: Adolf Schönke/Horst Schröder, Strafgesetzbuch, Vorbem. zu §§ 332 ff. Rn. 63.
[248] *Günter Heine* in: Adolf Schönke/Horst Schröder, Strafgesetzbuch, § 331 Rn. 51.
[249] *Günter Heine* in: Adolf Schönke/Horst Schröder, Strafgesetzbuch, § 331 Rn. 51.
[250] *Manfred Maiwald*, Die Amtsdelikte, JuS 1977, S. 353 (356).
[251] BGH, Urteil vom 22.06.2000, Az.: 5 StR 268/99, NStZ 2000, S. 596 (599) zu § 332 StGB.
[252] S. etwa *Herbert Tröndle/Thomas Fischer*, Strafgesetzbuch, § 331 Rn. 25; *Peter Cramer*, Zum Vorteilsbegriff bei den Bestechungsdelikten, Festschrift für Claus Roxin zum 70. Geburtstag am 15. Mai 2001, Berlin/New York 2001, S. 945 ff.; *Matthias Korte*, Bekämpfung der Korruption und Schutz des freien Wettbewerbs mit den Mitteln des Strafrechts, NStZ 1997, S. 513 (515).
[253] OLG Hamburg, Beschluss vom 11.07.2000, Az.: 2 Ws 129/00, StV 2001, S. 284 (287).
[254] OLG Frankfurt, Urteil vom 09.03.1990, Az.: 1 Ss 505/89, NJW 1990, S. 2074 (2075); OLG Hamburg, Beschluss vom 14.01.2000, Az.: 2 Ws 243/99, StV 2001, S. 277 (282).
[255] BGH, Urteil vom Urteil vom 23.10.2002, Az.: 1 StR 541/01, NJW 2003, S. 763 (765); BGH, Urteil vom 02.02.2005, Az.: 5 StR 168/04, NStZ 2005, S. 334 (335).

bei Zuwendungen, die eine Größenordnung von 50 EUR überschreiten, kann von sozialadäquaten Zuwendungen keine Rede mehr sein.[256]

V. Rechtsfolgen

§ 331 Abs. 1 StGB sieht eine Strafandrohung von Geldstrafe bis zu einer Freiheitsstrafe bis zu drei Jahren vor. Durch das Korruptionsbekämpfungsgesetz hat sich damit die Strafandrohung, die sich vor 1997 auf maximal 2 Jahre belief, leicht erhöht, ohne dass den vom Bundesrat eingebrachten Gesetzesentwurf vollständig gefolgt wurde.[257]

Zugleich kann der Verfall des Empfangenem nach §§ 73, 73a StGB angeordnet werden.[258] Der Ausschlusstatbestand des § 73 Abs. 1 S. 2 StGB greift in diesen Fällen nicht. Der Dienstherr kann, wenn sich der Amtsträger der Vorteilsannahme schuldig gemacht hat, nämlich nicht als „Verletzter" i.S.v. § 73 Abs. 1 S. 2 StGB angesehen werden, da er durch die unbefugte Vorteilsannahme an sich keinen Vermögensnachteil erleidet.[259] § 331 StGB schützt nämlich nicht die Vermögensinteressen der Anstellungskörperschaft, sondern – wie bereits dargestellt – das Vertrauen der Allgemeinheit in die Unkäuflichkeit von Trägern staatlicher Funktionen und in die „Nicht-Käuflichkeit" dienstlichen Handelns.[260]

---

[256] OLG Hamburg, Beschluss vom 14.01.2000, Az.: 2 Ws 243/99, StV 2001, S. 277 (282).

[257] Der Entwurf sah einen Strafrahmen für bis zu zwei Jahren Freiheitsstrafe für den Grundtatbestand der Vorteilsannahme und bis zu fünf Jahren für den qualifizierten Tatbestand vor, der erfüllt sein sollte, wenn der Vorteil eine Gegenleistung dafür ist, dass der Täter eine Diensthandlung vorgenommen hat oder künftig vornimmt (Entwurf eines Gesetzes zur Änderung des Strafgesetzbuches, des Gesetzes gegen den unlauteren Wettbewerb, der Strafprozeßordnung und anderer Gesetze – Korruptionsbekämpfungsgesetz -, BT-Drs. 13/3353, S. 11).

[258] BGH, Urteil vom 20.02.1981, Az.: 2 StR 644/80, BGHSt 30, S. 46 (47).

[259] BGH, Urteil vom 20.02.1981, Az.: 2 StR 644/80, BGHSt 30, S. 46 (48).

[260] BGH, Urteil vom 20.02.1981, Az.: 2 StR 644/80, BGHSt 30, S. 46 (48).

3. Kapitel: Die Haltung der Rechtsprechung sowie der Literatur zur medizinischen Drittmitteleinwerbung

Im Anschluss an das vorherige Kapitel soll nun in einem nächsten Schritt dargestellt werden, wie die Rechtsprechung Fälle von Zuwendungen Dritter im Bereich der Hochschulmedizin bislang beurteilt hat. Hierbei wird aufzuzeigen sein, dass die Rechtsprechung der verschiedenen Instanzgerichte sowie des Bundesgerichtshofs trotz vereinzelter Abweichungen insgesamt eine einheitliche Linie erkennen lässt.

Durchaus umstritten werden die von der Rechtsprechung entwickelten Tendenzen allerdings in der Literatur gesehen. Die Haltung des Schrifttums zu dieser Problematik wird im zweiten Teil dieses Kapitels näher betrachtet. Wie aufzuzeigen sein wird, kann hier allerdings keineswegs von einer einheitlichen Haltung gesprochen werden.

Zum Abschluss dieses Kapitels soll die Problematik der Rechtsprechung zur Drittmitteleinwerbung anhand verschiedener teilweise fiktiver Beispielsfälle, die entsprechend den von der Rechtsprechung vertretenen Grundsätzen gelöst werden, verdeutlicht werden.

A. Die Haltung der Rechtsprechung

Die folgende Untersuchung beschränkt sich auf die bislang veröffentlichten Entscheidungen. Es sind zwar bislang weitaus mehr Entscheidungen der Instanzgerichte zu diesem Themenbereich ergangen; Eingang in die einschlägigen Fachzeitschriften haben aber nur die im Folgenden inzident besprochenen 10 Entscheidungen gefunden.[261] Anzumerken ist ebenfalls, dass die meisten der hier besprochenen Entscheidungen noch zu § 331 StGB in seiner Fassung vor den durch das Korruptionsbekämpfungsgesetz normierten Änderungen ergangen sind.[262]

---

[261] Weitere Entscheidungen einiger Amtsgerichte werden zusammengefasst von: *Cay Fürsen*, Drittmitteleinwerbung und –forschung im Spiegel des Strafrechts unter besonderer Berücksichtigung der Problematik industrienah kooperierender Hochschulmedizin, Hamburg 2005, S. 57 ff.; s. auch die kurzen Zusammenfassungen bei *Hans Helmut Günther*, Unbegründete Ängste der Klinikärzte und der pharmazeutischen Industrie vor den Änderungen des Antikorruptionsgesetzes, MedR 2001, S. 457 (458 f.). Die diesen Entscheidungen zugrunde liegenden Sachverhalte unterscheiden sich nicht wesentlich von denen der veröffentlichen Entscheidungen, so dass sie für diese Untersuchung keine neuen Erkenntnissen bringen.

[262] Zur alten Fassung der §§ 331 ff. StGB sind ergangen:

- BGH, Urteil vom 19.10.1999, Az.: 1 StR 264/99, NStZ 2000, S. 90 f.
- OLG Hamburg, Beschluss vom 14.01.2000, Az.: 2 Ws 243/99, StV 2001, S. 277 ff.
- OLG Karlsruhe, Beschluss vom 30.03.2000, Az. 2 Ws 181/99, StV 2001, S. 288 ff. (zu § 332 StGB)
- LG Hamburg, Urteil vom 10.07.2000, Az.: 661 KLs 14/99, StraFo 2001, S. 27 ff.
- OLG Hamburg, Beschluss vom 11.07.2000, Az.: 2 Ws 129/00, StV 2001, S. 284 ff. (s. zu den letzt genannten Entscheidungen auch: *Frank Zieschang*, Anmerkung zu den Entscheidungen des OLG Hamburg, StV 2001, S. 277 ff., des OLG Hamburg, StV 2001, S. 284 ff., sowie des OLG Karlsruhe, StV 2001, S. 288 ff., StV 2001, S. 290 ff)
- BGH, Urteil vom 23.05.2002, Az.: 1 StR 372/01, BGHSt 47, S. 295 ff.
- BGH, Urteil vom 23.10.2002, Az.: 1 StR 541/01, BGHSt 48, S. 44 ff. (zu § 332 StGB).
- BGH, Urteil vom 25.02.2003, Az.: 5 StR 363/02, NStZ-RR 2003, S. 171 f.

Zur neuen Fassung der §§ 331 ff. StGB sind ergangen:

- LG Bonn, Beschluss vom 08.02.2001, Az.: 27 B 13/00, StV 2001, S. 292 ff.

I. Objektiver Tatbestand

1. Ärzte als Amtsträger

In den bisherigen Entscheidungen war die Amtsträgereigenschaft der Täter zumeist unproblematisch gegeben. Es handelte sich in aller Regel um **Professoren an Universitätskliniken,** die Beamte auf Lebenszeit und damit Amtsträger i.S.v. § 11 Abs. 1 Nr. 2 Buchst. a StGB sind.[263]

Als Amtsträger wurde ebenfalls der Arzt angesehen, der seinen Dienst an einer Universitätsklinik als **wissenschaftlicher Mitarbeiter** im Status eines Angestellten verrichtet.[264] Als Angestellter einer rechtsfähigen Körperschaft des öffentlichen Rechts, wie eine Universität es ist,[265] nimmt er Aufgaben der öffentlichen Verwaltung wahr. Dies ergibt sich beispielsweise für das Saarland aus § 30 Universitätsgesetz, demgemäß er Aufgaben der Krankenversorgung sowie sonstige Aufgaben auf dem Gebiet des öffentlichen Gesundheitswesens (§ 30 Abs. 2) als Teil der Daseinsvorsorge[266] sowie Aufgaben in Forschung und Lehre (§ 30 Abs. 1 S. 1) wahrnimmt.

Die Amtsträgereigenschaft ist aber auch zu Recht bejaht worden im Falle eines **Oberarztes[267] in einem Kreiskrankenhaus**. Ein Kreiskrankenhaus ist als Anstalt ohne Rücksicht auf den Charakter und die Art des Nutzungsverhältnisses eine Einrichtung der Daseinsvorsorge im Rahmen der Leistungsverwaltung und somit eine sonstige Stelle i.S. von § 11 Nr. 2 Buchst. c StGB.[268] Dies ergibt sich beispielsweise für das Saarland aus § 3 Saarländisches Krankenhausgesetz[269], der die Sicherung der Krankenversorgung als eine öffentliche Aufgabe qualifiziert (§ 3 Abs. 1 S. 1) und die Gemeindeverbände zur Errichtung und Betreibung von Krankenhäusern verpflichtet (§ 3 Abs. 3 S. 1, Pflichtaufgabe der Selbstverwaltung). Der Arzt eines solchen öffentlichen Krankenhauses ist dazu bestellt, Aufgaben der öffentlichen Verwaltung wahrzunehmen.[270] Ein privatrechtlicher Dienstvertrag ist – wie bereits aufgezeigt – für diese Bestellung ausreichend.

2. Der Vorteil im Bereich der Drittmitteleinwerbung

Keine Einigkeit herrscht in der Rechtsprechung hinsichtlich der Bestimmung des Vorteils im Rahmen der Drittmitteleinwerbung. Der Begriff soll hier insoweit untechnisch

---

- OLG Köln, Beschluss vom 21.09.2001, Az.: 2 Ws 170/01, MedR 2002, S. 413 ff. (Entscheidung auf die sofortige Beschwerde der Staatsanwaltschaft hin gegen den (teilweisen) Nichteröffnungsbeschluss des LG Bonn vom 08.02.2001).

[263] OLG Hamburg, Beschluss vom 11.07.2000, Az.: 2 Ws 129/00, StV 2001, S. 284 ff.; OLG Karlsruhe, Beschluss vom 30.03.2000, Az. 2 Ws 181/99, StV 2001, S. 288 ff.; LG Hamburg, Urteil vom 10.07.2000, Az.: 661 KLs 14/99, StraFo 2001, S. 27 ff.; LG Bonn, Beschluss vom 08.02.2001, Az.: 27 B 13/00, StV 2001, S. 292 ff.; BGH, Urteil vom 23.05.2002, Az.: 1 StR 372/01, BGHSt 47, S. 295 ff.; BGH, Urteil vom 23.10.2002, Az.: 1 StR 541/01, BGHSt 48, S. 44 ff.; BGH, Urteil vom 25.02.2003, Az.: 5 StR 363/02, NStZ-RR 2003, S. 171 f.; OLG Köln, Beschluss vom 21.09.2001, Az.: 2 Ws 170/01, MedR 2002, S. 413 ff.

[264] OLG Hamburg, Beschluss vom 14.01.2000, Az.: 2 Ws 243/99, StV 2001, S. 277 (278).

[265] S. etwa § 1 Abs. 1 S. 1 Universitätsgesetz im Saarland.

[266] OLG Hamburg, Beschluss vom 14.01.2000, Az.: 2 Ws 243/99, StV 2001, S. 277 (278).

[267] BGH, Urteil vom 19.10.1999, Az.: 1 StR 264/99, NStZ 2000, S. 90 f.

[268] OLG Karlsruhe, Beschluss vom 26.10.1982, Az.: 3 Ws 149/82, NJW 1983, S. 352 (353).

[269] Gesetz Nr. 1573 – Saarländisches Krankenhausgesetz vom 13.07.2005, Amtsbl. S. 1290.

[270] OLG Karlsruhe, Beschluss vom 26.10.1982, Az.: 3 Ws 149/82, NJW 1983, S. 352 (353).

verstanden werden, als dass die Einordnung einer Zuwendung als Drittmittel nicht davon abhängt, ob es sich um Drittmittel i.S.d. einschlägigen Gesetze und Satzungen handelt.

(1) Auch nach Verschärfung des Straftatbestandes der Vorteilsannahme durch das Korruptionsbekämpfungsgesetz durch die Aufnahme der Drittvorteile bestehen für den Bereich der medizinischen Drittmitteleinwerbung noch Differenzen innerhalb der Rechtsprechung. Für den Fall, dass Gelder der Industrie auf Drittmittelkonten einer Universität und nicht auf private Konten des Amtsträgers gelangt sind, möchte das LG Bonn den Tatbestand des § 331 Abs. 1 StGB teleologisch reduzieren und plädiert für eine **Unterscheidung zwischen *privatnützigen* und *staatsnützigen* Vorteilen**.[271] Nach Auffassung dieses Gerichts ist die Dienststelle eines Amtsträgers dann kein Dritter i.S.v. § 331 StGB, wenn die Zuwendungen von vornherein offen gelegt sind.[272] Während die wörtliche Auslegung dieser Norm beide Alternativen zulasse, sprächen sowohl die Gesetzgebungsmaterialien, aus denen sich ergebe, dass an Dienststellen des Amtsträgers als Dritte gar nicht gedacht wurde, als auch das Schutzgut der Bestechungsdelikte, das Vertrauen der Allgemeinheit in die Lauterkeit von Amtshandlungen, gegen eine Qualifikation der Dienststellen als Dritte.[273] Das LG Bonn hat daher die Fälle, in denen Geld auf das Drittmittelkonto der Universität geflossen war, als staatsnützige Vorteile qualifiziert und nicht zur Hauptverhandlung zugelassen.

Dabei hat es betont, dass eine durch die Drittmitteleinwerbung möglicherweise privatnützige, aber immaterielle Steigerung des Ansehens des Arztes für eine Verurteilung nicht ausreiche; hierbei handele es sich vielmehr lediglich um einen aus der dem Arzt auferlegten Dienstpflicht, die nach der Ausstattung seiner Klinik bestmögliche Patientenversorgung und Forschung zu betreiben, folgenden Reflexe, der durch den Erfolg der Bemühungen, die Ressourcen des Dienstherrn durch Einwerbung von Drittmitteln, entstanden sei.[274]

Das gegen die Nichteröffnung der Hauptverhandlung durch das LG Bonn im Rahmen einer sofortigen Beschwerde der Staatsanwaltschaft angerufene OLG Köln hat die Trennung zwischen staatsnützigen und privatnützigen Zuwendungen mit der Begründung abgelehnt, dass eine solche Trennung nicht durchführbar sei und damit zudem dem Amtsträger überlassen bliebe, zu bestimmen, was staatsnützig sei.[275] Vielmehr sind nach Auffassung des OLG Köln auch Organisationen und Behörden als Dritte i.S.d. § 331 StGB zu qualifizieren und zwar unabhängig davon, ob die Zuwendungen offen gelegt sind, da der Straftatbestand keine heimlichen Zuwendungen verlange.[276]

(2) Bedeutend weniger Probleme warf zumeist die Bestimmung des Vorteils auf.

Die nach der alten Rechtslage noch als **mittelbare Vorteile** zu qualifizierenden Zuwendungen wurden nach der Neufassung des § 331 StGB unzweifelhaft als tatbestandsmäßig eingestuft. Dies gilt etwa für von Industrieunternehmen finanzierte oder

[271] LG Bonn, Beschluss vom 08.02.2001, Az.: 27 B 13/00, StV 2001, S. 292 (294).
[272] LG Bonn, Beschluss vom 08.02.2001, Az.: 27 B 13/00, StV 2001, S. 292 (293).
[273] LG Bonn, Beschluss vom 08.02.2001, Az.: 27 B 13/00, StV 2001, S. 292 (294).
[274] LG Bonn, Beschluss vom 08.02.2001, Az.: 27 B 13/00, StV 2001, S. 292 (294).
[275] OLG Köln, Beschluss vom 21.09.2001, Az.: 2 Ws 170/01, MedR 2002, S. 413 (414).
[276] OLG Köln, Beschluss vom 21.09.2001, Az.: 2 Ws 170/01, MedR 2002, S. 413 (414).

kostenlos reparierte[277] Geräte (EKG-Gerät, Ultraschall-Gerät) oder Fachbücher, die im Eigentum der Anstellungskörperschaft stehen und primär im Rahmen des Dienstbetriebes eingesetzt werden.[278] Die geldwerte Gestellung solcher Geräte stellt laut dem OLG Karlsruhe eine objektive und wirtschaftlich messbare Vermögensmehrung dar.[279] Die noch vom OLG Hamburg aufgeworfene Frage, ob der Amtsträger diese für eigene, gesondert honorierte Behandlungen oder Forschungstätigkeiten nutzen kann,[280] braucht angesichts des durch das Korruptionsbekämpfungsgesetz erweiterten Tatbestandes nicht mehr geprüft zu werden. Entsprechend hat das OLG Köln zur Neufassung des § 331 StGB entschieden, dass die Nutzung der verbesserten Arbeitsmöglichkeiten bei der Behandlung von (Privat-)Patienten als materieller Vorteil zu werten ist.[281]

Durch die Reformierung des § 331 StGB wird nun auch die Zahlung von Geldbeträgen nicht an den Amtsträger selbst, sondern auf Konten Dritter vom Tatbestand dieser Norm erfasst. In dem sog. Herzklappenskandal waren die Gelder auf ein Konto eines auf Initiative des Arztes gegründeten Fördervereins geflossen.[282] Der Bundesgerichtshof hat hierin einen Vorteil i.S.d. § 331 StGB gesehen. Dabei hat er im Gegensatz zur Vorinstanz offen gelassen, ob hierfür auf die Erlangung der Verfügungsbefugnis, die der Angeklagte als Vorsitzender des Fördervereins über die Gelder hinsichtlich ihrer weiteren Verwendung hatte, abzustellen sei; vielmehr unterstreicht der Gerichtshof den dem Amtsträger selbst mittelbar zugute kommenden Vorteil durch die Verbesserung seiner Arbeits- und Forschungsbedingungen.[283] Einen objektiv messbare Verbesserung seiner persönlichen Wirkungsmöglichkeiten sah der Bundesgerichtshof dabei in der Nutzung der Mittel, um Auslagen für Kongressreisen von Mitarbeitern zu ersetzen, büro- und medizintechnische Geräte zu beschaffen und warten zu lassen, Probanden in verschiedenen Studien zu bezahlen sowie Aushilfslöhne für geringfügig Beschäftigte zu finanzieren, die bei unterschiedlichen Forschungsprojekten eingesetzt wurden.[284]

Die Rechtsprechung hat einen Vorteil jedoch nicht nur bei Zahlungen auf außeruniversitäre Konten, sondern auch Zahlungen auf Drittmittelkonten angenommen. Das OLG Köln bejaht in diesem Zusammenhang einen unmittelbaren Vorteil, sofern die Verwendung der Gelder allein der Disposition des Amtsträgers unterliegt und die Geldgeber von seiner unkontrollierten Verfügungsbefugnis ausgehen können, und – da in dem dieser Entscheidung zugrunde liegenden Sachverhalt die Ermittlungen keine hinreichenden Anhaltspunkte hierfür ergeben haben – einen mittelbaren Vorteil bei Verwendung der Gelder nicht den Drittmittelrichtlinien entsprechend für die Forschung, sondern zur Aufrechterhaltung des allgemeinen Klinikbetriebes.[285]

Häufig bestand der Vorteil in den von der Rechtsprechung entschiedenen Fällen aber auch in materiellen Zuwendungen, die, wie die Übernahme von Kosten für Kon-

---

277 OLG Karlsruhe, Beschluss vom 30.03.2000, Az. 2 Ws 181/99, StV 2001, S. 288 (289).
278 OLG Hamburg, Beschluss vom 11.07.2000, Az.: 2 Ws 129/00, StV 2001, S. 284 (285).
279 OLG Karlsruhe, Beschluss vom 30.03.2000, Az. 2 Ws 181/99, StV 2001, S. 288 (289).
280 Hierauf stellten ab: OLG Hamburg, Beschluss vom 11.07.2000, Az.: 2 Ws 129/00, StV 2001, S. 284 (285).
281 OLG Köln, Beschluss vom 21.09.2001, Az.: 2 Ws 170/01, MedR 2002, S. 413 (415).
282 BGH, Urteil vom 23.05.2002, Az.: 1 StR 372/01, BGHSt 47, S. 295 ff.
283 BGH, Urteil vom 23.05.2002, Az.: 1 StR 372/01, BGHSt 47, S. 295 (305).
284 BGH, Urteil vom 23.05.2002, Az.: 1 StR 372/01, BGHSt 47, S. 295 (305 f.).
285 OLG Köln, Beschluss vom 21.09.2001, Az.: 2 Ws 170/01, MedR 2002, S. 413 (415).

gressreisen sowie für Betriebs- und Weihnachtsfeiern,[286] unmittelbar dem Amtsträger zugute kam. Nicht von Relevanz war dabei, ob ein entsprechender Geldbetrag direkt an den Amtsträger oder etwa auf dessen Bitte hin an den Pächter eines Veranstaltungsortes geflossen war, weil die ersparten – da andernfalls dem Amtsträger als Veranstalter und Einladender anfallenden – Aufwendungen als materieller Vorteil zu werten seien.[287]

(3) Daneben wurden aber auch der **immaterielle Vorteil** des Fortbildungsgewinns[288] durch Wissensmehrung und Förderung der wissenschaftlichen Reputation, *„die mit hinreichender Wahrscheinlichkeit durch reputationsbeeinflusste Steigerung der Nachfrage für entgeltliche Vortragsleistungen bei späteren Veranstaltungen auch messbar“*[289] sei, als tatbestandsmäßig qualifiziert.

Als ausreichend wurde hierbei unter Heranziehung des Schrifttums[290] angesehen, ob aufgrund der Zuwendung zumindest die konkrete Aussicht auf eine berufliche Besserstellung besteht.[291] Einer Qualifizierung der bloßen Befriedigung des Ehrgeizes sowie der Erhaltung oder Verbesserung von Karrierechancen als Vorteil ist der BGH allerdings – wie bereits dargestellt – in einem obiter dictum entgegengetreten, da es hier an der objektiven Messbarkeit fehle: *„Es erscheint dem Senat zudem eher fernliegend, Ansehensmehrung und Steigerung der wissenschaftlichen Reputation des Angekl. hier als Vorteil i.S. des § 331 I StGB begreifen zu wollen, hieße ihm letztlich anzulasten, dass er seine forschungs- und klinikbezogenen Aufgaben möglichst gut zu erfüllen versuchte; eine solche Betrachtung würde den Bereich der objektiven Messbarkeit oder Darstellbarkeit eines Vorteils verlassen und ins Unbestimmte abgleiten.“*[292]

(4) Das zwischen dem Amtsträger sowie dem Unternehmen jeweils bestehende **Vertragsverhältnis** ist nach Auffassung der Rechtsprechung nicht geeignet, die Tatbestandsmäßigkeit des Vorteils auszuschließen. Zwar scheide eine Qualifizierung solcher Leistungen als Vorteil i.S.v. § 331 StGB aus, auf die der Amtsträger einen Rechtsanspruch hat. Vor dem Hintergrund der Gefahr, dass die Bestechungstatbestände durch die Vereinbarung eines Vertragsverhältnisses umgangen werden, sieht die Rechtsprechung schon in dem Anspruch eines Arztes auf Honorarzahlung als Gegenleistung für von ihm erbrachte Leistungen einen tatbestandsmäßigen Vorteil.[293] Als unerheblich wurde dabei angesehen, ob das Verhältnis zwischen der Zuwendung und der von dem Amtsträger geschuldeten Leistung angemessen ist, da die Gefahr der Einflussnahme und die Gefährdung des Vertrauens in die Lauterkeit des öffentlichen Dienstes auch bei Gewährung eines angemessenen Entgeltes be-

[286] BGH, Urteil vom 23.10.2002, Az.: 1 StR 541/01, BGHSt 48, S. 44 ff.
[287] OLG Köln, Beschluss vom 21.09.2001, Az.: 2 Ws 170/01, MedR 2002, S. 413 (414).
[288] OLG Hamburg, Beschluss vom 14.01.2000, Az.: 2 Ws 243/99, StV 2001, S. 277 (279).
[289] OLG Hamburg, Beschluss vom 11.07.2000, Az.: 2 Ws 129/00, StV 2001, S. 284 (285).
[290] An dieser Stelle zitiert das OLG Karlsruhe *Manfred Dauster*, Private Spenden zur Förderung von Forschung und Lehre: Teleologische Entschärfung des strafrechtlichen Vorteilsbegriffs nach § 331 StGB und Rechtfertigungsfragen, NStZ 1999, S. 63 (65 f.).
[291] OLG Karlsruhe, Beschluss vom 30.03.2000, Az. 2 Ws 181/99, StV 2001, S. 288 (289).
[292] BGH; Urteil vom 23.05.2002, Az.: 1 StR 372/01, BGHSt 47, S. 295 (304 f.).
[293] OLG Hamburg, Beschluss vom 14.01.2000, Az.: 2 Ws 243/99, StV 2001, S. 277 (279); BGH, Urteil vom 25.02.2003, Az.: 5 StR 363/02, NStZ-RR 2003, S. 171 (171).

stehe, das der Amtsträger ohne den gerade wegen seiner Stellung wegen seiner Stellung mit ihm geschlossenen Vertrag nicht erhielte.[294]

Diese Grundsätze gelten nach der Rechtsprechung sogar für den Fall, dass die Studien des Arztes der klinischen Prüfung von Medizinprodukten gedient haben: Selbst wenn eine Pflicht des Medizinprodukte herstellenden Unternehmens zur Durchführung klinischer Studien als Zulassungsvoraussetzung gesetzlich normiert ist, habe der mit der Durchführung der Studie beauftragte Arzt keinen Anspruch darauf, diesen Auftrag zu bekommen.[295]

3. Die erforderliche Diensthandlung

Die erforderliche Diensthandlung war in der Mehrzahl der den Gerichten vorliegenden Strafverfahren gegeben. Diese wurde zumeist in der Bestellung von Medizinprodukten[296] – etwa von Herzkathedern oder Herzschrittmachern – bzw. in der dem Arzt obliegenden Entscheidung bei der Auswahl der Bestellungen[297] gesehen. Maßgeblich war stets eine weitgehende Entscheidungskompetenz im Rahmen des Bestellwesens.[298] Als ausreichend sieht die Rechtsprechung dabei schon an, wenn der Amtsträger zwar nicht die abschließende Entscheidung trifft, aber eine solche unterstützt oder vorbereitet etwa durch Vorschläge zur Auftragsvergabe.[299]

Hingegen wurde die Tätigkeit eines Arztes im Rahmen der Krankenversorgung nicht als Diensthandlung angesehen: Im therapeutischen Bereich handele der Arzt nämlich nicht als Amtsträger in Ausübung seines Amtes, sondern vielmehr in unabhängiger Ausübung seines Heilberufes.[300] Auch die Mitwirkung an Fortbildungsveranstaltungen sowie deren Vorbereitung durch Forschungsarbeiten wurden nicht als Diensthandlung qualifiziert, da es sich hierbei nicht um amtliche, sondern um nebenamtliche Tätigkeiten handele.[301]

4. Die Unrechtsvereinbarung

In der überwiegenden Anzahl der Verfahren hat die Rechtsprechung zudem auch die erforderliche Unrechtsvereinbarung bejaht. Sowohl auf Seiten des Amtsträgers als auch auf Seiten des jeweiligen Unternehmens waren in der Regel Vorstellung und Wille, dass der Vorteil die Gegenleistung für die im Rahmen der Bestellung von me-

---

[294] OLG Hamburg, Beschluss vom 11.07.2000, Az.: 2 Ws 129/00, StV 2001, S. 284 (285).

[295] OLG Hamburg, Beschluss vom 14.01.2000, Az.: 2 Ws 243/99, StV 2001, S. 277 (279).

[296] BGH, Urteil vom 19.10.1999, Az.: 1 StR 264/99, NStZ 2000, S. 90 f.; OLG Hamburg, Beschluss vom 14.01.2000, Az.: 2 Ws 243/99, StV 2001, S. 277 (278); OLG Hamburg, Beschluss vom 11.07.2000, Az.: 2 Ws 129/00, StV 2001, S. 284 (284); OLG Karlsruhe, Beschluss vom 30.03.2000, Az. 2 Ws 181/99, StV 2001, S. 288 ff.; LG Bonn, Beschluss vom 08.02.2001, Az.: 27 B 13/00, StV 2001, S. 292 ff.; BGH, Urteil vom 23.10.2002, Az.: 1 StR 541/01, BGHSt 48, S. 44 ff.; auf die Unterschriftsleistung auf dem von der für die Bestellung zuständigen Oberschwester ausgefüllten Bestellzettel stellt ab: LG Hamburg, Urteil vom 10.07.2000, Az.: 661 KLs 14/99, StraFo 2001, S. 27 (28).

[297] BGH, Urteil vom 23.05.2002, Az.: 1 StR 372/01, BGHSt 47, S. 295 ff.; BGH, Urteil vom 25.02.2003, Az.: 5 StR 363/02, NStZ-RR 2003, S. 171 (171); OLG Köln, Beschluss vom 21.09.2001, Az.: 2 Ws 170/01, MedR 2002, S. 413 (414).

[298] OLG Köln, Beschluss vom 21.09.2001, Az.: 2 Ws 170/01, MedR 2002, S. 413 (414).

[299] OLG Hamburg, Beschluss vom 14.01.2000, Az.: 2 Ws 243/99, StV 2001, S. 277 (278).

[300] LG Hamburg, Urteil vom 10.07.2000, Az.: 611 KLs 14/99, StraFo 2001, S. 27 (28); offen gelassen in: OLG Hamburg, Beschluss vom 14.01.2000, Az.: 2 Ws 243/99, StV 2001, S. 277 (278).

[301] BGH, Urteil vom 25.02.2003, Az.: 5 StR 363/02, NStZ-RR 2003, S. 171 (171).

dizinischen Geräten oder Produkten erfolgten und künftig anstehenden Diensthandlungen war, vorhanden.[302]

Dabei haben es die Gerichte im Hinblick auf die nach der alten Fassung des § 331 StGB erforderliche hinreichend bestimmte Diensthandlung als ausreichend angesehen, dass bereits das Aufgabengebiet des Amtsträgers beispielsweise als Oberarzt in einer kardiologischen Abteilung umgrenzt ist.[303] Nach der Neufassung des § 331 StGB dürfte dies erst recht unproblematisch sein.

An das von beiden Seiten gewollte **Äquivalenzverhältnis** wurden dabei insgesamt **keine allzu hohen Anforderungen** gestellt. Das OLG Köln unterstellte die Kenntnis der Pharmafirmen davon, dass der Arzt von den Zuwendungen unter anderem durch verbesserte Arbeitsmöglichkeiten profitiere, „*ohne weiteres*"[304] und vertritt an anderer Stelle: „*Es entspricht schon der Lebenserfahrung, dass sich die Lieferfirmen von derartigen Zuwendungen, Bonusleistungen, Gutschriften etc. einen Vorteil im Zusammenhang mit der Erteilung von Aufträgen versprachen.*"[305] Lediglich das LG Bonn hat in dem von ihm zu entscheidenden Fall das Vorliegen einer Unrechtsvereinbarung abgelehnt, da sich der Vorteilsgeber durch die Zuwendungen die Zusammenarbeit mit dem Arzt ausschließlich wegen der Entwicklung, Evaluierung und Verbesserung seiner Produkte im Sinne der Sicherung eines langfristigen Markterfolges, nicht aber zur Steigerung seines Umsatzes sichern wollte.[306]

Als irrelevant sieht die Rechtsprechung zudem an, wenn der Amtsträger nicht nur mit einem Unternehmen, sondern mit mehreren konkurrierenden Unternehmen Vereinbarungen geschlossen hat, da das von § 331 StGB geschützte Rechtsgut schon durch den durch eine Vereinbarung erzeugten Eindruck, die Diensthandlung sei käuflich, verletzt werde.[307]

Vor dem Hintergrund, dass es zu den Dienstaufgaben eines Hochschullehrers gehört, zur Förderung von Forschung und Lehre Drittmittel einzuwerben, hat der BGH allerdings in dem sog. Herzklappenskandal unter bestimmten Voraussetzungen eine **Einschränkung des Tatbestandes**[308] für geboten erachtet: „*Da dort, wo Produktlieferanten Forschung und Lehre durch Zuwendungen fördern, oft die Höhe der Förderung auch von Umfang und Intensität der geschäftlichen Beziehung zum Zuwendungsempfänger abhängt, bis hin zu Umsatzorientierung oder gar zur Umsatzabhängigkeit, kann sich für den Hochschullehrer, der dienstlich zur Einwerbung solcher Mittel angehalten ist, ein Spannungsfeld*[309] *zum strafbewehrten Verbot der Vorteilsannahme ergeben. Straftatbestand und die hochschulrechtlich verankerte Aufgabe der Drittmitteleinwerbung sind deshalb in einen Einklang zu bringen, der dem Ge-*

---

[302] OLG Hamburg, Beschluss vom 14.01.2000, Az.: 2 Ws 243/99, StV 2001, S. 277 (280); OLG Hamburg, Beschluss vom 11.07.2000, Az.: 2 Ws 129/00, StV 2001, S. 284 (285).
[303] OLG Hamburg, Beschluss vom 14.01.2000, Az.: 2 Ws 243/99, StV 2001, S. 277 (280); OLG Hamburg, Beschluss vom 11.07.2000, Az.: 2 Ws 129/00, StV 2001, S. 284 (285).
[304] OLG Köln, Beschluss vom 21.09.2001, Az.: 2 Ws 170/01, MedR 2002, S. 413 (415).
[305] OLG Köln, Beschluss vom 21.09.2001, Az.: 2 Ws 170/01, MedR 2002, S. 413 (416).
[306] LG Hamburg, Urteil vom 10.07.2000, Az.: 661 KLs 14/99, StraFo 2001, S. 27 (29).
[307] OLG Hamburg, Beschluss vom 14.01.2000, Az.: 2 Ws 243/99, StV 2001, S. 277 (281); OLG Hamburg, Beschluss vom 11.07.2000, Az.: 2 Ws 129/00, StV 2001, S. 284 (286).
[308] Ausdrücklich hat der Bundesgerichtshof dabei klargestellt, dass dieser Wertungsgleichklang nicht auf der Rechtfertigungsebene, sondern auf der Tatbestandsebene zu suchen ist.
[309] Dieses Spannungsfeld hat der Bundesgerichtshof in einer später erganenen Entscheidung erneut betont: BGH, Urteil vom 25.02.2003, Az.: 5 StR 363/02, NStZ-RR 2003, S. 171 (171).

danken der Rechtssicherheit und dem Schutzgut der Strafvorschrift angemessen Rechnung trägt."[310]

Dabei betont das Gericht, dass das Beziehungsverhältnis nicht schon dadurch entfällt, weil die gewährten Vorteile für Wissenschaft und Forschung verwendet werden.[311] Zusätzlich zu dem sachlichen Gehalt der Zuwendungen als Drittmittel und ihrem Einsatz zur Förderung von Forschung und Lehre verlangt der Bundesgerichtshof im Interesse des von der Norm geschützten Vertrauens in die Sachgerechtigkeit der Entscheidungen die Offenlegung, die Anzeige der Mitteleinwerbung sowie ihre Genehmigung in dem hochschulrechtlich dafür vorgesehenen Verfahren.[312] Die Lauterkeit des öffentlichen Dienstes sei in besonderem Maße im Bereich der von Amtsträgern ausgeübten medizinischen Forschung und wahrgenommenen klinischen Versorgung schutzbedürftig, da sich die Verantwortung für die Auswahl und Beschaffung medizintechnischer Produkte personell häufig nicht von der Verantwortung für die Einwerbung von Drittmitteln trennen lassen.[313] Daher ist es nach Auffassung des Gerichtshofes unerlässlich, ein größtmögliches Maß an Transparenz und Kontrollierbarkeit zu gewährleisten. Auch das OLG Köln hat in seiner zur jetzigen Fassung des § 331 StGB maßgeblich auf den Transparenzgedanken abgestellt.[314] Damit kommt im Ergebnis der **Verletzung eines dienstrechtlich vorgesehenen Verfahrens** nach Auffassung der Rechtsprechung **strafbegründende Wirkung** zu.

II. Subjektiver Tatbestand

Die Vorstellung eines Arztes, er habe Drittmittel nicht zu privaten Zwecken erhalten, sondern ohne Eigennutz lediglich zum Wohle der Patienten gehandelt, lässt nach der Rechtsprechung nicht den Vorsatz gem. § 16 StGB entfallen. Bei dem Vorteilsbegriff handele es sich nämlich nicht um ein normatives Tatbestandsmerkmal, das eine Parallelwertung in der Laiensphäre erlaube; vielmehr sei die Frage, ob ein Vorteil i.S.v. § 331 StGB vorliegt, ohne rechtliche Wertung nach tatsächlichen Kriterien zu beurteilen.[315] Auch die rechtlich unzutreffende Bestimmung des Bereichs der Sozialadäquanz sei ein Verbotsirrtum und damit nicht geeignet, den Vorsatz auszuschließen.[316]

III. Rechtfertigung

(1) Von der Rechtsprechung anerkannt wurde zumeist, dass sich eine generelle **Genehmigung i.S.v. § 331 Abs. 3 StGB** grundsätzlich auch aus der einschlägigen Drittmittelsatzung der jeweiligen Universität ergeben kann.[317] Allerdings entsprachen die Zuwendungen in den meisten Fällen schon nicht den Voraussetzungen, die an

[310] BGH, Urteil vom 23.05.2002, Az.: 1 StR 372/01, BGHSt 47, S. 295 (308).
[311] BGH, Urteil vom 23.05.2002, Az.: 1 StR 372/01, BGHSt 47, S. 295 (308).
[312] BGH, Urteil vom 23.05.2002, Az.: 1 StR 372/01, BGHSt 47, S. 295 (308).
[313] BGH, Urteil vom 23.05.2002, Az.: 1 StR 372/01, BGHSt 47, S. 295 (309 f.).
[314] OLG Köln, Beschluss vom 21.09.2001, Az.: 2 Ws 170/01, MedR 2002, S. 413 (416).
[315] BGH, Urteil vom 23.05.2002, Az.: 1 StR 372/01, BGHSt 47, S. 295 (311); OLG Köln, Beschluss vom 21.09.2001, Az.: 2 Ws 170/01, MedR 2002, S. 413 (417).
[316] OLG Köln, Beschluss vom 21.09.2001, Az.: 2 Ws 170/01, MedR 2002, S. 413 (417).
[317] OLG Hamburg, Beschluss vom 11.07.2000, Az.: 2 Ws 129/00, StV 2001, S. 284 (287); offen gelassen in: OLG Hamburg, Beschluss vom 14.01.2000, Az.: 2 Ws 243/99, StV 2001, S. 277 (282).

Drittmittel gestellt werden mit der Folge, dass eine Rechtfertigung dennoch abgelehnt wurde.[318]

In dem oben genannten Beschluss des LG Bonn hat das Gericht – unabhängig von seinen Ausführungen zu der seines Erachtens erforderlichen teleologischen Reduktion des § 331 StGB bei staatsnützigen Vorteilen – zudem den Rechtfertigungsgrund des § 331 Abs. 3 StGB angenommen: Auch wenn die von der Industrie gezahlten und auf das Drittmittelkonto der Universität eingegangenen Gelder nicht dem Drittmittelbegriff der einschlägigen Drittmittelrichtlinie entsprochen hätten, weil sie nicht für ein bestimmtes Projekt, sondern als allgemeine Forschungsförderung gedacht gewesen seien, seien diese von der zuständigen Verwaltung konkludent genehmigt worden; mithin greife § 331 Abs. 3 StGB.[319]

(2) In der **Genehmigung einer Nebentätigkeit oder eines Sonderurlaubes** durch den Dienstvorgesetzten wird hingegen noch nicht automatisch eine Genehmigung der Vorteilsannahme gesehen: Nur wenn die die Verantwortung für die Sauberkeit des öffentlichen Dienstes tragende Behörde in Kenntnis des Zusammenhanges eine Zuwendung billige, könne eine Genehmigung i.S.v. § 331 Abs. 3 StGB angenommen werden.[320] Eine einschränkungslose Genehmigung der Nebentätigkeit, eines Sonderurlaubes oder einer Dienstreise kann nach Auffassung des OLG Hamburg daher nur dann eine stillschweigend erklärte Genehmigung der Vorteilsannahme enthalten, wenn bei ihrer Beantragung oder Anzeige bzw. bei Urlaubs- oder Dienstreiseanträgen diejenigen Tatsachen mitgeteilt würden, die für das nach dem in § 331 StGB geschützten Rechtsgut erforderliche Prüfungsprogramm von Bedeutung seien.[321]

(3) Im Anschluss an *Cramer*[322] wird von der Rechtsprechung auch das Eingreifen eines **übergesetzlichen Rechtfertigungsgrundes** für die Fälle diskutiert, in denen überwiegende Interessen einer Vorteilsgewährung an Dritte der Strafbarkeit des § 331 StGB entgegenstehen. Im Ergebnis wird ein solcher Rechtfertigungsgrund jedoch wegen seiner Konturenlosigkeit, aber auch vor dem Hintergrund, dass die Drittmitteleinwerbung keine höherwertige Rechtspflicht ist, die eine rechtfertigende Pflichtenkollision auslösen könne, verneint.[323]

(4) Eine **Rechtfertigung wegen Sozialadäquanz** im Rahmen der Verkehrssitte oder nach Gewohnheitsrecht, für die neben § 331 Abs. 3 StGB ohnehin kein großer Anwendungsbereich bliebe, wurde ebenfalls regelmäßig abgelehnt, da die Zuwendungen jeweils beträchtliche Beträge darstellten und nicht auf Höflichkeit oder Gefälligkeit beruhten.[324] Bisweilen wurde auch deutlich schärfer die soziale Akzeptanz solcher Zuwendungen verneint, da die Allgemeinheit die Vereinbarung eines Äquivalents zwischen Diensthandlung und Vorteil des Amtsträgers außerhalb der formalisierten Drittmittelbestimmungen nicht akzeptiere.[325]

---

[318] OLG Hamburg, Beschluss vom 11.07.2000, Az.: 2 Ws 129/00, StV 2001, S. 284 (287); OLG Hamburg, Beschluss vom 14.01.2000, Az.: 2 Ws 243/99, StV 2001, S. 277 (282).

[319] LG Bonn, Beschluss vom 08.02.2001, Az.: 27 B 13/00, StV 2001, S. 292 (295).

[320] OLG Hamburg, Beschluss vom 14.01.2000, Az.: 2 Ws 243/99, StV 2001, S. 277 (283).

[321] OLG Hamburg, Beschluss vom 14.01.2000, Az.: 2 Ws 243/99, StV 2001, S. 277 (283).

[322] *Peter Cramer*, Zum Vorteilsbegriff bei den Bestechungsdelikten, Festschrift für Claus Roxin zum 70. Geburtstag am 15. Mai 2001, Berlin/New York 2001, S. 945 (948 ff.).

[323] OLG Köln, Beschluss vom 21.09.2001, Az.: 2 Ws 170/01, MedR 2002, S. 413 (417).

[324] OLG Hamburg, Beschluss vom 14.01.2000, Az.: 2 Ws 243/99, StV 2001, S. 277 (282).

[325] OLG Hamburg, Beschluss vom 11.07.2000, Az.: 2 Ws 129/00, StV 2001, S. 284 (287).

IV. Schuld

Von der Rechtsprechung teilweise abgelehnt wurde das nötige Unrechtsbewusstsein des Amtsträgers. Bei der Beurteilung, ob ein Verbotsirrtum i.S.d. § 17 StGB vermeidbar ist, ist exakt zwischen den verschiedenen Fehlvorstellungen des Amtsträgers zu unterscheiden.

Als vermeidbar angesehen wurde etwa die Fehlvorstellung des Amtsträgers, eine Genehmigung sei bei der Einholung von Drittmitteln entbehrlich.[326] Hingegen wurde das fehlende Unrechtsbewusstsein eines Arztes, der in der Vorstellung handelte, eine Vermengung von privaten Einnahmen und Zahlungen Dritter auf einem Drittmittelkonto auf der Einnahmeseite und das Tätigen von Ausgaben für dienstliche oder zumindest halbdienstliche Zwecke sei nicht strafwürdig, wenn sich hieraus bei einer Gesamtschau keine persönlichen Vorteile ergäben, als ein die Schuld ausschließender Verbotsirrtum vom OLG Köln anerkannt.[327] Bei der Untersuchung, ob dieser Verbotsirrtum vermeidbar war, ob der Amtsträger also die gehörige Anspannung seines Gewissens unterlassen und es dadurch versäumt hat, das Unrechtmäßige seines Handelns zu erkennen,[328] stellte das Gericht darauf ab, dass der Angeklagte als Arzt nicht über eine juristische Ausbildung verfüge und es sich hierbei um schwierige Rechtsfragen handele. Anders beurteilte das OLG Köln in derselben Strafsache allerdings das Handeln des Angeklagten ab dem Jahre 1994, da dieser einerseits durch Empfehlungen des klinischen Vorstandes, andererseits durch den auch in den Medien diskutierten „Herzklappenskandal“ und eigene Veröffentlichungen des Angeklagten zu diesem Thema von der Brisanz des Themas gewusst habe und seine Fehlvorstellung daher nicht mehr unvermeidbar gewesen sei.[329]

B. Stimmen in der Literatur in Bezug auf die besprochene Rechtsprechung

In der Literatur hat vor allem der Herzklappenskandal für Aufsehen gesorgt. Schon vor der Entscheidung des BGH im Jahre 2002 war dieser aufgrund des erstinstanzlichen Urteils und des entsprechenden Medienechos Anknüpfungspunkt für einige Beiträge. Nach dieser Entscheidung ist die Anzahl der Beiträge sprunghaft angestiegen.

(1) Einige Autoren setzen sich zunächst mit der Problematik der **Amtsträgereigenschaft** auseinander. Einigkeit besteht hierbei dahingehend, dass an kirchlichen Krankenhäusern angestellte Ärzte sowie Vertragsärzte nicht als Amtsträger i.S.v. § 11 Abs. 1 Nr. 2 StGB angesehen werden können.[330] Zwar werde den Kirchen und anerkannten Religionsgemeinschaften formal der Status einer Körperschaft des öffentlichen Rechts zuerkannt; dies macht sie jedoch nach allgemeiner Auffassung in der Literatur nicht zu einem Teil des Staates.[331] Ebenso wenig könnten niedergelas-

---

[326] OLG Hamburg, Beschluss vom 14.01.2000, Az.: 2 Ws 243/99, StV 2001, S. 277 (283); OLG Hamburg, Beschluss vom 11.07.2000, Az.: 2 Ws 129/00, StV 2001, S. 284 (288).
[327] OLG Köln, Beschluss vom 21.09.2001, Az.: 2 Ws 170/01, MedR 2002, S. 413 (417).
[328] BGH, Beschluss vom 18.03.1952, Az.: GSSt 2/51, BGHSt 2, S. 194 (201).
[329] OLG Köln, Beschluss vom 21.09.2001, Az.: 2 Ws 170/01, MedR 2002, S. 413 (417 f.).
[330] *Wolfgang Bruns*, Sponsoring im Krankenhaus, ArztR 2003, S. 260 (262).
[331] *Rainer Erlinger*, Drittmittelforschung unter Korruptionsverdacht?, Der aktuelle Stand der Rechtsprechung – Gibt es schon Rechtsprechung zur „neuen“ Rechtslage, MedR 2002, S. 60 (61); *Brigitte Tag*, Drittmitteleinwerbung – strafbare Dienstpflicht? Überlegungen zur Novellierung des Straftatbestandes der Vorteilsannahme, JR 2004, S. 50 (51).

sene Vertragsärzte als in einem öffentlich-rechtlichen System freiberuflich Tätige als Amtsträger angesehen werden.[332] Auch die Amtsträgereigenschaft von an privaten Krankenhäusern arbeitenden Ärzten wird bisweilen bezweifelt.[333]

Bruns bezeichnet diese Unterscheidung zwischen öffentlichen Krankenhäusern auf der einen und privaten und kirchlichen Krankenhäusern als willkürlich, da der Unrechtsgehalt eines Verhaltens nicht von der Organisationsform des Krankenhauses abhängen könne.[334] Auch *Ambos* äußert Zweifel an der Rechtfertigung dieser „*Privilegierung*" mit den besonderen Gemeinwohlverpflichtungen der öffentlichrechtlich organisierten Wissenschaft, da diese am Rechtsgut des § 331 StGB orientierte Argumentation übersehe, dass es sich hierbei um einen Bereich handelt, in dem die Grenzen von Öffentlichem und Privatem verschwömmen.[335]

(2) Die **Bedeutung der Drittmitteleinwerbung** für das Weiterkommen der Forschung **im medizinischen Bereich** wird unter Hinweis auf das Wohl der Patienten hingegen in der Mehrzahl der Beiträge unterstrichen.[336] Zugleich wird dem Staat eine gewisse Janusköpfigkeit unterstellt, der auf der einen Seite nicht zuletzt deshalb, weil die eigenen finanziellen Mittel versagen würden, vermehrt zur Einwerbung von Drittmitteln auffordere, um auf der anderen Seite Kooperationen zwischen Ärzten und Industrie strafrechtliche Maßnahmen zu ergreifen, die dem besonderen Bereich der klinischen Forschung nicht gerecht würden.[337]

(3) Das Schrifttum spricht sich daher in der Mehrheit für eine **restriktive Anwendung des § 331 StGB** aus. Rechtlicher Anknüpfungspunkt ist zumeist – vergleichbar dem vom Bundesgerichtshof eingeschlagenen Weg – eine einschränkende Auslegung des Tatbestandes der Vorteilsannahme, die entweder an dem Vorteilsbegriff oder der Unrechtsvereinbarung anknüpft.

(4) Eine weit verbreitete Strömung in der Literatur fordert eine einschränkende Auslegung des Tatbestandsmerkmals „***Vorteil***".[338]

Dies geschieht vereinzelt mit Hilfe einer weniger rechtlichen, als wirtschaftlichen und vom bloßen Rechtsempfinden geprägten Betrachtungsweise. So wird das von der Staatsanwaltschaft und den Gerichten vereinzelt angeführte Argument, Geräte,

---

332 *Jürgen Taschke*, die Strafbarkeit des Vertragsarztes bei der Verordnung von Rezepten – Anmerkung zu BGH, Beschluss vom 25.22.2003, 4 StR 239/03, StV 2004, 422 ff. -, StV 2005, S. 406 (409); zweifelnder äußert sich *Brigitte Tag*, Drittmitteleinwerbung – strafbare Dienstpflicht? Überlegungen zur Novellierung des Straftatbestandes der Vorteilsannahme, JR 2004, S. 50 (51).

333 *Wolfgang Bruns*, Sponsoring im Krankenhaus, ArztR 2003, S. 260 (263).

334 *Wolfgang Bruns*, Sponsoring im Krankenhaus, ArztR 2003, S. 260 (263). *Kai Ambos*, Zur Strafbarkeit der Drittmittelakquisition, JZ 2003, S. 345 (347).

335 *Kai Ambos*, Zur Strafbarkeit der Drittmittelakquisition, JZ 2003, S. 345 (347).

336 S. beispielsweise: *Günther Tondorf/Heribert Waider*, Strafrechtliche Aspekte des sog. Herzklappenskandals, MedR 1997, S. 102 (102).

337 *Wolfgang Bruns*, Der sogenannte Herzklappenskandal – eine strafrechtliche Zwischenbilanz –, ArztR 1998, S. 237 (242).

338 *Hans Helmut Günther*, Unbegründete Ängste der Klinikärzte und der pharmazeutischen Industrie vor den Änderungen des Antikorruptionsgesetzes, MedR 2001, S. 457 (458); *Frank Zieschang*, Die Auswirkungen des Gesetzes zur Bekämpfung der Korruption auf den Forschungsbereich, WissR 32 (1999), S. 111 (117 f.); *Klaus Bernsmann*, „Vorteil" und „Vorteilsannahme" (§ 331 StGB) des beamteten Forschers, in: Festschrift für Dieter Leuze zum 70. Geburtstag,
Berlin 2003, S. 59 (61 ff.); Zweifel, ob der Begriff des Vorteils so haltbar ist, äußert auch *Dieners*, ohne jedoch auf die Folgerungen einzugehen (*Peter Dieners*, Selbstkontrolle der Wirtschaft zur Verhinderung von Korruption, JZ 1998, S. 181 [184]).

die einer Abteilung eines Krankenhauses kostenlos oder verbilligt zur Verfügung gestellt würden, würden die Privatliquidation des Chefarztes steigern und daher einen wirtschaftlichen Vorteil für diesen darstellen, als phantasievolle Konstruktion abgetan. *Bruns* sieht hierdurch die tatsächliche Situation in ihr Gegenteil verkehrt, da etwa 90 % der Patienten gesetzlich krankenversichert seien.[339]

Bisweilen wird aus den noch zur alten Rechtslage ergangenen Entscheidungen des Bundesgerichtshofs auch für die nun geltende Rechtslage abgeleitet, dass die Behörde oder sonstige Stelle, der der Arzt angehört, kein Dritter im Sinne der Amtsdelikte ist mit der Folge, dass Vorteile, die unmittelbar dem Krankenhaus zugute kommen, nicht zu einer Strafbarkeit nach § 331 StGB führen.[340] Diese Auffassung nähert sich der vom LG Bonn vorgenommenen Unterscheidung zwischen privat- und staatsnützigen Vorteilen an, auf die auch *Dauster*[341] abstellt, wird aber in beiden Ausprägungen von der Mehrzahl der Autoren abgelehnt. Angesichts der Aufnahme von Drittvorteilen in den Tatbestand des § 331 StGB profitiere immer auch ein Dritter – und wenn dies auch nur der Patient sei, der in den Genuss einer besseren medizinischen Ausstattung des Krankenhauses komme[342] – von der Zuwendung; das Kriterium sei damit ungeeignet zur Abgrenzung von strafbarer und nicht strafbarer Drittmittelforschung.[343] Gegen eine Ausklammerung der Anstellungskörperschaft aus dem Begriff des Dritten wird ferner vorgebracht, dass auch bei einem Vorteil, der einer staatlichen Institution zufließe, das von § 331 StGB geschützte Rechtsgut aufgrund der Koppelung von Vorteil und Dienstausübung tangiert werde.[344]

Dennoch soll – zumindest für den Bereich der von Arzneimittel- und Medizinproduktegesetz zwingend vorgeschriebenen Studien – der weite Vorteilsbegriff zu einem Wertungswiderspruch führen. So wird vertreten, es dürfe nicht sein, dass der Gesetzgeber eine Tätigkeit des Arztes fordere, eine angemessene Entlohnung dieser Tätigkeit aber zugleich als Vorteil einstufe.[345]

Des Weiteren wird darauf abgestellt, dass ein Vorteil i.S.v. § 331 StGB dann nicht vorliegt, wenn der Arzt ein angemessenes und übliches Honorar für seine Leistung – etwa die Untersuchung eines Medizinproduktes – erhält[346] oder die Übernahme von Reise-, Übernachtungs- und Bewirtungskosten nicht völlig unverhältnismäßig aus-

---

[339] *Wolfgang Bruns*, Sponsoring im Krankenhaus, ArztR 2003, S. 260 (263).

[340] *Wolfgang Bruns*, Sponsoring im Krankenhaus, ArztR 2003, S. 260 (264).

[341] *Manfred Dauster*, Private Spenden zur Förderung von Forschung und Lehre: Teleologische Entschärfung des strafrechtlichen Vorteilsbegriffs nach § 331 StGB und Rechtfertigungsfragen, NStZ 1999, S. 63 (67).

[342] *Stefanie Diettrich/Holger Schatz*, Drittmittelforschung: Überlegungen zur Minimierung de strafrechtlichen Risikos, MedR 2001, S. 614 (616).

[343] *Kai Ambos*, Zur Strafbarkeit der Drittmittelakquisition, JZ 2003, S. 345 (351); *Bernd Heinrich*, Rechtsprechungsüberblick zu den Bestechungsdelikten (§§ 331-335 StGB) - (1998-2003) - 2. Teil, NStZ 2005, S. 256 (258).

[344] *Christoph Knauer/Johannes Kaspar*, Restriktives Normverständnis nach dem Korruptionsbekämpfungsgesetz, GA 2005, S. 385 (392).

[345] *Torsten Verrel*, Überkriminalisierung oder Übertreibung? Die neue Furcht vor der Korruptionsstrafbarkeit in der Medizin, MedR 2003, S. 319 (322).

[346] *Hans Helmut Günther*, Unbegründete Ängste der Klinikärzte und der pharmazeutischen Industrie vor den Änderungen des Antikorruptionsgesetzes, MedR 2001, S. 457 (458).

fällt[347]. Diese Auffassung sieht sich jedoch Kritik ausgesetzt, welche insbesondere daran anknüpft, dass der Vorteilsbegriff naturalistisch zu interpretieren sei und nicht normativ aufgeladen werden dürfe.[348]

Auch das von *Lüderssen* herausgearbeitete Kriterium trifft eher auf Ablehnung. Dieser stellt entscheidend darauf ab, ob zwischen Geber und Nehmer ein wirksamer Vertrag geschlossen worden ist, der einen Anspruch des Amtsträgers auf die Leistung zur Folge habe.[349] Ihm wird entgegengehalten, dass die Einräumung eines Anspruches zur Verdeckung korrupter Machenschaften dienen könnte.[350] Zudem stelle schon die Möglichkeit, durch einen Vertragsabschluss in den Genuss der Leistung zu kommen, einen Vorteil dar, auf den der Amtsträger in der Regel keinen Anspruch habe.[351]

(5) Daher wird von anderer Seite – dem Bundesgerichtshof folgend – eine einschränkende Auslegung des Tatbestandsmerkmals der **Unrechtsvereinbarung** gefordert.[352]

Zur Ausfilterung derjenigen Fällen, in denen das Unrecht eines Korruptionsdeliktes fehle, bedürfe es des normativen Elements der Unrechtsvereinbarung, *„die damit das passende, zur Vermeidung von Wertungswidersprüchen geeignete Scharnier zwischen dem Korruptionsstrafrecht und diesem vorgelagerten Rechtsmaterien, wie etwa dem Hochschulrecht, bildet.“*[353] Wenn das im Hochschulrecht vorgeschriebene Verfahren für die Einwerbung von Drittmitteln eingehalten worden sei, führe die Einhaltung dieses Transparenz- bzw. Genehmigungsprinzips zum Ausschluss einer Unrechtsvereinbarung, ohne dass es auf die Trennung von Zuwendung und Umsatzgeschäften ankomme.[354,355] Ein regelwidriges Äquivalenzverhältnis sei dann aufgrund eines erlaubten Risikos ausgeschlossen.[356] Mit Blick auf das Schutzgut dieser Strafnorm ist der damit verbundene bürokratische Aufwand nach dieser Auffassung hin-

---

[347] *Jens Göben*, Bestechlichkeit und Vorteilsannahme bei der Bestellung medizinischer Produkte durch Krankenhausärzte (Anmerkung zu BGH, Urt. v. 19.10.1999, 1 StR 264/99, MedR 2000, 193 f.), MedR 2000, S. 194 (194).

[348] *Kai Ambos*, Zur Strafbarkeit der Drittmittelakquisition, JZ 2003, S. 345 (351).

[349] *Klaus Lüderssen*, Antikorruptionsgesetz und Drittmittelforschung, JZ 1997, S. 112 (114).

[350] *Thomas Rönnau*, Untreue und Vorteilsannahme durch Einwerbung von Drittmitteln? – BGH, NJW 2002, 2801, JuS 2003, S. 232 (235).

[351] *Christoph Knauer/Johannes Kaspar*, Restriktives Normverständnis nach dem Korruptionsbekämpfungsgesetz, GA 2005, S. 385 (392).

[352] *Frank Zieschang*, Die Auswirkungen des Gesetzes zur Bekämpfung der Korruption auf den Forschungsbereich, WissR 32 (1999), S. 111 (121 f.); *Lothar Kuhlen*, Untreue, Vorteilsannahme und Bestechlichkeit bei Einwerbung universitärer Drittmittel – Zugleich eine Anmerkung zu den Urteilen des BGH vom 23.5.2002 und vom 23.10.2003, JR 2003, S. 231 (233); *Torsten Verrel*, Überkriminalisierung oder Übertreibung? Die neue Furcht vor der Korruptionsstrafbarkeit in der Medizin, MedR 2003, S. 319 (323 f.).

[353] *Lothar Kuhlen*, Untreue, Vorteilsannahme und Bestechlichkeit bei Einwerbung universitärer Drittmittel – Zugleich eine Anmerkung zu den Urteilen des BGH vom 23.5.2002 und vom 23.10.2003, JR 2003, S. 231 (234).

[354] *Lothar Kuhlen*, Untreue, Vorteilsannahme und Bestechlichkeit bei Einwerbung universitärer Drittmittel – Zugleich eine Anmerkung zu den Urteilen des BGH vom 23.5.2002 und vom 23.10.2003, JR 2003, S. 231 (235).

[355] Dies führt zu dem bedenklichen Ergebnis, dass schon die fehlende, durch dienstrechtlich vorgeschriebene Anzeige strafbegründend wirkt. Hierzu wird an späterer Stelle ausführlich eingegangen.

[356] *Christoph Knauer/Johannes Kaspar*, Restriktives Normverständnis nach dem Korruptionsbekämpfungsgesetz, GA 2005, S. 385 (402).

zunehmen.[357] Die verbleibende (Rest-)Gefahr, dass auch bei Beachtung der Verfahrensregelungen eine Einflussmöglichkeit des Drittmittelgebers bestehen bleibe, liege im Risikobereich der Universität und müsse von ihr durch weitere Kontrolle beseitigt werden.[358] Kritik ruft allerdings die Tatsache hervor, dass bei Anwendung der Rechtsprechung des Bundesgerichtshof ein bloßer Verfahrensverstoß, die Nichtanzeige und ggf. die fehlende Einholung der Genehmigung, strafbegründende Wirkung entfaltet.[359]

(6) Einen anderen Weg, der ebenso zu einer tatbestandlichen Korrektur führt, schlägt wiederum *Bernsmann* ein: Die vom Bundesgerichtshof vorgenommene teleologische Reduktion des Tatbestandsmerkmals der Unrechtsvereinbarung qualifiziert er als *„inkonsistent"*[360]. Stattdessen spricht sich der Autor für eine **teleologische bzw. beamtenrechtliche Korrektur des § 331 Abs. 3 StGB** aus, da auch die Einhaltung von Verfahrensregeln tatbestandsausschließende Wirkung haben könne.[361] Aufgrund der Einheit der Rechtsordnung müsse sich das Strafrecht auf seine ultima ratio Funktion zurückziehen; die disziplinarrechtlichen Regelungen, nach denen – im Gegensatz zum Wortlaut des § 331 Abs. 3 StGB – auch eine Genehmigung geforderter Vorteile möglich sei, sollten daher § 331 Abs. 3 StGB ergänzen.[362] Da eine Genehmigung das Unrecht zwischen Zuwendenden und Amtsträger ausschließen könne, muss – da die Unrechtsvereinbarung Tatbestandsmerkmal ist – der Genehmigung seiner Auffassung nach nicht lediglich rechtfertigende, sondern vielmehr tatbestandsausschließende Wirkung zukommen.[363]

(7) Aufgeworfen wird schließlich die Möglichkeit einer **Rechtfertigung**.[364] *Zieschang*[365] zieht **§ 25 HRG als Rechtfertigungsgrund** in Erwägung, lehnt dies jedoch im Ergebnis zutreffend ab, da diese Norm keinen eigentlichen Rechtfertigungsgrund darstelle. Dies begründet er insbesondere damit, dass sich das in § 25 HRG aufgeführte Merkmal der *„Berechtigung"* primär darauf beziehe, ob das jeweilige Hochschulmitglied im Rahmen seiner dienstlichen Aufgaben auch in der Forschung selbständig tätig werden dürfe.[366] Ferner verweist der Autor auf § 25 Abs. 4 S. 2

---

[357] *Lothar Kuhlen*, Untreue, Vorteilsannahme und Bestechlichkeit bei Einwerbung universitärer Drittmittel – Zugleich eine Anmerkung zu den Urteilen des BGH vom 23.5.2002 und vom 23.10.2003, JR 2003, S. 231 (235).

[358] *Thomas Rönnau*, Untreue und Vorteilsannahme durch Einwerbung von Drittmitteln? – BGH, NJW 2002, 2801, JuS 2003, S. 232 (236).

[359] *Bernd Heinrich*, Rechtsprechungsüberblick zu den Bestechungsdelikten (§§ 331-335 StGB) - (1998-2003) - 2. Teil, NStZ 2005, S. 256 (257).

[360] *Klaus Bernsmann*, Die Korruptionsdelikte (§§ 331 ff. StGB) – Eine Zwischenbilanz, StV 2003, S. 521 (522).

[361] *Klaus Bernsmann*, Die Korruptionsdelikte (§§ 331 ff. StGB) – Eine Zwischenbilanz, StV 2003, S. 521 (522).

[362] *Klaus Bernsmann*, Die Korruptionsdelikte (§§ 331 ff. StGB) – Eine Zwischenbilanz, StV 2003, S. 521 (522).

[363] *Klaus Bernsmann*, Anti-Korruptionsregeln – Problemdarstellung an Hand von Fallbeispielen, WissR Bd. 35 (2002), S. 1 (19 f.).

[364] Ähnlich wie *Bernsmann* möchte auch *Satzger* § 331 Abs. 3 StGB mehr in den Mittelpunkt rücken; er sieht in dieser Regelung allerdings einen Rechtfertigungsgrund (*Helmut Satzger*, Bestechungsdelikte und Sponsoring, ZStW 115 (2003), S. 469 [499]).

[365] *Frank Zieschang*, Die Auswirkungen des Gesetzes zur Bekämpfung der Korruption auf den Forschungsbereich, WissR 32 (1999), S. 111 (116 f.).

[366] *Frank Zieschang*, Die Auswirkungen des Gesetzes zur Bekämpfung der Korruption auf den Forschungsbereich, WissR 32 (1999), S. 111 (116).

HRG, nach dem die Mittel für den vom Geldgeber bestimmten Zweck und nach dessen Bedingungen zu verwenden sind, soweit gesetzliche Bedingungen dem nicht entgegenstehen. Als eine solche entgegenstehende gesetzliche Bestimmung qualifiziert *Zieschang* auch den Tatbestand des § 331 StGB.[367]

Auch wenn im Rahmen der gesamten Diskussion die Forschungsfreiheit des **Art. 5 Abs. 3 S. 1 GG** eher ein Schattendasein führt, wird sie zuweilen im Zusammenhang mit einer Rechtfertigungsargumentation bemüht. Nur ganz wenige Beiträge setzen sich – allerdings ohne eingehende Prüfung – mit der Frage auseinander, welche Bedeutung diesem Grundrechtrecht für die Drittmitteleinwerbung zukommt.

Dauster zufolge ergibt sich die Zulässigkeit von Leistungstransfers zum Zwecke der Förderung von Forschung und Lehre unmittelbar aus Art. 5 Abs. 3 GG, ohne dass die hochschulrechtlichen Vorschriften hierneben oder darüber hinaus eine eigenständige Bedeutung hätten: „*Die entsprechenden Mitteltransfers von den Privaten zu den Forschungsträgern sind – von der Verfassung gewollt – generell erlaubt. Ein Verbot mit Genehmigungsvorbehalt gibt es nicht.*“[368] Nicht deutlich wird hierbei jedoch, ob der Autor damit aus dem Grundrecht der Wissenschaftsfreiheit einen Rechtfertigungsgrund ableitet.[369]

Bernsmann lehnt eine Rechtfertigung über Art. 5 Abs. 3 GG ab und kritisiert hieran, dass diese entweder zu einem Sonderrecht für forschende Amtsträger oder zu einem aus Grundrechten herleitbaren allgemeinen Rechtfertigungsgrund führen würde.[370] Er differenziert vielmehr zwischen dem Einwerben von Drittmitteln, die ausschließlich der Finanzierung von Forschung dienen würden, und einem Einwerben von Drittmitteln, das mit über die eigentliche Forschung hinausgehende Diensthandlungen oder gar pflichtwidrigen Beschaffungsentscheidungen verbunden sei; Letzteres soll seiner Auffassung nach nicht über die Forschungsfreiheit aus dem Tatbestand der Korruptionsdelikte ausgeklammert oder gerechtfertigt werden können.[371]

(9) Auch wenn die Befürchtungen vor einer strafrechtlichen Verfolgung drittmitteleinwerbender Ärzte unterschiedlich groß sind und immer wieder darauf hingewiesen wird, dass Fälle bloßen Verwaltungsunrecht im Einzelfall mit Hilfe der **§§ 153 ff. StPO** entkriminalisiert werden könnten,[372] lässt sich das Schrifttum doch eine Kritik an derzeitigen Rechtslage entnehmen. Diese wird ganz überwiegend als unsicher und damit unbefriedigend angesehen.[373]

---

[367] *Frank Zieschang*, Die Auswirkungen des Gesetzes zur Bekämpfung der Korruption auf den Forschungsbereich, WissR 32 (1999), S. 111 (116).
[368] *Manfred Dauster*, Private Spenden zur Förderung von Forschung und Lehre: Teleologische Entschärfung des strafrechtlichen Vorteilsbegriffs nach § 331 StGB und Rechtfertigungsfragen, NStZ 1999, S. 63 (68).
[369] So sieht dies: *Klaus Bernsmann*, Die Korruptionsdelikte (§§ 331 ff. StGB) – Eine Zwischenbilanz, StV 2003, S. 521 (521).
[370] *Klaus Bernsmann*, Die Korruptionsdelikte (§§ 331 ff. StGB) – Eine Zwischenbilanz, StV 2003, S. 521 (521).
[371] *Klaus Bernsmann*, Anti-Korruptionsregeln – Problemdarstellung an Hand von Fallbeispielen, WissR Bd. 35 (2002), S. 1 (14).
[372] *Torsten Verrel*, Überkriminalisierung oder Übertreibung? Die neue Furcht vor der Korruptionsstrafbarkeit in der Medizin, MedR 2003, S. 319 (325).
[373] S. statt vieler: *Rainer Erlinger*, Drittmittelforschung unter Korruptionsverdacht?, Der aktuelle Stand der Rechtsprechung – Gibt es schon Rechtsprechung zur „neuen“ Rechtslage, MedR 2002, S. 60 (62); *Klaus Bernsmann*, Anti-Korruptionsregeln – Problemdarstellung an Hand von Fallbeispielen,

C. Strafrechtliche Beurteilung von Beispielsfällen vor dem Hintergrund der geltenden Rechtsprechung

Im Folgenden soll anhand der aufgezeigten Rechtsprechung die Strafbarkeit de lege lata eines forschenden Arztes mittels fiktiver Beispielsfälle nachgegangen werden. Dabei soll zur Vereinfachung von folgenden Prämissen ausgegangen werden.

(1) Amtsträger. Die Aufgaben der Forschung, Lehre und Krankenversorgung in Universitätskliniken sind gemäß § 2 Abs. 1 HRG sowie den entsprechenden landeshochschulrechtlichen Vorschriften öffentlichen Aufgaben, so dass es nicht darauf ankommt, ob das Mitglied an der Hochschule als Beamter oder Angestellter, an einer als Landesbetrieb oder einer im Zuge der Reformbestrebungen rechtlich, organisatorisch oder haushaltswirtschaftlich verselbständigten Universitätsklinik tätig ist.[374]

(2) Dienstausübung. Zu beachten ist, dass es sich stets um einen Vorteil handeln muss, der als Gegenleistung für eine bereits vollzogene oder zukünftige Diensthandlung fungiert. Hiervon streng **abzugrenzen** sind Gegenleistungen, die für **Nebentätigkeiten** erfolgen. Dienstaufgabe der Professoren der Medizin an Universitäten ist es, ihr Fach in Forschung – entweder im Labor oder am Patienten und mit Medikamenten –, Lehre und Krankenversorgung zu vertreten.[375] Erfolgt Forschung mit Mitteln der Universität, handelt es sich um eine Dienstaufgabe; wird sie mit Mitteln Dritter durchgeführt, kann sie entweder Dienstaufgabe oder Nebentätigkeit sein.[376] Hauptamt und Nebentätigkeit schließen sich gegenseitig aus.[377]

Nicht zu folgen ist der Ansicht, nach der eine Nebentätigkeit immer dann vorliegt, wenn nach Abzug der Kosten für die Inanspruchnahme von Personal, Sachmitteln und Einrichtungen ein Gewinn bleibt, während der Drittmittelforscher für seine Tätigkeit über einen Aufwendungsersatz hinaus keine besondere Vergütung erhält.[378] Zumindest für § 331 StGB kann diese Unterscheidung nicht von Bedeutung sein, da andernfalls gerade in den Fällen, in denen der Drittmittelforscher mehr als nur einen bloßen Aufwendungsersatz erhält, eine nicht unter den Tatbestand des § 331 StGB fallende Nebentätigkeit ausüben würde. Die Strafbarkeit würde andernfalls davon abhängen, wie viel Geld fließt, d.h. mit anderen Worten: Der Drittmittelgeber müsste lediglich mehr zahlen, um den Amtsträger straffrei zu stellen.

Zu den (genehmigungsfreien) Nebentätigkeiten zählen insbesondere die wissenschaftliche Tätigkeit, die nicht Forschungstätigkeit im Hauptamt ist,[379] sowie die mit

---

WissR Bd. 35 (2002), S. 1 (20); s. auch *Cay Fürsen/Juana Schmidt*, „Drittmitteleinwerbung – strafbare Dienstpflicht?" Ein Symposium ruft den Gesetzgeber zum Handeln auf, JR 2004, S. 57 (60); *Hans Grosse-Wilde*, Zuwendung und Korruptionsproblematik aus Sicht des Dekans einer Medizinischen Fakultät, in: Festschrift für Dieter Leuze zum 70. Geburtstag, Berlin 2003, S. 625 (629).

374 *Jens Göben*, Auswirkungen des Gesetzes zur Bekämpfung der Korruption auf die Forschungstätigkeit von Hochschulangehörigen, MedR 1999, S. 345 (346).

375 *Hans-Dieter Lippert*, Klinische Prüfung von Arzneimitteln durch Professoren: Dienstaufgabe oder Nebentätigkeit, NJW 1992, S. 2338 (2338).

376 *Hans-Dieter Lippert*, Klinische Prüfung von Arzneimitteln durch Professoren: Dienstaufgabe oder Nebentätigkeit, NJW 1992, S. 2338 (2339).

377 *Jens Göben*, Auswirkungen des Gesetzes zur Bekämpfung der Korruption auf die Forschungstätigkeit von Hochschulangehörigen, MedR 1999, S. 345 (347).

378 *Andreas Reich*, Hochschulrahmengesetz, § 25 Rn. 1.

379 *Willi Blümel/Dieter Scheven* in: Christian Flämig (Hrsg.), Handbuch des Wissenschaftsrechts, Band 1, § 40 (Drittmittelverwaltung), S. 443 (468).

Lehr- oder Forschungsaufgaben zusammenhängende selbständige Gutachtertätigkeit von Lehrern an öffentlichen Hochschulen und Beamten an wissenschaftlichen Instituten und Anstalten. Erfolgt eine Zuwendung an einen Amtsträger zwar als Gegenleistung für eine wissenschaftliche Tätigkeit wie etwa die Erstellung eines Gutachtens, so handelt es sich hierbei um eine Nebentätigkeit und nicht um ein dienstliches Handeln.[380] Eine Strafbarkeit nach § 331 StGB kommt dann nicht in Betracht.

Anders verhält es sich jedoch mit Zuwendungen im Zusammenhang mit der Beschaffung von Produkten. Hierbei kommt es nicht darauf an, ob die Zuwendung zum Einsatz in der Krankenversorgung oder für Zwecke der Forschung erfolgt. Denn sowohl die Krankenversorgung (an einem der öffentlichen Hand zurechenbaren Krankenhaus) als auch die Durchführung von Forschung stellen eine Dienstausübung dar.[381] Insbesondere für die Forschung ergibt sich dies aus § 25 Abs. 1 S. 1 HRG. Forschung mit Mitteln Dritter ist dann als dienstliche Aufgabe zu werten, wenn das Forschungsvorhaben selbst im Rahmen der dienstlichen Aufgaben liegt.[382] Bei den folgenden Beispielsfällen soll gerade dies jeweils der Fall sein.

(3) Unerheblich ist stets, ob das Geld auf ein Forschungssonderkonto, an einen Förderverein oder auf ein sog. Drittmittelkonto eingezahlt wird. Häufig hat der Arzt, der Mitglied eines solchen Vereins ist, schon dann einen Vorteil von der gewährten Zuwendung, wenn die Organisation so klein ist, dass sich der Vorteil auch auf den Amtsträger als ihr Mitglied auswirkt. Vielfach sind aber auch die Ärzte im Vorstand eines solchen Fördervereins zu finden, so dass ihnen die notwendige Verfügungsbefugnis gleichfalls zusteht.

Gleiches gilt für universitäre Drittmittelkonten, sofern der Arzt sie selbst verwaltet. Andenfalls, d.h. wenn die Universität im Wege des sog. Haushaltsverfahrens oder der Verein – ohne Einflussmöglichkeit des Arztes – über die Drittmittel verfügt, handelt es sich um einen Drittvorteil, der nach der seit 1997 geltenden Rechtslage ausreicht.[383]

(4) In allen Fällen soll schließlich davon ausgegangen werden, dass ein „Drittmittelverfahren" nach den entsprechenden Vorschriften **nicht** durchgeführt worden ist.

Gruppe 1
(Keinerlei Gegenleistung; keinerlei Einflussnahme auf die Forschung)

Allen Fällen der ersten Gruppe ist gemeinsam, dass der forschende Arzt zwar Drittmittel von der Industrie für seine Forschung bekommt, hierfür aber keinerlei Gegenleistung von ihm erwartet wird.

Die drei Fälle unterscheiden sich lediglich im Hinblick auf die Modalitäten des Geldflusses.

---

380 *Lothar Kuhlen*, Untreue, Vorteilsannahme und Bestechlichkeit bei Einwerbung universitärer Drittmittel – Zugleich eine Anmerkung zu den Urteilen des BGH vom 23.5.2002 und vom 23.10.2003, JR 2003, S. 231 (234).

381 *Brigitte Tag*, Drittmitteleinwerbung – strafbare Dienstpflicht? Überlegungen zur Novellierung des Straftatbestandes der Vorteilsannahme, JR 2004, S. 50 (51).

382 *Willi Blümel/Dieter Scheven* in: Christian Flämig (Hrsg.), Handbuch des Wissenschaftsrechts, Band 1, § 40 (Drittmittelverwaltung), S. 443 (457).

383 *Petra Alexa Haeser*, Erfahrungen mit der neuen Rechtslage im Korruptionsstrafrecht und Drittmittelrecht - aus Sicht des Staatsanwalts, MedR 2002, S. 55 (57).

Fall 1 (Vergabe auf Forschungssonderkonto):

Arzt forscht zu Thema A und arbeitet im Bereich B. Er bekommt auf ein dafür gesondert eingerichtetes Forschungskonto Geld für die Forschung zu A, muss aber keinerlei Gegenleistung erbringen.

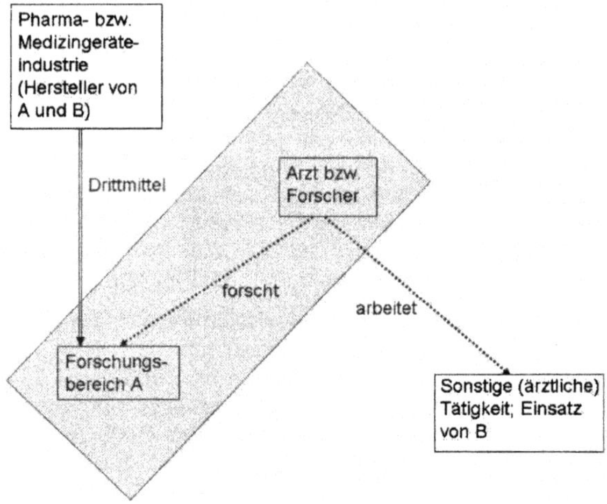

Fall 2 (Eigenkonto):

Wie Fall 1 mit Ausnahme, dass das Geld an den Arzt ausgezahlt wird, ohne dass es eine Vermengung mit Privatvermögen stattfindet (Dienstkonto), welches er dann (nach eigener Entscheidung) auf sein Forschungskonto überweist bzw. direkt für die Forschung benutzt. Auch hier besteht kein Zusammenhang zwischen Forschung und sonstiger Tätigkeit, sondern vielmehr eine klare Zuordnung des Geldes zur Forschung zu B. Wie in Fall 1 erbringt er keine Gegenleistung.

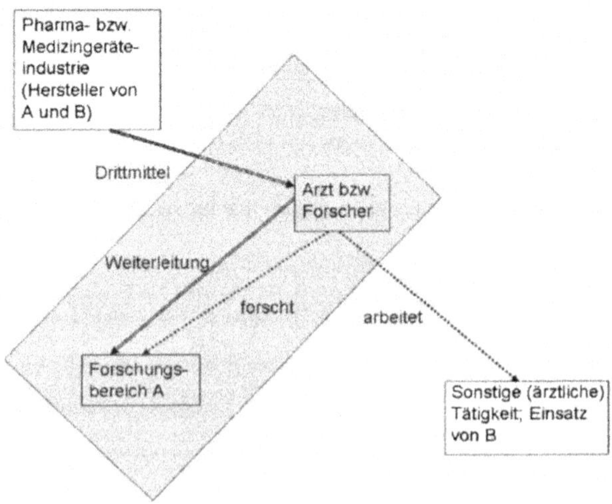

Fall 3 (Durchgangskonto):

Wie Fälle 1 und 2 mit der Maßgabe, dass das Geld auf das Konto eines Dritten überwiesen wird (Durchgangskonto eines Dritten z.B. eines gemeinnützigen Vereins oder der Universität) und anschließend auf Anweisung des Forschers der Forschung zugeordnet wird.

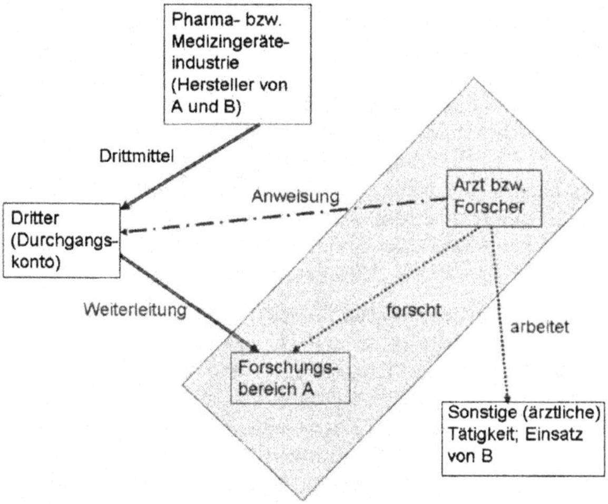

Strafrechtliche Würdigung der Gruppe 1 (Fälle 1 bis 3):

Nach der geltenden Fassung hat sich der Forscher in dieser Fallgruppe, bei denen die Zuwendung jeweils einer Spende gleicht, gemäß § 331 Abs. 1 StGB strafbar gemacht.

Ein **Vorteil** i.S.e. Leistung, auf die der Amtsträger keinen Rechtsanspruch hat und die seine wirtschaftliche, rechtliche oder auch nur persönliche Lage oder die Lage eines Dritten objektiv verbessert, ist hier gegeben. Zwar soll nach herrschender Ansicht dann kein Vorteil gegeben sein, wenn der Amtsträger die Zuwendung nur als Mittel zur Ausführung der Diensthandlung erhält.[384]

Die Tragweite dieser einen Entscheidung des OLG Zweibrücken ist jedoch nicht geklärt. Zudem ist zu beachten, dass diese Entscheidung noch zur alten Rechtslage und damit noch zu einem Zeitpunkt ergangen ist, als Drittvorteile nicht in den Tatbestand des § 331 StGB einbezogen waren. Selbst unter der Prämisse, dass die Zuwendung für den Forscher nur ein Mittel zur Dienstausübung darstellt, hat hier die Universität als Anstellungskörperschaft des Forschers einen Vorteil erhalten, da ihre Lage wirtschaftlich verbessert wurde. Auch wenn das Ergebnis nicht befriedigen

---

384 OLG Zweibrücken, Beschluss vom 15.12.1981, Az.: 1 Ss 3/81, JR 1982, 381 (382); *Frank Zieschang*, Die Auswirkungen des Gesetzes zur Bekämpfung der Korruption auf den Forschungsbereich, WissR 32 (1999), S. 111 (118). Auch *Lüderssen* verneint in diesen Fällen einen Vorteil; seiner Ansicht nach muss unabhängig davon ein unkompensierter Vorteil vorliegen (*Klaus Lüderssen,* Antikorruptionsgesetz und Drittmittelforschung, JZ 1997, S. 112 [114]).

mag, kann ein Vorteil i.S.d. § 331 StGB nach jetziger Rechtslage nicht verneint werden.

Die erforderliche **Diensthandlung** ist ebenfalls gegeben. Zwar erfüllt der Forscher keine Diensthandlung direkt für den Drittmittelgeber; dies ist aber nach § 331 StGB auch gerade nicht erforderlich. Die Diensthandlung kann vielmehr in der Forschung des Arztes selbst gesehen werden.

Ebenfalls gegeben ist schließlich die **Unrechtsvereinbarung** als die Verknüpfung zwischen Diensthandlung und Zuwendung. Diese Verknüpfung liegt vor, da die Forschung erst aufgrund der Zuwendung möglich ist. Ausreichend ist nach geltender Rechtslage nämlich, wenn die Zuwendung in dem Bewusstsein vorgenommen wird, dass der Amtsträger hierfür irgendeine dienstliche Tätigkeit vorgenommen hat oder vornehmen werde.[385] Der Gesetzgeber wollte mit der Änderung des § 331 StGB im Jahre 1997 auch gerade die Fälle der bloßen Klimapflege, d.h. die Fälle, in denen der Vorteil nur dazu dienen soll, das allgemeine Wohlwollen und die Geneigtheit des Amtsträgers zu sichern, sowie das „Anfüttern" eines Bediensteten erfassen, das fast immer am Beginn einer korruptiven Verbindung stehe.[386]

Diese Voraussetzungen erfüllen die Zuwendungen in der Gruppe 1. Nicht gefolgt werden kann vor diesem Hintergrund der bisweilen in der Literatur vertretenen Ansicht, wonach eine Unrechtsvereinbarung dann nicht vorliegt, wenn der Vorteil für die Forschung gewährt werde, ohne dass hiermit andere Erwartungen verbunden seien.[387, 388] Auch einer der führenden Kommentare sieht die Unrechtsvereinbarung in Fälle solcher Spenden als gegeben an: Indem – zu Recht – darauf verwiesen wird, dass solche Spenden *„regelmäßig nicht sozialadäquat sind"*[389], wird – gleichsam als Zwischenschritt – die Unrechtsvereinbarung bejaht.

Damit ist das Verhalten in dieser ersten Gruppe im Ergebnis nach derzeitiger einfachgesetzlicher Rechtslage strafbar. Meines Erachtens ist es indes nicht strafwürdig, wie noch im Einzelnen darzustellen sein wird.

Gruppe 2
(Auftragsforschung bzw. Mitteilung der Ergebnisse)

Den Fällen der zweiten Gruppe ist gemeinsam, dass die Förderung hier an bestimmte Bedingungen geknüpft wird, indem das zuwendende Industrieunternehmen entweder das Forschungsthema bestimmt oder eine Mitteilung der Forschungsergebnisse verlangt.

---

[385] *Herbert Tröndle/Thomas Fischer*, Strafgesetzbuch, § 331 Rn. 23.

[386] Entwurf eines Gesetzes zur Änderung des Strafgesetzbuches, des Gesetzes gegen den unlauteren Wettbewerb, der Strafprozeßordnung und anderer Gesetze – Korruptionsbekämpfungsgesetz -, BT-Drs. 13/3353, S. 11.

[387] *Lothar Kuhlen*, Untreue, Vorteilsannahme und Bestechlichkeit bei Einwerbung universitärer Drittmittel – Zugleich eine Anmerkung zu den Urteilen des BGH vom 23.5.2002 und vom 23.10.2003, JR 2003, S. 231 (234); *Steffen Walter*, Medizinische Forschung mit Drittmitteln – lebenswichtig oder kriminell? Zur Neufassung des § 331 StGB, ZRP 1999, S. 292 (296); *Frank Zieschang*, Die Auswirkungen des Gesetzes zur Bekämpfung der Korruption auf den Forschungsbereich, WissR 32 (1999), S. 111 (120).

[388] Diese Auffassung scheitert an den Grenzen, die der Auslegung eines Straftatbestandes gesetzt sind (dazu an späterer Stelle mehr).

[389] *Herbert Tröndle/Thomas Fischer*, Strafgesetzbuch, § 331 Rn. 27.

Fall 4:

Wie Grundfall 1 (Forschungssonderkonto) allerdings mit der Maßgabe, dass der Pharma- oder Medizinproduktehersteller insoweit Feedback erwatet, dass er a.) die Mittelvergabe an die Mitteilung der Forschungsergebnisse knüpft und/oder b.) die Mittelvergabe an die Festlegung des Forschungsthemas knüpft.

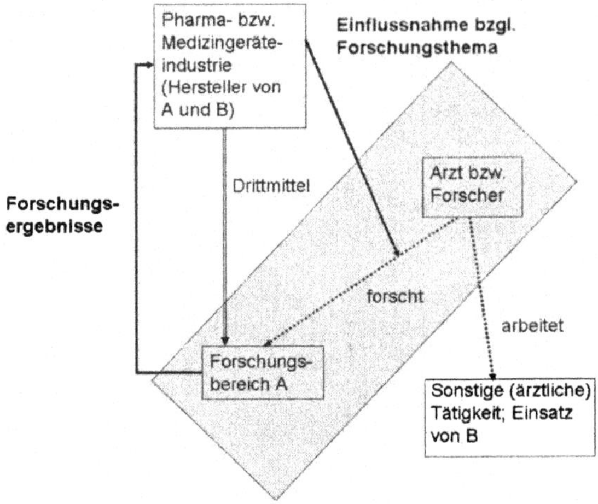

Fall 5:

Wie Fall 2 (Dienstkonto) mit derselben Maßgabe wie bei Fall 4. (Die Mittelvergabe ist a.) abhängig von Mitteilung der Forschungsergebnissen und/oder b.) der Festlegung des Forschungsthemas).

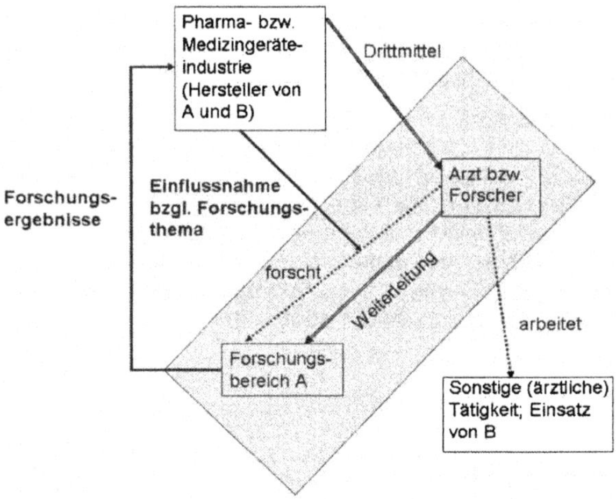

Fall 6:

Wie Fall 3 (Durchgangskonto) mit derselben Maßgabe wie bei den Fällen 4 und 5. Die Mittelvergabe ist a.) abhängig von Mitteilung der Forschungsergebnissen und/oder b.) der Festlegung des Forschungsthemas).

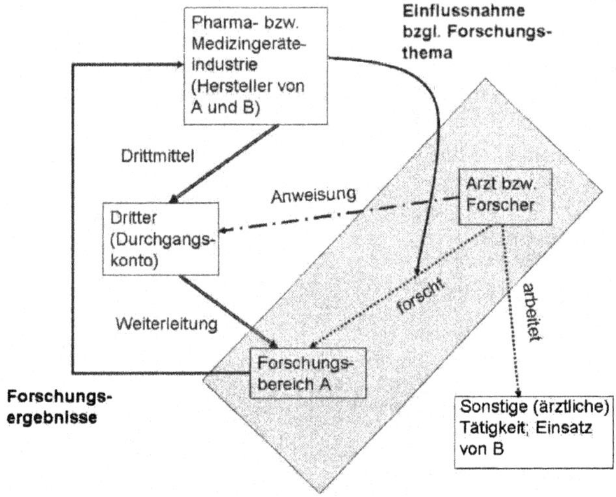

Strafrechtliche Würdigung der Gruppe 2 (Fälle 4 bis 6):

Auch in dieser Gruppe macht sich der Forscher gemäß § 331 Abs. 1 StGB strafbar. Die zu der 1. Gruppe gemachten Ausführungen haben auch für diese Gruppe Geltung.

Insbesondere wird nach der Rechtsprechung des Bundesgerichtshofs der Vorteil in den Fällen dieser Gruppe nicht dadurch ausgeschlossen, dass der Forscher mit dem Pharmaunternehmen oder dem Medizinproduktehersteller einen Vertrag abgeschlossen hat, da der Vorteil bereits im Abschluss eines Vertrages liegt, auf den der Amtsträger keinen Kontrahierungsanspruch hat.[390]

Hinzu kommt in den Fällen 4 bis 6 aber neben der Forschung als tatbestandsmäßige Diensthandlung eine zusätzliche Diensthandlung, nämlich die Verpflichtung zur Forschung durch die Festlegung des Forschungsbereichs und der Forschungsmodalitäten bzw. die Verpflichtung zur Mitteilung der Forschungsergebnisse. Damit besteht unzweifelhaft eine weitere Unrechtsvereinbarung zwischen den vorgenannten weiteren Diensthandlungen und dem Drittmittelfluss. Diese wäre sogar schon nach alter Rechtslage gegeben gewesen, da der Vorteil als Gegenleistung für die Vornahme der Diensthandlung angesehen werden kann.

390 BGH, Urteil vom 19.02.1963, Az.: 1 StR 349/62, BGHSt 18, S. 263 (267); BGH, Urteil vom 10.03.1983, Az.: 4 StR 375/82, BGHSt 31, S. 264 (279 f.).

Gruppe 3
(Forscher ist auch für die Beschaffung und damit für die Mittelausgaben zuständig)

In strafrechtlicher Hinsicht weiter problematisch sind die folgenden Fälle, da hier eine Beschaffungsentscheidung des forschenden Arztes ins Spiel kommt.

Fall 7:

Wie Fall 1 (Mittelvergabe erfolgt auf ein Sonderforschungskonto).

Der Forscher ist in diesem Fall aber für den Einkauf in seiner Abteilung zuständig. Er kauft beim Drittmittelgeber Produkt B (Medizingeräte bzw. Pharmapräparate), welches er nicht im Rahmen seiner Forschung untersucht oder einsetzt.

Die Produkte werden zu üblichen Marktkonditionen gekauft. Sowohl der Preis als auch die Qualität entsprechen dem Marktstandard; die Produkte sind also weder überteuert noch schlechter als entsprechende Produkte anderer Firmen. Für den Einkauf der Produkte erhält der Forscher keinerlei Gegenleistung; insbesondere ist weder das Ob noch der Umfang der Drittmittelvergabe an den Einkauf geknüpft.

Der Drittmittelgeber hofft lediglich auf eine Art faktischer Selbstbindung des Forschers durch die Drittmittelvergabe.

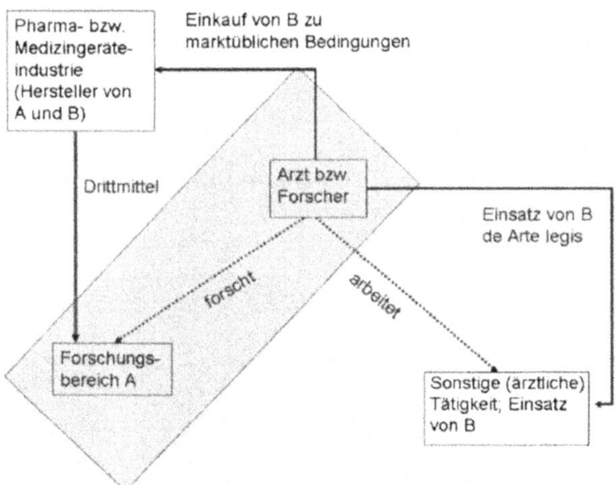

Fall 8:

Wie Fall 7 mit der Maßgabe, dass hier wie bei den Fällen 2 und 5 die Mittel über ein Dienstkonto des Forschers fließen.

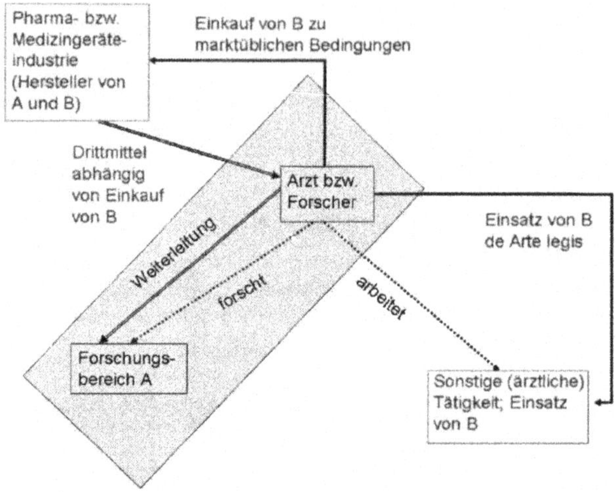

Fall 9:

Wie Fall 7 mit der Maßgabe, dass hier wie bei den Fällen 3 und 6 die Mittel über das Konto eines Dritten fließen und auf Anweisung des Forschers in die Forschung eingesetzt werden.

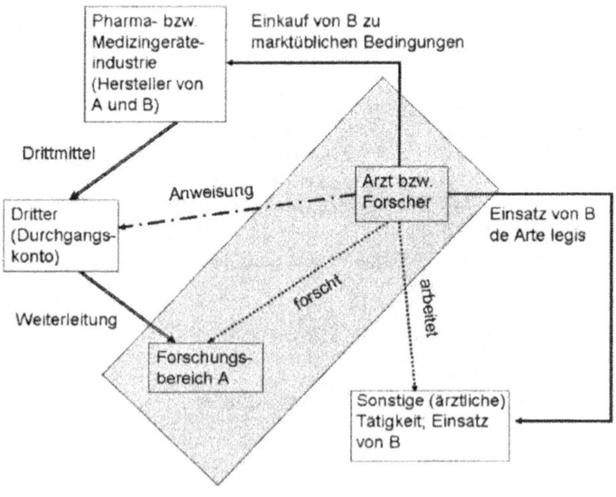

Strafrechtliche Würdigung der Gruppe 3 (Fälle 7 bis 9):

Ebenso wie das Verhalten des Forschers in der Fallgruppe 1 strafbar ist, unterfällt sein Handeln auch in dieser Fallgruppe dem § 331 Abs. 1 StGB.

Die Unrechtsvereinbarung besteht hier zum einen wie bei Gruppe 1 in der Zuwendung von Drittmitteln für die Diensthandlung „Forschung". Zum anderen ergibt sie sich aber auch aus der Zuwendung, mit der das Unternehmen auf eine faktische Selbstbindung des Forschers bei der Bestellung hofft. Dies hat das OLG Köln beispielsweise deutlich unterstrichen: *„Es entspricht schon der Lebenserfahrung, dass sich die Lieferfirmen von derartigen Zuwendungen, Bonusleistungen, Gutschriften etc. einen Vorteil im Zusammenhang mit der Erteilung von Aufträgen versprachen.“*[391]

Nicht von Relevanz ist dabei, dass es sich um zwei verschiedene Arten der Dienstausübung handelt: Die Dienstausübung, „für" die die Gegenleistung erfolgt, liegt in der Bestellentscheidung oder in deren Beeinflussung durch den Arzt; durch die Zuwendung der Mittel wird eine weitere Dienstausübung, nämlich die Forschung, ermöglicht.[392] Hierdurch kommt jedoch lediglich ein zusätzliches Merkmal hinzu, das das schon bestehende Äquivalenzverhältnis, d.h. die Unrechtsvereinbarung, nicht entfallen lässt.[393]

Gruppe 4
(Forscher ist für die Beschaffung und damit für die Mittelausgaben zuständig; Drittmittel abhängig von Bestellung von B)

Im Unterschied zu den Fällen der dritten Gruppe hofft das fördernde Industrieunternehmen hier nicht nur auf eine faktische Selbstbindung des Forschers, sondern macht die Höhe der Drittmittel abhängig von der Bestellung von Produkten, für die der Forscher zuständig ist.

[391] OLG Köln, Beschluss vom 21.09.2001, Az.: 2 Ws 170/01, MedR 2002, S. 413 (416).
[392] *Urs Kindhäuser/Barbara Goy*, Zur Strafbarkeit ungenehmigter Drittmitteleinwerbung – Zugleich eine Besprechung von BGH - 1 StR 372/01 und BGH - 1 StR 541/01 –, NStZ 2003, S. 291 (293).
[393] *Urs Kindhäuser/Barbara Goy*, Zur Strafbarkeit ungenehmigter Drittmitteleinwerbung – Zugleich eine Besprechung von BGH - 1 StR 372/01 und BGH - 1 StR 541/01 –, NStZ 2003, S. 291 (294).

Fall 10:

Wie Fall 7, d.h. Mittel fließen auf ein Sonderforschungskonto, mit der Maßgabe, dass das Ob bzw. die Höhe der Drittmittel von der Bestellung für den Einsatzbereich B abhängt.

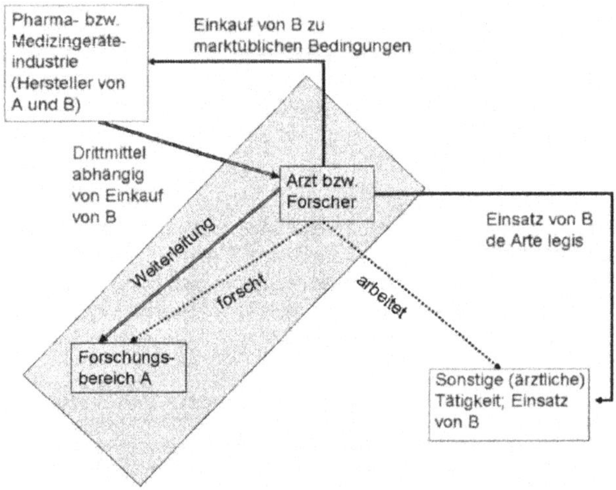

Fall 11:

Wie Fall 8, d.h. Mittel fließen auf das Dienstkonto, mit der Maßgabe, dass das Ob bzw. die Höhe der Drittmittel von der Bestellung für den Einsatzbereich B abhängt.

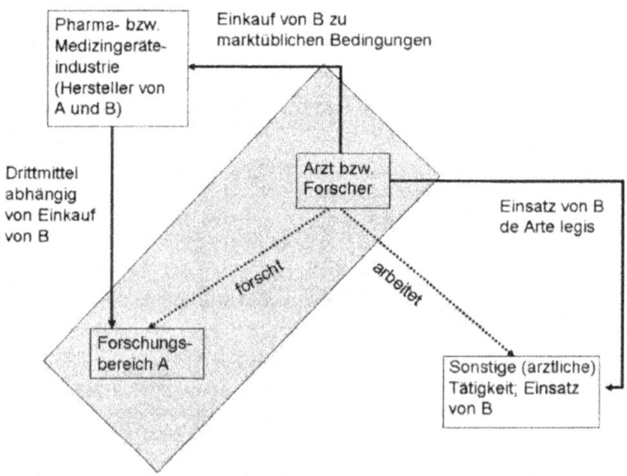

Fall 12:

Wie Fall 9, d.h. Mittel fließen auf ein Konto eines Dritten und werden auf Anweisung des Forschers in der Forschung eingesetzt, mit der Maßgabe, dass das ob bzw. die Höhe der Drittmittel von der Bestellung für den Einsatzbereich B abhängt.

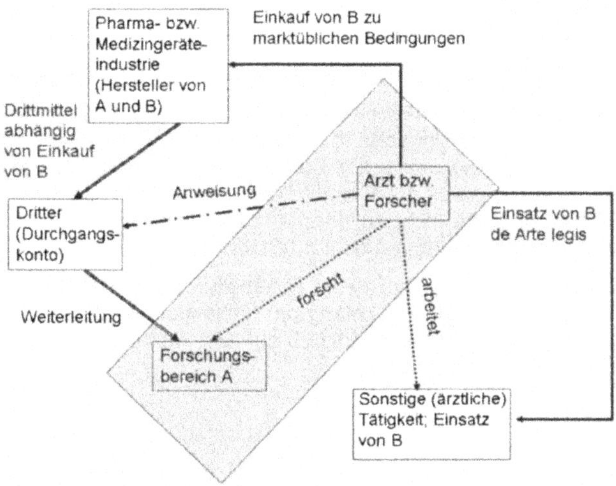

Strafrechtliche Würdigung der Gruppe 4 (Fälle 10 bis 12):

In allen drei Fällen dieser Gruppe hat der Forscher nach der derzeitigen Rechtsprechung den Tatbestand des § 331 Abs. 1 StGB erfüllt. Zu den Dienstaufgaben des Forschers zählt in diesem Fall auch die Beschaffung von medizinischen oder pharmazeutischen Produkten; hierfür erfolgt die Gegenleistung in Form von Mittelzuwendungen. Man kann insoweit von einer „qualifizierten" Unrechtsvereinbarung sprechen.

Auch in dieser Gruppe gilt, dass die Tatsache, dass die Mittel für die Forschung des Arztes zur Verfügung gestellt werden, die bestehende Unrechtsvereinbarung nicht entfallen lässt. Ebenso wenig ist es von Einfluss, dass die Bestellung zu marktüblichen Konditionen erfolgt ist. Letzteres führt nicht dazu, dass die aufgrund der inhaltlichen Verknüpfung von Diensthandlung und Vorteil bestehende Unrechtsvereinbarung verneint werden kann.

Gruppe 5
(Forscher ist für Ausgaben zuständig; Bestellung von B nicht gerechtfertigt)

Im Unterschied zu den Fällen der vierten Gruppe ist die Beschaffung in den Fällen dieser Gruppe nicht gerechtfertigt.

Fall 13:

Wie Fall 7, d.h. die Mittelvergabe erfolgt auf ein Sonderforschungskonto.

Der Forscher ist für den Einkauf in seiner Abteilung zuständig; kauft beim Drittmittelgeber Produkt B (Medizingeräte bzw. Pharmapräparate), welches er nicht im Rahmen seiner Forschung untersucht oder einsetzt. Allerdings ist der Einkauf nicht gerechtfertigt, entweder, weil ein Einsatz der Produkte nicht der Arte Legis möglich ist oder weil die Produkte nicht zu üblichen Marktkonditionen gekauft werden (die Produkte sind entweder überteuert oder qualitativ schlechter).

Die Drittmittelvergabe ist nicht direkt abhängig vom Einkaufsverhalten des Forschers; weder das Ob noch der Umfang der Drittmittelvergabe sind an den Einkauf geknüpft. Der Drittmittelgeber hofft lediglich auf eine Art faktischer Selbstbindung des Forschers durch die Drittmittelvergabe.

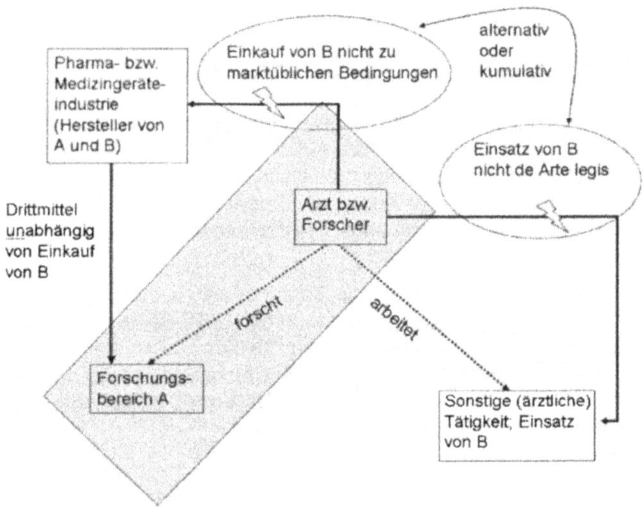

Fall 14:

Wie Fall 13, mit der Maßgabe, dass hier wie bei den Fällen 2 und 5 die Mittel auf ein Dienstkonto des Forschers fließen.

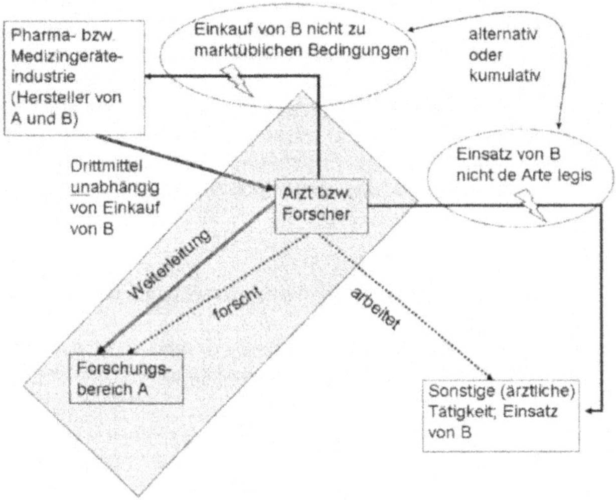

Fall 15:

Wie Fall 13, mit der Maßgabe, dass hier wie bei den Fällen 3 und 6 die Mittel auf das Konto eines Dritten fließen und auf Anweisung des Forschers in die Forschung eingesetzt werden.

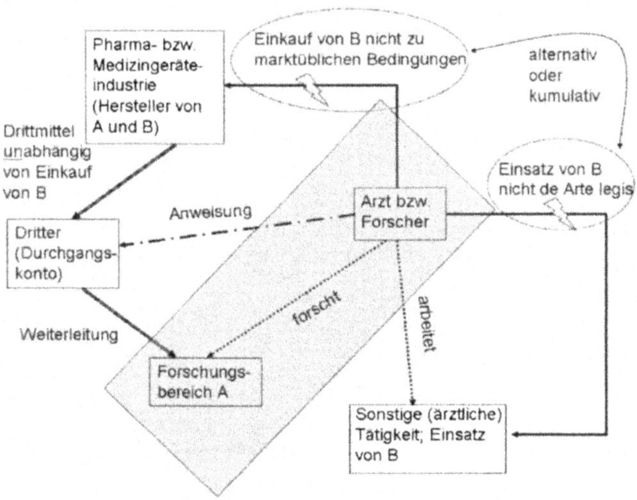

Strafrechtliche Würdigung der Gruppe 5 (Fälle 13 bis 15):

Entsprechend den vorangegangenen Ausführungen ist auch das Verhalten des Forschers in dieser Fallgruppe strafbar. Hier ist allerdings sogar der Qualifikationstatbestand[394] des § 332 Abs. 3 StGB erfüllt, da es sich bei der Bestellung bzw. dem nachgeschalteten Einsatz der gekauften Produkte um eine pflichtwidrige Diensthandlung handelt. Die Pflichtwidrigkeit einer Diensthandlung kann sich aus dem Verstoß gegen ein Gesetz, Verwaltungsvorschriften, allgemeine Dienstanweisungen oder Anweisungen des Vorgesetzten ergeben.[395] Die Rechtsprechung hält eine Rechts- oder Dienstvorschriften zuwiderlaufende Amtshandlung gerade dann für gegeben, wenn die Amtsstellung zur Vornahme einer strafbaren Handlung missbraucht wird.[396] Ein typischer Fall einer pflichtwidrigen Diensthandlung ist gerade die von einem Arzt vorgenommene Bestellung eines suboptimalen Produktes oder die entsprechende Empfehlung.[397]

Gruppe 6
(Bestellung nicht gerechtfertigt, Drittmittelvergabe von Bestellung abhängig)

In dieser Gruppe kommt zusätzlich zu der Tatsache, dass die Beschaffung nicht gerechtfertigt ist, hinzu, dass die Förderung durch das Unternehmen von der Bestellung abhängig ist.

---

[394] *Günter Heine* in: Adolf Schönke/Horst Schröder, Strafgesetzbuch, § 332 Rn. 1.
[395] *Günther Tondorf/Heribert Waider*, Strafrechtliche Aspekte des sog. Herzklappenskandals, MedR 1997, S. 102 (107).
[396] BGH, Urteil vom 28.10.1986, Az.: 5 StR 244/86, NJW 1987, S. 1340 ff.
[397] *Wolfgang Bruns*, Sponsoring im Krankenhaus, ArztR 2003, S. 260 (265).

Fall 16:

Wie Fall 13, d.h. die Mittelvergabe erfolgt auf ein Sonderforschungskonto, mit der Maßgabe, dass das Ob bzw. die Höhe der Drittmittel von der Bestellung für den Einsatzbereich B abhängt.

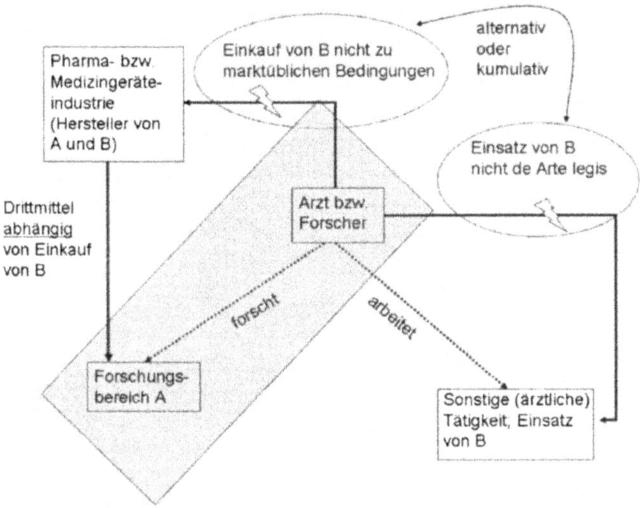

Fall 17:

Wie Fall 14, d.h. Zahlung auf das Dienstkonto des Forschers, mit der Maßgabe, dass das Ob bzw. die Höhe der Drittmittel von der Bestellung von B abhängt.

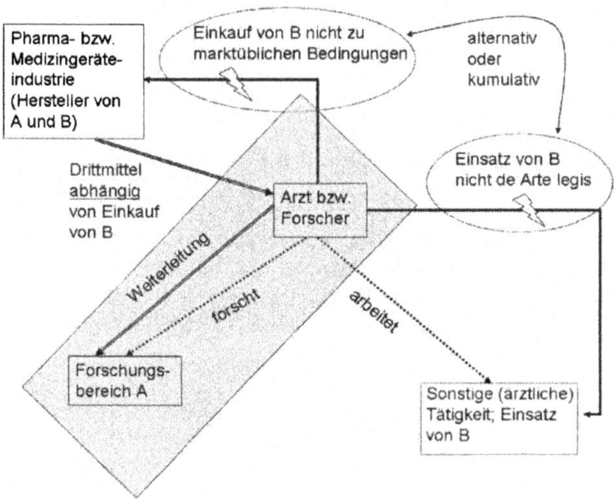

Fall 18:

Wie Fall 15, d.h. Zahlung auf das Konto eines Dritten, mit der Maßgabe, dass das Ob bzw. die Höhe der Drittmittel von der Bestellung von B abhängt.

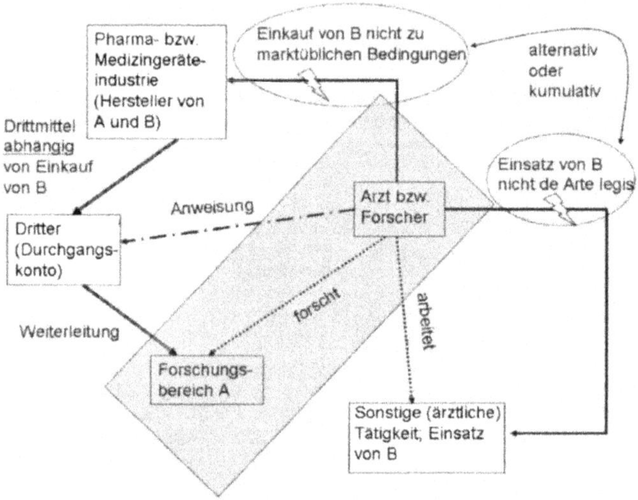

Strafrechtliche Würdigung der Gruppe 6 (Fälle 16 bis 18):

War schon – wie in den Fällen der vierten Gruppe – eine Beschaffung zu marktüblichen Konditionen gegen eine Vorteilsgewährung strafbar, so gilt dies erst recht für eine Beschaffung, die nicht den marktüblichen Konditionen entspricht, bzw. für einen Einsatz der bestellten Produkte, der sich nicht als de lege artis darstellt und durch die Gegenleistung motiviert ist. Die Strafbarkeit nach § 332 Abs. 1 StGB steht hier außer Frage.

Gruppe 7
(Bestellung zum Zwecke der Forschung; Drittmittelvergabe ggf. von Bestellung abhängig)

In dieser – aus verfassungsrechtlicher Sicht besonders interessanten – Fallgruppe werden die eingekauften Produkte schon zu Forschungszwecken, d.h. entweder als Forschungsgegenstand oder als Forschungswerkzeug, eingesetzt. Zusätzlich erhält der Forscher Drittmittel, die ggf. an die Bestellung geknüpft sind.

Fall 19:

Wie Fall 7: Die Mittelvergabe erfolgt auf ein Sonderforschungskonto. Der Forscher ist für Einkauf zuständig; und kauft beim Drittmittelgeber Produkt A (Medizingeräte bzw. Pharmapräparate), welches er entweder als Forschungsgegenstand oder als Forschungswerkzeug braucht. Die Produkte A werden zu üblichen Marktkonditionen gekauft. Das Ob bzw. der Umfang der Drittmittelvergabe sind/sind nicht an den Einkauf geknüpft.

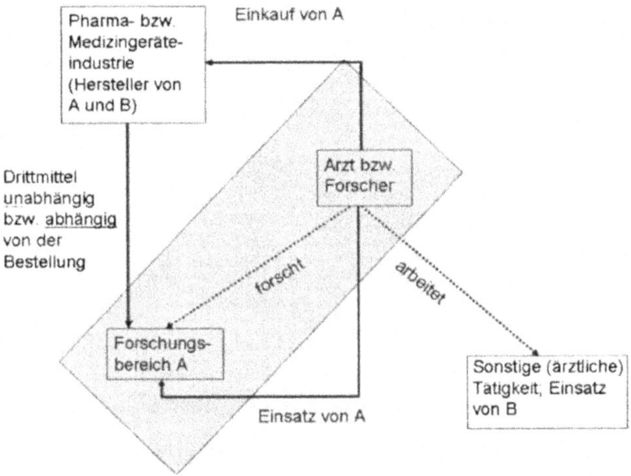

Fall 20:

Wie Fall 19 mit der Maßgabe, dass die Zahlung auf das Dienstkonto des Forschers erfolgt.

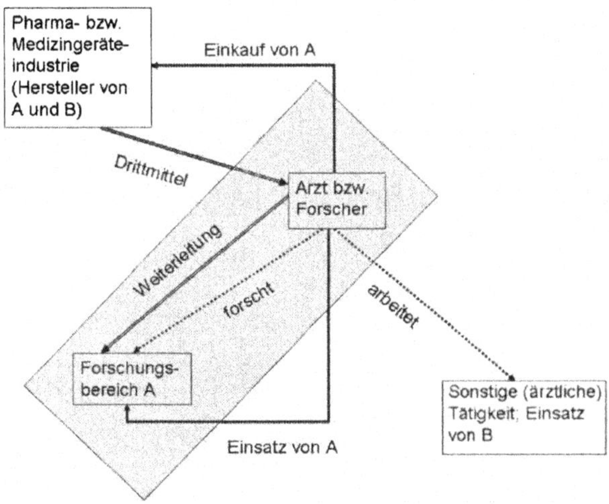

Fall 21:

Wie Fall 19 mit der Maßgabe, dass die Mittel auf das Konto eines Dritten fließen und auf Anweisung des Forschers in die Forschung eingesetzt werden.

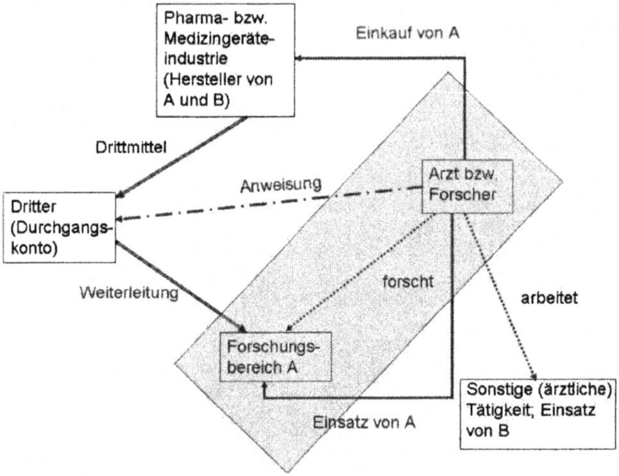

Strafrechtliche Würdigung der Gruppe 7 (Fälle 19 bis 21):

Nach derzeitiger Rechtslage hat sich der Forscher in dieser Fallgruppe gem. § 331 Abs. 1 StGB strafbar gemacht.

Die erforderlichen Diensthandlungen liegen sowohl in der Forschung als auch in dem Einkauf von Produkten. Für die Bejahung der Unrechtsvereinbarung ist es – wie bereits dargestellt – nicht von Relevanz, ob das Pharmaunternehmen oder der Medizinproduktehersteller auf eine Bestellung hoffen oder die Zuwendung unmittelbar an eine solche geknüpft ist.

Gruppe 8
Forscher erhält für die Bestellung Gegenleistungen in seinem Privatvermögen

In dieser Fallgruppe erhält der Forscher als Gegenleistung Zuwendungen in seinem Privatvermögen.

Fall 22:

Wie Fall 7: Der Forscher ist für den Einkauf in seiner Abteilung zuständig. Er kauft beim Drittmittelgeber Produkt B (Medizingeräte bzw. Pharmapräparate), welches er nicht im Rahmen seiner Forschung untersucht oder einsetzt. Die Produkte werden zu (nicht) üblichen Marktkonditionen gekauft. Sowohl der Preis als auch die Qualität entsprechen dem Marktstandard. Für den Einkauf der Produkte erhält der Forscher Gelder in sein Privatvermögen. Die Mittel nutzt der Forscher für seine Forschung.

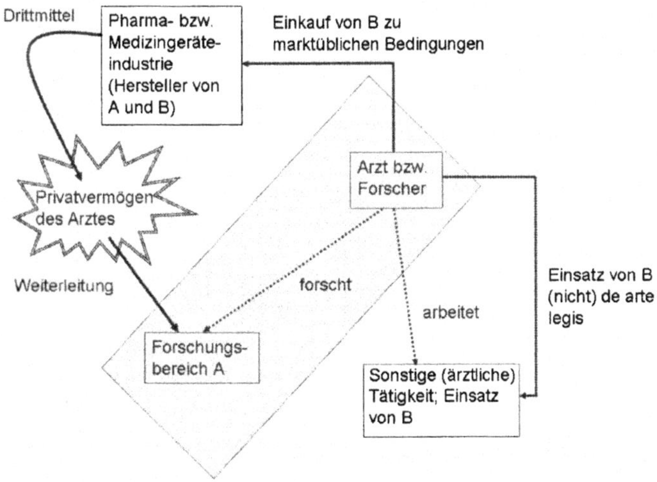

Fall 23:

Wie Fall 22, allerdings mit der Maßgabe, dass der Forscher die Mittel für private Zwecke nutzt (Urlaub/Weihnachtsfeier/Flugreisen/Kongressreisen o.ä.).

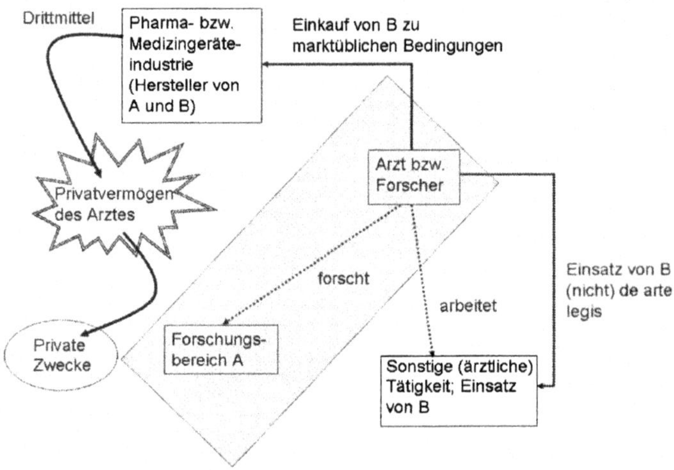

Strafrechtliche Würdigung der Gruppe 8 (Fälle 22 und 23):

Beide Fälle dieser Gruppe unterfallen evident § 331 Abs. 1 StGB. Der Forscher erhält jeweils einen Vorteil, dem er seinen Privatvermögen zuwendet. Die Unrechtsvereinbarung liegt hier in der Verknüpfung von Zuwendung und Bestellung. Dass der Forscher die Mittel in Fall 22 anschließend wieder der Forschung zuführt, ändert an der Strafbarkeit des Handelns nichts.

4. Kapitel: Drittmitteleinwerbung als verfassungsrechtlich geschütztes Rechtsgut oder: Steht § 331 StGB in Einklang mit dem Grundgesetz?

Im Rahmen der Diskussion um die Reichweite der Strafvorschrift des § 331 StGB und die möglicherweise im Wege der Auslegung vorzunehmenden Korrekturen wird die Frage, inwieweit Forscher, die Drittmitteleinwerbung betreiben, grundrechtlich geschützt sind, – wie bereits aufgezeigt – überraschenderweise kaum behandelt. Dabei kann die Problematik, ob der Tatbestand des § 331 StGB in der Rechtsanwendung korrigiert werden kann oder sogar muss, nicht unabhängig von einer Bestimmung des verfassungsrechtlichen Schutzes des Forschers bestimmt werden.

In diesem Kapitel wird daher zu untersuchen sein, ob und in welchem Umfang die Drittmitteleinwerbung grundrechtlich geschützt ist. Sie könnte zum einen von der Wissenschaftsfreiheit des Art. 5 Abs. 3 S. 1 GG umfasst sein. Zum anderen könnte die Berufsfreiheit des Art. 12 Abs. 1 GG solche Tätigkeiten erfassen. Bei beiden Grundrechten ist im Falle der Schutzbereichseröffnung zu prüfen, ob § 331 StGB in diesen Schutzbereich eingreift und ggf., ob dieser Eingriff verfassungsrechtlich gerechtfertigt werden kann.

Verfassungsrechtliche Zweifel wirft die Vorschrift des § 331 StGB zudem unter einem gänzlich anderen Blickwinkel auf: Strafvorschriften sind nämlich verschärften Anforderungen unterworfen, indem Art. 103 Abs. 2 GG bestimmte Voraussetzungen an ihre Formulierung stellt. Dies soll vorab untersucht werden.

A. Vereinbarkeit mit dem Bestimmtheitsgebot, Art. 103 Abs. 2 GG

(1) Einige Autoren hegen Zweifel, ob § 331 StGB den Anforderungen, die das Bestimmtheitsgebot an strafrechtliche Normen stellt, genügt.[398] Damit wird auf **Art. 103 Abs. 2 GG** abgestellt, nachdem eine Tat nur bestraft werden kann, wenn die Strafbarkeit gesetzlich bestimmt war, bevor die Tat begangen wurde.

Art. 103 Abs. 2 GG zählt nicht zu den Grundrechten, sondern ist vielmehr ein grundrechtsgleiches Recht,[399] dessen Verletzung jedoch wie bei den Grundrechen mit der Verfassungsbeschwerde geltend gemacht werden kann (Art. 93 Abs. 1 Nr. 4a GG). Teilweise wird Art. 103 Abs. 2 GG auch als „Prozessgrundrecht" bezeichnet.[400] Damit wird allerdings der Wesensgehalt dieses grundrechtsgleichen Rechts nicht vollständig erfasst, da diese Bestimmung materielle Bindungen der Strafgewalt beinhaltet.[401]

Die Vorschrift, die für „jedermann" ohne Rücksicht auf die Staatsbürgerschaft gilt,[402] konkretisiert das Rechtsstaatsprinzip für den Bereich der staatlichen Strafgewalt und umfasst im Einzelnen insbesondere das Prinzip der Gesetzesbestimmtheit

---

[398] Kurz wird diese Frage aufgeworfen bei: *Michael Hettinger*, Das Strafrecht als Büttel? – Fragmentarische Bemerkungen zum Entwurf eines Korruptionsbekämpfungsgesetzes des Bundesrats vom 3.11.1995, NJW 1996, S. 2263 (2369).

[399] *Bodo Pieroth* in: Hans D. Jarass/Bodo Pieroth, Grundgesetz für die Bundesrepublik Deutschland, Art. 103 Rn. 54.

[400] Eberhard Schmidt-Aßmann in: Theodor Maunz/Günter Dürig (Hrsg.), Grundgesetz, Art. 103 Rn. 191.

[401] *Christoph Degenhart* in: Michael Sachs (Hrsg.), Grundgesetz, Art. 103 Rn. 51.

[402] *Christoph Degenhart* in: Michael Sachs (Hrsg.), Grundgesetz, Art. 103 Rn. 51.

der Strafe, das sich wiederum in die Teilelemente des Vorbehalts des Gesetzes, des Analogieverbots sowie des Bestimmtheitsgebots aufgliedern lässt.[403] Es erschöpft sich damit nicht in dem Erfordernis, dass zur Tatzeit überhaupt eine gesetzliche Strafbestimmung für die Tat vorhanden ist.[404]

(2) Gemäß Art. 103 Abs. 2 GG müssen die Voraussetzungen der Strafbarkeit und die Art der Strafe für den Bürger **aufgrund eines Gesetzes** erkennbar sein.[405] Mit Gesetz i.S.v. Art. 103 Abs. 2 GG ist ein (formelles) Parlamentsgesetz gemeint.[406] Mit diesem Parlamentsvorbehalt werden sowohl subjektiv-rechtliche als auch objektivrechtliche Ziele verfolgt: Zum einen soll der Normadressat erkennen können, welches Handeln mit Strafe bedroht ist, zum anderen wird hiermit sichergestellt, dass die Entscheidung über die Strafbarkeit eines bestimmten Verhaltens in den Händen des Gesetzgebers liegt.[407] Diesen Anforderungen wird § 331 StGB als formelles Gesetz ohne Zweifel gerecht.

(3) In Frage gestellt wird vielmehr, ob die Norm dem **Bestimmtheitsgrundsatz** entspricht. Dieser verpflichtet den Gesetzgeber, die **Voraussetzungen der Strafbarkeit** so zu umschreiben, dass Tragweite und Anwendungsbereich der Straftatbestände für den Normadressaten schon aus dem Gesetz selbst zu erkennen sind und sich durch Auslegung ermitteln und konkretisieren lassen.[408] Auf diese Weise soll sichergestellt werden, dass jedermann sein Verhalten auf die Strafrechtslage eigenverantwortlich einrichten kann und keine unvorhersehbaren staatlichen Reaktionen befürchten muss. Damit konkretisiert und verschärft Art. 103 Abs. 2 GG den allgemeinen rechtsstaatlichen Bestimmtheitsgrundsatz.[409]

Auslegungsbedürftige Begriffe in der gesetzlichen Fassung einer Norm schließen die gebotene Bestimmtheit des Straftatbestands nicht zwingend aus; der Gesetzgeber darf daher unbestimmte Rechtsbegriffe und Generalklauseln verwenden, ohne dass dies einen Verstoß gegen Art. 103 Abs. 2 GG darstellt.[410] Auch wenn es in Grenzfällen durchaus zweifelhaft sein kann, ob ein Verhalten noch unter den gesetzlichen Straftatbestand fällt, muss der Normadressat aber im Regelfall anhand der gesetzlichen Vorschrift voraussehen können, ob ein Verhalten strafbar ist, und damit in den Grenzfällen wenigstens das Risiko einer Bestrafung erkennen können.[411] Diese genannten Anforderungen gelten nicht nur für die Fassung eines Gesetzes, sondern auch für die Anwendung durch den Richter. Strafrechtliche Normen dürfen nicht in einem Umfang angewandt werden, der sich nicht mehr durch Auslegung erschließen lässt.[412]

§ 331 StGB wird diesen Anforderungen gerecht.[413] Indem der Gesetzgeber den Tatbestand der Vorteilsannahme sehr weit gefasst hat – auch nach der Änderung

---

403 *Christoph Degenhart* in: Michael Sachs (Hrsg.), Grundgesetz, Art. 103 Rn. 49.
404 BVerfG, Beschluss vom 23.10.1991, Az.: 1 BvR 850/88, BVerfGE 85, S. 69 (72).
405 BVerfG, Beschluss vom 06.05.1987, Az.: 2 BvL 11/85, BVerfGE 75, S. 329 (342).
406 *Christoph Degenhart* in: Michael Sachs (Hrsg.), Grundgesetz, Art. 103 Rn. 60.
407 BVerfG, Beschluss vom 17.01.1978, Az.: 1 BvL 13/76, BVerfGE 47, S. 109 (120).
408 BVerfG, Urteil vom 20.03.2002, Az.: 2 BvR 794/95, NJW 2002, S. 1779 (1779).
409 *Christoph Degenhart* in: Michael Sachs (Hrsg.), Grundgesetz, Art. 103 Rn. 67.
410 *Christoph Degenhart* in: Michael Sachs (Hrsg.), Grundgesetz, Art. 103 Rn. 68.
411 BVerfG, Beschluss vom 12. 12. 2000, Az.: 2 BvR 1290/99, NJW 2001, S. 1848 (1849).
412 *Christoph Degenhart* in: Michael Sachs (Hrsg.), Grundgesetz, Art. 103 Rn. 70.
413 So sieht dies auch: *Gerd Pfeiffer*, Von der Freiheit der klinischen Forschung zum strafrechtlichen Unrecht?, NJW 1997, S. 782 (782).

des § 331 StGB ist der Begriff „*Vorteil*" umfassend zu verstehen; zugleich kommen in der Formulierung „*für die Dienstausübung*" die gelockerten Anforderungen an die Unrechtsvereinbarung zum Ausdruck – ist für jedermann erkennbar, welches Verhalten verboten und mit Strafe bedroht ist.

Der Gesetzgeber wollte mit der Lockerung der Unrechtsvereinbarung gerade auch die in seinen Augen strafwürdigen Fälle erfassen, bei denen die Annahme eines Vorteils als Gegenleistung für eine Diensthandlung nicht nachgewiesen werden kann.[414] Die vom Gesetzgeber immer noch geforderte Beziehung zwischen der Vorteilsannahme und den Diensthandlungen des Amtsträgers kommt in dem Tatbestandsmerkmal „*für die Dienstausübung*" – anders als bei der vom Bundesrat vorgeschlagenen Formulierung „*im Zusammenhang mit dem Amt*"[415] – hinreichend zum Ausdruck. Für den Normadressaten ist damit **verständlich**, dass die außerdienstliche, in keinem Zusammenhang mit dem Amt stehende Annahme von Vorteilen nicht strafbar ist, während **jegliche Vorteilsannahme, die in irgendeiner Beziehung mit der Dienstausübung steht**, von dem Straftatbestand des § 331 StGB **erfasst wird**. Der Bestimmtheit des jetzigen Straftatbestandes steht schließlich auch nicht entgegen, dass die Rechsprechung und Literatur über die Sozialadäquanz die Strafbarkeit der Annahme geringwertiger Vorteile ausschließen wollen.

Damit entspricht die jetzige Fassung des § 331 StGB den Vorgaben des Art. 103 Abs. 2 GG.

B. Vereinbarkeit mit der Freiheit der Wissenschaft, Forschung und Lehre, Art. 5 Abs. 3 S. 1 GG

Für diese Untersuchung von weitaus größerer Bedeutung ist allerdings die Frage, inwieweit § 331StGB dem von Art. 5 Abs. 3 S. 1 GG gewährten Schutz der Freiheit der Wissenschaft, Forschung und Lehre gerecht wird.

Die Wissenschaftsfreiheit ist – obwohl sie nicht zum traditionellen Bestand der liberalen Freiheitsrechte gehört[416] – von fundamentaler Bedeutung. Das moderne deutsche Hochschulwesen und auch die verfassungsrechtliche Gewährleistung von Art. 5 Abs. 3 S. 1 GG sind dabei geprägt von der Hochschulreform, die *Wilhelm **von Humboldt*** als Direktor der Sektion für Kultur und Unterricht im Preußischen Ministerium des Innern, eingeleitet hat.[417] Mit dieser Bildungsreform wandte sich *Humboldt* bewusst von dem französischen Verständnis der spezialisierten „Grandes Ecoles" ab und verwandelte, indem er die Einheit von Lehre und Forschung an den Universitäten erklärte, diese von Ausbildungs- zu Forschungsstätten, die damit ihre bis heute

[414] Beschlussempfehlung und Bericht des Rechtsausschusses (6. Ausschuss) vom 26.06.1997, BT-Drs. 13/8079, S. 15.

[415] Entwurf eines Gesetzes zur Änderung des Strafgesetzbuches, des Gesetzes gegen den unlauteren Wettbewerb, der Strafprozeßordnung und anderer Gesetze – Korruptionsbekämpfungsgesetz -, BT-Drs. 13/3353, S. 11.

[416] Es handele sich vielmehr um eine typisch deutsche Entscheidung, die in Zusammenhang mit der Verbeamtung der Professoren in Deutschland stehe: *Christian Starck* in: Hermann v. Mangoldt/Friedrich Klein/Christian Starck (Hrsg.), Kommentar zum Grundgesetz, Band 1, Art. 5 Rn. 351; *Herbert Bethge* in: Michael Sachs (Hrsg.), Grundgesetz, Art. 5 Rn. 201.

[417] Nach *Szöllösi-Janze* muss der Anteil *Humboldts* an dieser Konzeption allerdings relativiert werden (*Margit Szöllösi-Janze* in: Christian Flämig (Hrsg.), Handbuch des Wissenschaftsrechts, Band 2, § 44 (Geschichte der außeruniversitären Forschung in Deutschland), S. 1187 [1189]).

charakteristische Doppelaufgabe einer Verpflichtung zur Einheit von Forschung und Lehre erhielten.[418] Neben der Einheit der Wissensgebiete erhob Humboldt zudem die Freiheit von Forschung und Lehre zu einem weiteren großen **Organisations- und Konstitutionsprinzip der Universität**.[419]

Indem Art. 5 Abs. 3 S. 1 GG Wissenschaft, Forschung und Lehre für frei erklärt, stellt diese Norm sowohl nach ihrem Wortlaut als auch nach ihrem Sinngehalt eine objektive, das Verhältnis von Wissenschaft, Forschung und Lehre zum Staat regelnde wertentscheidende Grundsatznorm auf,[420] die als – in ihrer Reichweite allerdings umstrittene – **instititutionelle Garantie**[421] bezeichnet werden kann. Daneben gewährt diese Bestimmung aber auch ein **individuelles Freiheitsrecht** und damit ein Abwehrecht.[422] Insbesondere letztere Ausprägung ist für diese Untersuchung von Bedeutung. Auf die Frage, inwieweit Art. 5 Abs. 3 S. 1 GG in Bezug auf die Ausstattung und Finanzierung ein **Teilhaberecht** vermittelt, wird jedoch auch an späterer Stelle einzugehen sein.

I. Schutzbereich

Die Wissenschaftsfreiheit ist insbesondere dadurch gekennzeichnet, dass sie im Wesentlichen **nicht rechtserzeugt** ist. Im Gegensatz etwa zu Art. 14 Abs. 1 GG werden weder Inhalt noch Schranken der Wissenschaftsfreiheit der Bestimmung durch Gesetz überantwortet.[423]

Ebenso wie die Kunstfreiheit steht die Dogmatik bei der Wissenschaftsfreiheit vor der Schwierigkeit, deren verfassungsrechtlich geschützten Lebensbereich genau zu definieren. Dennoch muss für die Beantwortung der Frage, ob ein Verhalten grundrechtlich geschützt ist und durch einen staatlichen Eingriff möglicherweise verletzt wird, ein Definitionsversuch unternommen werden. Dieses Ziel verfolgen die folgenden Ausführungen.

1. Sachlicher Schutzbereich

Sachlich schützt die **Wissenschaftsfreiheit** die auf wissenschaftlicher Eigengesetzlichkeit beruhenden Prozesse, Verhaltensweisen und Entscheidungen bei der Suche nach Erkenntnissen, ihrer Deutung und Weitergabe.[424] Konstitutiv für die Wissenschaft sind die Wahrheitssuche sowie die prinzipielle Unabgeschlossenheit des Erkenntnisprozesses.[425]

Damit kommt zugleich zum Ausdruck, dass Art. 5 Abs. 3 GG nicht eine bestimmte Auffassung von der Wissenschaft oder eine bestimmte Wissenschaftstheorie schüt-

---

418 *Thomas Oppermann* in: Christian Flämig (Hrsg.), Handbuch des Wissenschaftsrechts, Band 1, § 37 (Selbstverwaltung und staatliche Verwaltung), S. 1010 (1016).
419 *Thomas Oppermann* in: Christian Flämig (Hrsg.), Handbuch des Wissenschaftsrechts, Band 1, § 37 (Selbstverwaltung und staatliche Verwaltung), S. 1010 (1017).
420 BVerfG, Urteil vom 29.05.2973, Az.: 1 BvR 424/71 und 325/72, BVerfGE 35, S. 79 (112).
421 *Hartmut Krüger* in: Christian Flämig (Hrsg.), Handbuch des Wissenschaftsrechts, Band 1, § 9 (Forschung), S. 261 (276).
422 BVerfG, Urteil vom 29.05.2973, Az.: 1 BvR 424/71 und 325/72, BVerfGE 35, S. 79 (112).
423 *Walter Schmidt Glaeser*, Die Freiheit der Forschung - Vorbemerkung, WissR 1974, S. 106 (109).
424 BVerfG, Beschluss vom 01.03.1978, Az.: 1 BvR 333/75 und 174, 178, 191/71, BVerfGE 47, S. 327 (367).
425 BVerfG, Beschluss vom 11.01.1994, Az.: 1 BvR 434/87, BVerfGE 90, S. 1 (11 f.).

zen will: Das Grundrecht erstreckt sich vielmehr auf jede wissenschaftliche Tätigkeit, d.h. auf alles, was nach Inhalt und Form als ernsthafter und planmäßiger Versuch zur Ermittlung der Wahrheit anzusehen ist.[426] Damit unterfallen auch Minderheitsmeinungen sowie Forschungsansätze und –ergebnisse, die sich als irrig erweisen, dem sachlichen Schutzbereich. Denn trotz des für sie konstitutiven Wahrheitsbezugs ist die Wissenschaft durch eine prinzipielle Unvollständigkeit und Unabgeschlossenheit geprägt und dem Wandel unterworfen.[427] Der Schutz dieses Grundrechts hängt zudem weder von der Richtigkeit der Methoden und Ergebnisse noch von der Stichhaltigkeit der Beweisführung ab.

Der gemeinsame Oberbegriff „Wissenschaft" bringt den **engen Bezug von Forschung und Lehre** zum Ausdruck.[428] Die Forschung bewirkt mit immer neuen Fragestellungen den Fortschritt der Wissenschaft; zugleich ist sie die notwendige Voraussetzung, um den wissenschaftlichen Charakter der Lehre zu gewährleisten, während das in der Lehre stattfindende wissenschaftliche Gespräch wiederum die Forschungsarbeit befruchtet.[429]

Ein Element der Wissenschaftsfreiheit ist damit die Freiheit der **wissenschaftlichen Lehre**[430]. Hierunter ist die wissenschaftlich fundierte Übermittlung der durch die Forschung gewonnenen Erkenntnisse zu verstehen.[431] Die Lehre bezieht sich damit auf die Wiedergabe eigener sowie die kritisch-reflektierte Verarbeitung angeeigneter, fremder wissenschaftlicher Erkenntnisse.[432] Vom Schutzbereich erfasst sind dabei etwa die Entscheidungen des Lehrenden über den Inhalt, den Ablauf sowie die Methoden der Lehrveranstaltung.[433] Auf eine bestimmte Erscheinungsform ist die wissenschaftliche Lehre ebenfalls nicht beschränkt: Neben der Lehre im klassischen Sinne kann sie durch mündlichen Vortrag auch gegenüber einzelnen Schülern wie etwa Doktoranden, durch Lehrbücher, Lehrbriefe, Skripte oder – außerhalb der Universität – in Ausbildungszeitschriften oder im Rundfunk ausgeübt werden.[434]

Für die vorliegende Untersuchung von größerer Bedeutung ist der andere Aspekt der Wissenschaftsfreiheit, die **wissenschaftliche Forschung**. Die Konkretisierung dieses Begriffes fällt nicht leicht. Auch das Bundesverfassungsgericht weist daraufhin, dass es keine eindeutige und allgemeine anerkannte Definition des Begriffs Forschung gibt und insbesondere die Grenzen zur Entwicklung, etwa im technischen Bereich, fließend sind.[435] Zur Forschung zählt jedoch jede geistige Tätigkeit mit dem Ziele, in methodischer, systematischer und nachprüfbarer Weise neue Erkenntnisse

---

[426] BVerfG, Urteil vom 29.05.2973, Az.: 1 BvR 424/71 und 325/72, BVerfGE 35, S. 79 (113).
[427] BVerfG, Beschluss vom 11.01.1994, Az.: 1 BvR 434/87, BVerfGE 90, S. 1 (12).
[428] BVerfG, Urteil vom 29.05.2973, Az.: 1 BvR 424/71 und 325/72, BVerfGE 35, S. 79 (113).
[429] BVerfG, Urteil vom 29.05.2973, Az.: 1 BvR 424/71 und 325/72, BVerfGE 35, S. 79 (113).
[430] Dass es sich um „wissenschaftliche Lehre" handeln muss, ergibt sich aus dem historischen Kontext. Art. 142 WRV schützte die *„Wissenschaft und ihre Lehre"*; und auch in den ersten Entwurfsfassungen des Parlamentarischen Rates war diese Verbindung noch vorhanden. Ihr Wegfall ist nicht als Abkehr hiervon zu werten (*Erhard Denninger* in: Richard Bäumlin/Axel Azzola (Bearb.), Alternativkommentar zum Grundgesetz für die Bundesrepublik Deutschland, Art. 5 Rn. 10).
[431] BVerfG, Urteil vom 29.05.2973, Az.: 1 BvR 424/71 und 325/72, BVerfGE 35, S. 79 (112).
[432] *Hans D. Jarass* in: Hans D. Jarass/Bodo Pieroth, Grundgesetz für die Bundesrepublik Deutschland, Art. 5 Rn. 123.
[433] BVerfG, Beschluss vom 07.10.1985, Az.: 1 BvR 1289/78, BVerfGE 55, S. 37 (68).
[434] *Christian Starck* in: Hermann v. Mangoldt/Friedrich Klein/Christian Starck (Hrsg.), Kommentar zum Grundgesetz, Band 1, Art. 5 Rn. 376.
[435] BVerfG, Beschluss vom 22.10.1982, Az.: 1 BvR 1467/80, BVerfGE 61, S. 210, (246).

zu gewinnen.[436] Zur wissenschaftlichen Forschung zählen die Fragestellung, die angewandte Methode sowie die Bewertung und Verbreitung des Forschungsergebnisses.[437] Geschützt werden zudem alle Aktivitäten der Forschung sowie alle Tätigkeiten, die diese vorbereiten oder unterstützen.[438]

Ohne Relevanz für die Eröffnung des sachlichen Schutzbereiches ist die Unterscheidung nach Grundlagenforschung, die eine Erweiterung der wissenschaftlichen Kenntnisse zum Ziel hat, ohne an der praktischen Anwendbarkeit orientiert zu sein,[439] angewandter Forschung, die auf bestimmte Forschungsziele festgelegt ist, und der nach dem Zweiten Weltkrieg aufgekommenen Großforschung (Big Science), die langfristig angelegt ist und komplexe Forschungsthemen von überregionaler bzw. volkswirtschaftlicher Bedeutung bearbeitet[440]. Hierbei handelt es sich lediglich um verschiedene Arten der Forschung.

Auch bei der **klinischen Forschung** lassen sich grundsätzlich zwei Erscheinungsformen unterscheiden: Die grundlagenorientierte klinische Forschung zielt auf die Erkenntnisgewinnung hinsichtlich der Ursachen und Entstehungsmechanismen von Krankheiten; die anwendungsorientierte klinische Forschung hingegen befasst sich mit der Entwicklung und Verbesserung diagnostischer und therapeutischer Verfahren, die im Rahmen von Studien erprobt und in die Praxis eingeführt werden.[441] Beide Erscheinungsformen unterfallen dem sachlichen Schutzbereich des Art. 5 Abs. 3 S. 1 GG.

2. Persönlicher Schutzbereich

Die Grundrechtsträgerschaft kann individuell oder kollektiv bestimmt werden.[442]

Als individuelles Freiheitsrecht findet Art. 5 Abs. 3 S. 1 GG als sog. Jedermann-Grundrecht unabhängig von der Staatsangehörigkeit auf jeden Anwendung, der in diesen Bereichen tätig ist.[443] Individuelle Grundrechtsträger sind damit unzweifelhaft **Hochschull**ehrer als geborene Rechtssubjekte der Wissenschaftsfreiheit, die unmittelbar kraft ihres Amtes an der Grundrechtsgarantie teilhaben.[444] Der verbeamtete

---

[436] BVerfG, Urteil vom 29.05.2973, Az.: 1 BvR 424/71 und 325/72, BVerfGE 35, S. 79 ff. (113).

[437] *Christian Starck* in: Hermann v. Mangoldt/Friedrich Klein/Christian Starck (Hrsg.), Kommentar zum Grundgesetz, Band 1, Art. 5 Rn. 361.

[438] *Christoph Kannengießer* in: Bruno Schmidt-Bleibtreu/Franz Klein (Hrsg.), Kommentar zum Grundgesetz, Art. 5 Rn. 30.

[439] In der Literatur wird teilweise noch weitergehend differenziert zwischen der *anwendungsorientierten Grundlagenforschung*, die die wissenschaftliche Basis für spezielle, weiterführende Forschung sein soll, und der *reinen Grundlagenforschung*, die lediglich die wissenschaftlichen Kenntnisse erweitern soll (s. die Nachweise bei: *Hartmut Krüger* in: Christian Flämig (Hrsg.), Handbuch des Wissenschaftsrechts, Band 1, § 9 (Forschung), S. 261 [263]).

[440] S. zu weiteren Merkmalen dieses neuen Typs der Forschung: *Hartmut Krüger* in: Christian Flämig (Hrsg.), Handbuch des Wissenschaftsrechts, Band 1, § 9 (Forschung), S. 261 (266).

[441] Empfehlungen des Wissenschaftsrates zur Struktur der Hochschulmedizin – Aufgaben, Organisation, Finanzierung, Drs. 4104/99 vom 09.09.1999, S. 10.

[442] *Herbert Bethge* in: Michael Sachs (Hrsg.), Grundgesetz, Art. 5 Rn. 207.

[443] BVerfG, Urteil vom 29.05.2973, Az.: 1 BvR 424/71 und 325/72, BVerfGE 35, S. 79 (112).

[444] *Herbert Bethge* in: Michael Sachs (Hrsg.), Grundgesetz, Art. 5 Rn. 207.

Hochschullehrer nimmt damit in einem öffentlichen Amt Aufgaben in *„gekorener"* Grundrechtsträgerschaft wahr.[445]

Da es maßgeblich darauf ankommt, ob die Tätigkeit in eigenverantwortlicher und wissenschaftlicher Weise vorgenommen wird oder vorgenommen werden soll,[446] sind jedoch nicht nur Professoren Grundrechtsträger. Vielmehr partizipieren auch **wissenschaftliche Mitarbeiter** an diesem Grundrechtsschutz, wenn sie entsprechend tätig werden.[447]

Neben Professoren an Universitätskliniken können sich damit auch Ärzte, die an einer solchen Klinik als wissenschaftliche Mitarbeiter angestellt sind, auf den Grundrechtsschutz des Art. 5 Abs. 3 S. 1 GG berufen, sofern sie wissenschaftlich tätig sind. Auch ein an einem Kreiskrankenhaus angestellter und damit außerhalb einer wissenschaftlichen Einrichtung tätiger Oberarzt ist Träger der Wissenschaftsfreiheit, wenn er wissenschaftlich tätig wird.

Daneben können dem persönlichen Schutzbereich auch **juristische Personen** unterfallen (Art. 19 Abs. 3 GG).[448] Neben Privathochschulen sind auch staatliche Universitäten als Körperschaften des Öffentlichen Rechts Träger dieses Grundrechts, da sie sich – anders als sonstige juristische Personen des öffentlichen Rechts – in derselben grundrechtstypischen Gefährdungslage befinden wie natürliche Personen.[449] Diese sind jedoch für den weiteren Gang der Untersuchung nicht von Relevanz und können daher hier außer Betracht bleiben.

3. Umfang des grundrechtlichen Schutzes

(1) Die in Art. 5 Abs. 3 S. 1 GG enthaltene, das Verhältnis von Wissenschaft, Forschung und Lehre zum Staat regelnde wertentscheidende Grundsatznorm *„schließt das Einstehen des Staates, der sich als Kulturstaat versteht, für die Idee einer freien Wissenschaft und seine Mitwirkung an ihrer Verwirklichung ein (vgl. BVerfGE 35, 79 [114] = NJW 1973, 1176). Der Staat muss danach für funktionsfähige Institutionen eines freien Wissenschaftsbetriebs sorgen und durch geeignete organisatorische Maßnahmen sicherstellen, dass das individuelle Grundrecht der freien wissenschaftlichen Betätigung so weit unangetastet bleibt, wie das unter Berücksichtigung der anderen legitimen Aufgaben der Wissenschaftseinrichtungen und der Grundrechte der verschiedenen Beteiligten möglich ist (vgl. BVerfGE 35, 79 [115] = NJW 1973, 1175; BVerfGE 85, 360 [384] = NJW 1992, 1373; BVerfGE 93, 85 [95] = NVwZ 1996, 709).*

---

445 Hans Heinrich Rupp in: Josef Isensee/Paul Kirchhof/Peter Badura u.a. (Hrsg.), Handbuch des Staatsrechts, Band II (Verfassungsstaat), § 31 (Die Unterscheidung von Staat und Gesellschaft), Rn. 32 Fn.82.

446 *Hans D. Jarass* in: Hans D. Jarass/Bodo Pieroth, Grundgesetz für die Bundesrepublik Deutschland, Art. 5 Rn. 124.

447 *Herbert Bethge* in: Michael Sachs (Hrsg.), Grundgesetz, Art. 5 Rn. 208; *Christian Starck* in: Hermann v. Mangoldt/Friedrich Klein/Christian Starck (Hrsg.), Kommentar zum Grundgesetz, Band 1, Art. 5 Rn. 405.

448 *Hans D. Jarass* in: Hans D. Jarass/Bodo Pieroth, Grundgesetz für die Bundesrepublik Deutschland, Art. 5 Rn. 125.

449 *Herbert Bethge* in: Michael Sachs (Hrsg.), Grundgesetz, Art. 5 Rn. 211. BVerfG, Beschluss vom 16.01.1963, Az.: 1 BvR 316/60, BVerfGE 15, S. 256 (262).

Dem einzelnen Träger des Grundrechts aus Art. 5 III 1 GG erwächst aus dieser Wertentscheidung ***ein Recht auf*** *solche staatlichen Maßnahmen auch organisatorischer Art, die zum* ***Schutz seines grundrechtlich gesicherten Freiheitsraums*** *unerlässlich sind, weil sie ihm freie wissenschaftliche Betätigung überhaupt erst ermöglichen (vgl. BVerfGE 35, 79 [116] = NJW 1973, 1175). Dieser Freiraum ist nicht nur im Interesse seiner Entfaltung als Wissenschaftler garantiert, sondern auch im Interesse einer dem Wohl des Einzelnen und der Gesellschaft dienenden Wissenschaft (vgl. BVerfGE 47, 327 [370] = NJW 1978, 1621)."*[450]

Gemeint sind damit ein von staatlicher Fremdbestimmung freier Bereich persönlicher und autonomer Verantwortlichkeit des einzelnen Wissenschaftlers und ein Schutz vor staatlichen Einwirkungen auf den Prozess der Gewinnung und Vermittlung wissenschaftlicher Erkenntnisse.[451]

Mit Blick auf Hochschullehrer bedeutet dies zunächst ein **Recht auf Unabhängigkeit**. Dieses betrifft die inhaltliche Weisungsunabhängigkeit gegenüber Kollegen, aber auch gegenüber der Hochschule.[452] Art. 5 Abs. 3 S. 1 GG verleiht den Hochschullehrern eine weitgehende Unabhängigkeit bei der Ausübung ihres Berufes, die über die allgemeine beamtenrechtliche Stellung hinausgeht.[453]

Indes beschränkt sich die Wissenschaftsfreiheit nicht auf diese negatorische Funktion. Aus der besonderen Werteentscheidung des Grundgesetzes verstärkt sich die Geltungskraft des Freiheitsrechts in Richtung auf eine **Teilhabeberechtigung**.[454] Der Staat hat für die Idee einer freien Wissenschaft und seine Mitwirkung an ihrer Verwirklichung einzustehen, sein Handeln positiv danach auszurichten und sowohl schützend als auch fördernd einer Aushöhlung dieses Grundrechts vorzubeugen.[455] Das Bundesverfassungsgericht betont in diesem Zusammenhang: *„Der Staat hat die Pflege der freien Wissenschaft und ihre Vermittlung an die nachfolgende Generation durch Bereitstellung von personellen, finanziellen und organisatorischen Mitteln zu ermöglichen und zu fördern. Das bedeutet, dass er funktionsfähige Institutionen für einen freien Wissenschaftsbetrieb zur Verfügung zu stellen hat. Diesem Gebot kommt deswegen besonders Bedeutung zu, weil ohne eine geeignete Organisation und ohne entsprechende finanzielle Mittel, über die im wesentlichen nur noch der Staat verfügt, heute im Bereich der Wissenschaften, insbesondere der Naturwissenschaften, keine unabhängige Forschung und wissenschaftliche Lehre mehr betrieben werden kann. Der Staat besitzt hinsichtlich dieses Wissenschaftsbetriebs heute weitgehend ein faktisches Monopol; eine Ausübung der Grundfreiheiten aus Art. 5 Abs. 3 GG ist hier notwendig mit einer Teilhabe an staatlichen Leistungen verbunden."*[456] Hochschullehrer beispielsweise haben einen Anspruch auf eine bedarfs-

450 BVerfG, Beschluss vom 26.10.2004, Az.: 1 BvR 911, 927, 928/00, BVerfGE 111, S. 333 (353 f.).
451 *Rudolf Wendt* in: Ingo v. Münch (Begr.)/Philip Kunig (Hrsg.), Grundgesetz-Kommentar, Bd. 1 (Präambel bis Art. 19), Art. 5 Rn. 103.
452 *Hans D. Jarass* in: Hans D. Jarass/Bodo Pieroth, Grundgesetz für die Bundesrepublik Deutschland, Art. 5 Rn. 136.
453 BVerwG, Urteil vom 28.11.1980, Az.: 2 C 24.78, BVerwGE 61, S. 200 (206).
454 BVerfG, Urteil vom 29.05.1973, Az.: 1 BvR 424/71 und 325/72, BVerfGE 35, S. 79 (115).
455 BVerfG, Urteil vom 29.05.1973, Az.: 1 BvR 424/71 und 325/72, BVerfGE 35, S. 79 (114 f.).
456 BVerfG, Urteil vom 29.05.1973, Az.: 1 BvR 424/71 und 325/72, BVerfGE 35, S. 79 (114 f.).

gerechte Grundausstattung sowie auf eine angemessene Berücksichtigung bei der Mittelvergabe.[457]

Auch die **Zwecks- und Auftragsforschung**, die nicht einer eigenen Initiative entspringt und bei der sich die Suche nach neuen Erkenntnissen und Methoden vornehmlich an den Bedürfnissen der Praxis orientiert,[458] ist von Art. 5 Abs. 3 GG erfasst, sofern hierbei wissenschaftliche Methoden angewandt werden.[459, 460] Denn auch wenn die Fragestellung durch den Auftraggeber festgelegt wird, kann unter Zugrundelegung wissenschaftlicher Methoden wissenschaftlich gearbeitet werden. Daher darf es auch nicht darauf ankommen, wer – entweder der Staat oder ein Privater – den Auftrag erteilt und wo – ob an einer Universität oder an einer außeruniversitären (privaten) Einrichtung – geforscht wird.[461]

(4) Ebenso besteht im verfassungsrechtlichen Schrifttum zu Recht Einigkeit darüber, dass **der Schutzbereich die Einwerbung von (Dritt-)Mitteln erfasst**.[462] Art. 5 Abs. 3 S. 1 GG enthält das Recht zur freien Bestimmung darüber, ob der Wissenschaftler sich auf die staatlich finanzierte Forschung beschränken will oder eine wissenschaftliche Kooperation mit Dritten eingeht,[463] und damit folgerichtig auch die Freiheit der Partnerwahl und die Freiheit der Wahl des Auftraggebers.[464] Art. 5 Abs. 3 S. 1 GG gibt damit auch das Recht, ohne konkreten Projektbezug bei Dritten Zuwendungen einzuwerben und entgegenzunehmen, wenn die Leistungen

457 *Hans D. Jarass* in: Hans D. Jarass/Bodo Pieroth, Grundgesetz für die Bundesrepublik Deutschland, Art. 5 Rn. 1368.

458 Zweckforschung und angewandte Forschung kann somit synonym verwandt werden (*Hartmut Krüger* in: Christian Flämig (Hrsg.), Handbuch des Wissenschaftsrechts, Band 1, § 9 (Forschung), S. 261 [264]).

459 *Rudolf Wendt* in: Ingo v. Münch (Begr.)/Philip Kunig (Hrsg.), Grundgesetz-Kommentar, Bd. 1 (Präambel bis Art. 19), Art. 5 Rn. 101; *Christian Starck* in: Hermann v. Mangoldt/Friedrich Klein/Christian Starck (Hrsg.), Kommentar zum Grundgesetz, Band 1, Art. 5 Rn. 355; *Ingolf Pernice* in: Horst Dreier (Hrsg.), Grundgesetz, Band I, Art. 5 Rn. 30.

460 An verfassungsrechtliche Grenzen soll die Auftragsforschung nach einer in der Literatur vertretenen Ansicht erst dann stoßen, wenn sie praktisch die einzige Chance böte, apparataufwendige Forschung zu betreiben, d.h. wenn es daneben kein System staatlicher organisierter oder geförderter auftragsfreier Forschung gebe (*Erhard Denninger* in: Richard Bäumlin/Axel Azzola (Bearb.), Alternativkommentar zum Grundgesetz für die Bundesrepublik Deutschland, Art. 5 Rn. 25). Allerdings bleibt unklar, welche Konsequenzen dies hätte.

461 *Christian Starck* in: Hermann v. Mangoldt/Friedrich Klein/Christian Starck (Hrsg.), Kommentar zum Grundgesetz, Band 1, Art. 5 Rn. 355.

462 *Ingolf Pernice* in: Horst Dreier (Hrsg.), Grundgesetz, Band I, Art. 5 Rn. 10; *Christian Starck* in: Hermann v. Mangoldt/Friedrich Klein/Christian Starck (Hrsg.), Kommentar zum Grundgesetz, Band 1, Art. 5 Rn. 370; *Urs Kindhäuser/Barbara Goy*, Zur Strafbarkeit ungenehmigter Drittmitteleinwerbung – Zugleich eine Besprechung von BGH - 1 StR 372/01 und BGH - 1 StR 541/01 –, NStZ 2003, S. 291 (291).

463 *Stefanie Diettrich/Holger Schatz*, Drittmittelforschung: Überlegungen zur Minimierung de strafrechtlichen Risikos, MedR 2001, S. 614 (615);*Torsten Verrel*, Überkriminalisierung oder Übertreibung? Die neue Furcht vor der Korruptionsstrafbarkeit in der Medizin, MedR 2003, S. 319 (321).

464 *Manfred Dauster*, Private Spenden zur Förderung von Forschung und Lehre: Teleologische Entschärfung des strafrechtlichen Vorteilsbegriffs nach § 331 StGB und Rechtfertigungsfragen, NStZ 1999, S. 63 (67).

der Besserstellung der Lehr- und Forschungstätigkeit des Wissenschaftlers zugute kommen.[465]

Auch wenn bislang keine stichhaltige **Begründung** geliefert wurde, ist dieser Auffassung beizutreten. Wenn nämlich die Art und Weise der Forschung dem Forscher überlassen bleibt, so muss ihm ebenfalls die Möglichkeit eingeräumt werden, diese umzusetzen und dafür ggf. die Finanzierung durch Dritte zu ermöglichen. Ihm muss es ferner überlassen bleiben, ob er auf diesem Weg weitere Untersuchungsansätze verfolgen will, die ansonsten u.U. nicht verfolgt werden könnten. Es handelt sich bei der Befugnis zur Einwerbung von Drittmitteln mithin um eine **Annexbefugnis zur Methodenwahl**.

Die hier vorgetragene Argumentationsfigur der Annexbefugnis ist an die der Annexkompetenzen angelehnt. Mit der Anerkennung von Annexkompetenzen werden Gesetzgebungsbefugnisse des Bundes von ausdrücklich ihm zugewiesenen Kompetenzmaterien auf Stadien der Vorbereitung und Durchführung erstreckt.[466] Von einer Annexkompetenz wird gesprochen, wenn diese Materie nicht ausdrücklich vom Kompetenztitel erfasst ist, aber ein so enger sachlicher Zusammenhang besteht, dass die Regelung der Annexmaterie für die wirksame Regelung der Hauptmaterie erforderlich ist. Auch wenn diese Argumentation primär der Kompetenzzuteilung (Abgrenzung der Gesetzgebungskompetenzen) dient, so ist der in ihr liegende Grundgedanke auf die Bestimmung des Schutzbereiches übertragbar.

Der Grundgedanke der Annexkompetenz liegt nämlich darin, dass nicht ausdrücklich genannte „Nebengebiete" von der das „Hauptgebiet" betreffenden Norm erfasst werden, wenn diese ohne Übergreifen auf das „Nebengebiet" nicht sinnvoll angewandt werden kann – und daher als Annex des Sachgebiets angesehen werden kann.

Dieser richtige Gedanke gilt auch bei der Bestimmung des Schutzbereichs: Die Wahl der Forschungsmethode unterfällt unbestritten dem Schutzbereich der Forschungsfreiheit. Bei der Frage der Umsetzung und Finanzierung der Methodenwahl handelt es sich um eine unselbständige Vorfrage; zugleich führte eine Ausklammerung dieser Vorfrage aus dem Schutzbereich der Forschungsfreiheit dazu, dass man dem Forscher zwar bei der Schutzbereichsbestimmung die Wahl der Forschungsansätze und Methodenwahl ließe, dies aber zugleich dadurch aushöhlen würde, dass diese Methodenwahl an die (Nicht-)Finanzierung des Staates geknüpft wäre, was die Einbeziehung der Methodenwahl in den Schutzbereich vollkommen entwerten würde. Wenn also die Methodenwahl in den Schutzbereich fällt, muss dies auch für dessen Umsetzung und ggf. dessen Finanzierung durch Dritte gelten. Daher kann von einer Annexbefugnis des Forschers gesprochen werden.

Die Qualifikation als Annexbefugnis bedingt gleichzeitig auch die einzige **Voraussetzung für die Einbeziehung in den Schutzbereich**. Es muss sich um Einwerbung von Drittmitteln handeln, die der Forschung zugute kommen. Entscheidend ist also die Zuordnung zur Forschung.

---

[465] *Manfred Dauster*, Private Spenden zur Förderung von Forschung und Lehre: Teleologische Entschärfung des strafrechtlichen Vorteilsbegriffs nach § 331 StGB und Rechtfertigungsfragen, NStZ 1999, S. 63 (67).
[466] BVerfG, Beschluss vom 09.12.1987, AZ: 2 BvL 16/84, BVerfGE 77, S. 288 (299)

4. Umfang des Grundrechtsschutzes bei der Einwerbung von Drittmitteln im medizinischen Bereich

Universitätsprofessoren sowie ihre wissenschaftlichen Mitarbeiter, aber auch Ärzte an außeruniversitären Krankenhäusern können damit bei der Einwerbung von Drittmitteln von der Wissenschaftsfreiheit geschützt sein. Entscheidend für den Umfang des Grundrechtsschutzes ist – wie dargestellt – der **Bezug zu einer wissenschaftlichen Tätigkeit**.

Dies gilt unabhängig davon, ob die Förderung durch Dritte in Form von Geld oder von geldwerten Vorteilen, d.h. durch Sachmittel oder Dienstleistungen, erfolgt. Richtiger Ansatzpunkt ist vielmehr die Frage nach dem **Einsatz der Drittmittel**. Werden diese lediglich zur Krankenversorgung aufgewandt, ohne dass hiermit die Suche nach neuen Erkenntnissen, die für die Forschungsfreiheit konstituierend ist, verbunden ist, scheidet ein Grundrechtsschutz aus, auch wenn es sich prinzipiell um Grundrechtsträger handelt. Setzt der Forscher die Drittmittel hingegen ein, um einen Erkenntnisprozess voranzutreiben, unterstützen diese (Dritt-)Mittel ihn in seiner wissenschaftlichen Tätigkeit.

Diese Grundsätze gelten in besonderem Maße, wenn es sich um **klinische Forschung** handelt. Klinische Forschung kommt ohne Kontakt zu dem Menschen, dem Patienten, nicht aus. Zwar können Labor- oder Tierversuche die Forschung ergänzen und in gewissen Stadien auch ersetzen. Die endgültige Erprobung muss jedoch gezwungenermaßen am Menschen stattfinden (vgl. § 4 Abs. 23 AMG).

Entscheidend ist damit nicht die Art der Zuwendung, sondern die Zuordnung der Zuwendung zur Forschung. So kann ein und dieselbe Zuwendung je nach ihrem Einsatz zu einer Eröffnung des Schutzbereiches führen oder nicht. Stellt ein Unternehmen beispielsweise Geräte zur Überwachung bestimmter Organe oder auch Spritzen zur Verfügung und werden diese zur wissenschaftlichen Forschung eingesetzt, ist der Schutzbereich der Forschungsfreiheit eröffnet.

Ohne Relevanz ist dabei, ob der Zuwendung ein konkretes Auftragsprojekt zugrunde liegt. Vielmehr gewährt Art. 5 Abs. 3 S. 1 GG auch das Recht, ohne konkreten Projekthintergrund bei Dritten Zuwendungen einzuwerben und entgegenzunehmen.[467] Die eingeworbenen und entgegengenommenen Mittel müssen lediglich Wissenschaftszwecken, d.h. Forschungs- und Lehrzwecken, zugeführt werden.

Nicht entscheidend darf für die grundsätzliche Einbeziehung in den Grundrechtsschutz des Art. 5 Abs. 3 S. 1 GG ferner sein, ob das nach einem Landesgesetz oder einer Satzung **vorgeschriebene Verfahren** für die Einwerbung und Verwaltung von Drittmitteln eingehalten wurde.[468]

Unerheblich ist darüber hinaus auch, ob die Zuwendung auf ein **dienstliches Konto, ein Drittmittelkonto oder das Konto eines Dritten** wie etwa eines Fördervereins geflossen ist, sofern sie zu Forschungszwecken verwendet wird. Wird die Zuwendung auf ein Privatkonto eines Forschers gezahlt, ist der Anschein der Be-

---

[467] *Manfred Dauster*, Private Spenden zur Förderung von Forschung und Lehre: Teleologische Entschärfung des strafrechtlichen Vorteilsbegriffs nach § 331 StGB und Rechtfertigungsfragen, NStZ 1999, S. 63 (67).

[468] Zu dieser Frage wird an anderer Stelle noch einzugehen sein, vgl. S. 111 sowie S. 119.

stechlichkeit zwar höher. Hier wird das Vertrauen der Allgemeinheit in die Nichtkäuflichkeit von Trägern staatlicher Funktionen erheblich erschüttert. Dies führt jedoch noch nicht zwingend zur Verneinung schon der Eröffnung des Schutzbereiches. Vielmehr muss an dieser Stelle danach unterschieden werden, ob die Zuwendung dennoch der Forschung zugeführt wird.

Vom Schutzbereich des Art. 5 Abs. 3 S. 1 GG erfasst wird meines Erachtens auch die Verwendung von Zuwendungen, die sich aus der Führung **umsatzabhängiger Bonuskonten** bei einem Pharma- oder Medizinprodukteunternehmen zugunsten des Forschers ergeben, sofern das sich hieraus ergebende Geld für Forschungszwecke eingesetzt wird.

Zwar besteht in diesen Fällen aufgrund der Koppelung von der Höhe der Zuwendung an den Umsatz eine Missbrauchsgefahr. Dies darf indes nicht dazu führen, dem Forscher einen Grundrechtsschutz zu versagen, da andernfalls die Bedeutung der Wissenschaftsfreiheit nicht genügend beachtet werden würde. Nur eine weite Schutzbereichseröffnung wird meines Erachtens dem Charakter dieses Grundrechtes gerecht. Dies gilt insbesondere vor dem Hintergrund der Tatsache, dass es Fälle geben kann, in denen – wie etwa dann, wenn die bestellten Medikamente oder Geräte unmittelbar im Forschungsbereich eingesetzt werden – der Drittmittelgeber seine Leistung vom Umfang der Forschung abhängig macht.

Zudem ist mit der Eröffnung des Schutzbereiches noch keine Aussage darüber gemacht, ob das Grundrecht tatsächlich verletzt wird. Dies ist vielmehr eine Frage der verfassungsrechtlichen Rechtfertigung. Die Eröffnung des Schutzbereiches auch für solche „Grenzfälle“ bedeutet nur, dass ein Eingriff eines Rechtfertigungsgrundes bedarf.

Verdeutlichen lässt sich dies an den Beispielsfällen der Gruppe 4, in denen das Pharma- oder Medizinprodukteunternehmen zwar umsatzabhängigen Bonuskonten zugunsten eines Arztes führt, diese jedoch nicht in die freie Verfügungsgewalt des Arztes stellt, sondern die Auszahlung davon abhängig macht, dass dieses Geld ausschließlich für Forschungsprojekte eingesetzt wird. Hier den Schutzbereich zu verneinen, würde dem Gehalt der Forschungsfreiheit nicht gerecht werden.

Des Weiteren ist zu berücksichtigen, dass der Staat es andernfalls in der Hand hätte, durch eine Reduzierung seiner Mittel ungewollte Forschung zu verhindern. Drittmitteleinwerbung kann daher vielmehr auch dazu dienen, unabhängige und – gff. – sogar staatlich unangenehme oder ungewollte Forschung aufrechtzuerhalten. Auch deshalb müssen die oben genannten Grenzfälle vom Schutzbereich erfasst sein.

Vom Schutzbereich der Forschungsfreiheit nicht erfasst sind hingegen die Fälle wie Beispielsfall 23, in denen finanzielle Zuwendungen dazu verwendet werden, **Weihnachts- oder Betriebsfeiern** auszurichten. Sie kommen nicht der Forschung, sondern dem dahinter stehenden Forscher als Privatmann zu. Solche Zuwendungen ersparen lediglich eigene Aufwendungen des Arztes. Zwar ließe sich hier einwenden, dass dies der Verbesserung des Betriebsklimas und damit zur Motivation der Mitarbeiter beitrage. Hier fehlt es jedoch m.E. an dem notwendigen Zusammenhang zur wissenschaftlichen Tätigkeit. Vielmehr dienen solche Zuwendungen mittelbar der persönlichen Bereicherung des Arztes, der hierdurch eigene Aufwendungen erspart.

Stellt man aber zutreffenderweise die wissenschaftliche Betätigung in den Vordergrund, beschränkt sich der Grundrechtsschutz aus Art. 5 Abs. 3 S. 1 GG nicht nur auf Ärzte an Universitätskliniken. Vielmehr kann auch ein **Arzt an einem staatlichen oder privaten**[469] **Krankenhaus** dem Schutzbereich der Forschungsfreiheit unterfallen, wenn er Drittmittel für eine wissenschaftliche Tätigkeit einwirbt. Auch hier ist die Frage nach dem Grundrechtsschutz anhand des Einsatzes der Drittmittel zu beantworten. Dienen die eingeworbenen Drittmittel lediglich dazu, die Krankenversorgung aufrechtzuerhalten, fehlt es an dem notwendigen Bezug zur Wissenschaft. Verwendet er diese Mittel aber auch zur Suche nach neuen Erkenntnissen, darf es keinen Unterschied machen, ob dieser Arzt im Rahmen einer Universitätsklinik oder einem staatlichen Krankenhaus tätig wird.

In allen bis auf den letzten Beispielsfall ist mithin der Schutzbereich eröffnet, weil in allen Fällen der Einsatz der Mittel Forschungszwecke verfolgt.

II. Eingriff in die Forschungsfreiheit

Ein Eingriff in die Forschungsfreiheit kann zum einen in einer Regelung liegen, die der **Organisationsgesetzgebung des Staates** zuzuordnen ist.[470] Da die Forschungsfreiheit auch ein norm- und verfahrensgeprägtes Grundrecht ist, ist der Gesetzgeber zum Erlass freiheitssichernder Organisationsgesetze angehalten.[471] Hierbei geht es jedoch um organisatorische Maßnahmen wie beispielsweise die Regelung der Studien- oder Prüfungsabfolge.[472] Hierzu kann § 331 StGB indes nicht gerechnet werden.

Da die Forschungsfreiheit nicht nur eine objektive Grundsatznorm, sondern auch ein individuelles Abwehrrecht ist, kann der Eingriff zum anderen aber auch **in jeder staatlichen Einwirkung auf den Prozess der Gewinnung und Vermittlung wissenschaftlicher Erkenntnisse** liegen.[473] § 331 StGB, auf den sich eine entsprechende Verurteilung eines Forschers stützen würde,[474] müsste demgemäß in den dargestellten Schutzbereich des Art. 5 Abs. 3 S. 1 GG eingreifen.

---

[469] Hier scheidet allerdings – sofern nicht die besonderen Voraussetzungen des § 11 Abs. 1 Nr. 2 Buchst. c StGB gegeben sind – die Amtsträgereigenschaft so, so dass diese Ärzte nicht von dem Regelungsgehalt des § 331 StGB erfasst werden. Dies ist jedoch eine Frage des Eingriffs in den Schutzbereich der Wissenschaftsfreiheit, der aufgrund der fehlenden Strafbarkeit nach § 331 StGB zu verneinen ist.

[470] *Bethge* differenziert zwischen dem Eingriff, der Organisationsgesetzgebung sowie den Schranken der Freiheit, unterstreicht aber zugleich, dass auch die Organisationsgesetzgebung sowohl aus formellen als auch aus materiellen Gründen zu einem unzulässigen Grundrechtseingriff führen kann (*Herbert Bethge* in: Michael Sachs (Hrsg.), Grundgesetz, Art. 5 Rn. 229).

[471] BVerfG, Beschluss vom 31.05.1995, Az.: 1 BvR 1379, 1413/94, BVerfGE 93, S. 85 (95); *Herbert Bethge* in: Michael Sachs (Hrsg.), Grundgesetz, Art. 5 Rn. 229.

[472] BVerfG, Beschluss vom 31.05.1995, Az.: 1 BvR 1379, 1413/94, BVerfGE 93, S. 85 (95).

[473] BVerfG, Beschluss vom 01.03.1978, Az.: 1 BvR 333/75 und 174, 178, 191/71, BVerfG 47, S. 327 (367).

[474] Gegen § 331 StGB unmittelbar ist keine Verfassungsbeschwerde mehr möglich, da eine gegen ein Gesetz gerichtete Verfassungsbeschwerde nur binnen eines Jahres seit Inkrafttreten des Gesetzes erhoben werden kann (§ 93 Abs. 3 Bundesverfassungsgerichtsgesetz (BVerfGG) – in der Fassung der Bekanntmachung vom 11. August 1993, zuletzt geändert durch Art. 5 Abs. 2 G zur Überarbeitung des Lebenspartnerschaftsrechts vom 15. 12. 2004 [BGBl. I S. 3396]). Eine Verfassungsbeschwerde könnte sich damit nur gegen ein strafrechtliches Urteil richten, welches sich auf diese Norm stützt. Im

Nach dem **klassischen Eingriffsbegriff** ist unter einem Eingriff jede finale, unmittelbare, imperative und durch Rechtsakt vorgenommene Verkürzung des Schutzbereichs zu verstehen.[475] Dieser Eingriffsbegriff wird indes von der herrschenden Auffassung als zu eng angesehen. Daher hat sich mittlerweile und für die große Mehrzahl der Grundrechte der sog. **moderne Eingriffsbegriff**[476] durchgesetzt. Danach ist nicht entscheidend, ob die staatliche Maßnahme die genannten Kriterien erfüllt. Vielmehr ist jede Verkürzung des Schutzbereiches durch staatliches Handeln als Eingriff zu werten, egal ob diese Wirkung final oder unbeabsichtigt, unmittelbar oder mittelbar, rechtlich oder tatsächlich, mit oder ohne Befehl und Zwang erfolgt.[477]

Indem § 331 StGB die Drittmitteleinwerbung in den Beispielsfällen allesamt etwa bei Zuwendungen in Abhängigkeit vom Umsatz, den der Forscher dem Pharma- oder Medizinprodukteunternehmen bringt, unter Strafe stellt, wird der Schutzbereich der Forschungsfreiheit verkürzt. Dem wissenschaftlich Tätigen wird die Ausübung dieses Grundrechts in den vom Grundgesetz erlaubten Umfang erschwert.

III. Verfassungsrechtliche Rechtfertigung

(1) Die Forschungsfreiheit ist von dem Verfassungsgeber als eine der Freiheitsnormen ausgestaltet worden, die **keinem Schrankenvorbehalt** unterliegt.

Dennoch darf nicht außer Acht gelassen werden, dass sich die einzelnen Grundrechtsträger in einem Interaktionsprozess befinden.[478] Daher kann auch die Wissenschaftsfreiheit **nicht grenzenlos gewährleistet** sein.

Eine **Übertragung der Schranken** des Art. 5 Abs. 2 GG oder des Art. 2 Abs. 1 GG ist ausgeschlossen. Eine Anwendung von Art. 5 Abs. 2 GG verbietet sich, da Art. 5 Abs. 3 GG gegenüber Art. 5 Abs. 1 GG lex specialis ist; zudem würde dies die Gefahr einer unzulässigen Gleichschaltung von Meinungs- und Forschungsfreiheit hervorrufen.[479] Die in Art. 2 Abs. 1 GG genannte Schrankentrias ist wegen der Subsidiarität dieses Freiheitsrechts gegenüber der Forschungsfreiheit nicht anwendbar.[480]

Vielmehr unterliegt auch dieses Grundrecht den Schranken, die durch **kollidierendes Verfassungsrecht** gezogen werden.[481]

Dies betont auch das Bundesverfassungsgericht ausdrücklich: *„Die Konflikte zwischen der Gewährleistung der Wissenschaftsfreiheit und dem Schutz anderer verfassungsrechtlich garantierter Rechtsgüter müssen daher nach Maßgabe der grundgesetzlichen Wertordnung und unter Berücksichtigung der Einheit dieses Wertsys-*

Rahmen der Begründetheit würde das Bundesverfassungsgericht die Verfassungsmäßigkeit der Norm überprüfen.

[475] *Bodo Pieroth/Bernhard Schlink*, Staatsrecht II/Grundrechte, Rn. 238.

[476] S. hierzu eingehend: *Albert Bleckmann/Rolf Eckhoff*, Der „mittelbare" Grundrechtseingriff, DVBl. 1988, S. 373 ff.

[477] *Bodo Pieroth/Bernhard Schlink*, Staatsrecht II/Grundrechte, Rn. 240.

[478] *Herbert Bethge* in: Michael Sachs (Hrsg.), Grundgesetz, Art. 5 Rn. 224.

[479] *Walter Schmidt Glaeser*, Die Freiheit der Forschung – Fortsetzung und Schluß, WissR 1974, S. 177 (179).

[480] BVerfG, Beschluss vom 01.03.1978, Az.: 1 BvR 333/75 und 174, 178, 191/71, BVerfGE 47, S. 327 (369).

[481] *Hans D. Jarass* in: Hans D. Jarass/Bodo Pieroth, Grundgesetz für die Bundesrepublik Deutschland, Art. 5 Rn. 131.

tems durch Verfassungsauslegung gelöst werden. In diesem Spannungsverhältnis kommt der Wissenschaftsfreiheit gegenüber den mit ihr kollidierenden, gleichfalls verfassungsrechtlich geschützten Werten nicht schlechthin Vorrang zu. Auch ohne Vorbehalt gewährte Freiheitsrechte müssen im Rahmen gemeinschaftsgebundener Verantwortung gesehen werden (vgl. BVerfGE a.a.O. (193) m. w. N.). Die durch die Rücksichtnahme auf kollidierende Verfassungswerte notwendig werdende Grenzziehung oder Inhaltsbestimmung kann nicht generell, sondern nur im Einzelfall durch Güterabwägung vorgenommen werden. Dabei muß die Abwägung den Wertprinzipien der Verfassung, insbesondere der Bedeutung der miteinander kollidierenden Grundrechte, und dem rechtsstaatlichen Grundsatz der Verhältnismäßigkeit unter Wahrung der Einheit des Grundgesetzes Rechnung tragen. Zugunsten der Wissenschaftsfreiheit ist stets der diesem Freiheitsrecht zugrundeliegende Gedanke mit zu berücksichtigen, daß gerade eine von gesellschaftlichen Nützlichkeits- und politischen Zweckmäßigkeitsvorstellungen befreite Wissenschaft dem Staat und der Gesellschaft im Ergebnis am besten dient.“[482]

(2) Zu den **Verfassungsgütern**, die in Kollision mit der Forschungsfreiheit treten können, gehören etwa die Grundrechte anderer Beteiligter.[483] Auch die hergebrachten Grundsätze des Berufsbeamtentums (Art. 33 Abs. 5 GG) können einen Eingriff in Art. 5 Abs. 3 GG grundsätzlich rechtfertigen.[484] Auch hier ist aber eine Abwägung geboten; keinesfalls kommt den hergebrachten Grundsätzen des Berufsbeamtentums stets der Vorrang zu.[485] Normen des Strafrechts können die Freiheit von Forschung und Lehre ebenfalls begrenzen, sofern sie Ausdruck grundgesetzlicher Werte sind.[486]

Ungeklärt ist hingegen in Rechtsprechung und Lehre, welche Bedeutung der **Treueklausel in Art. 5 Abs. 3 S. 2 GG** zukommt.[487] Hiernach entbindet die Freiheit der Lehre nicht von der Treue zur Verfassung. Diese Vorschrift ist eine typische Reaktion auf die Gefährdungslage unter der Weimarer Reichsverfassung und ist in dem Kontext derjenigen Bestimmungen des Grundgesetzes zu sehen, die wie – beispielsweise Art. 9 Abs. 2 GG – das Prinzip der wehrhaften Demokratie zu realisieren versuchen.[488] Die herrschende Ansicht spricht dieser Treueklausel bislang den Charakter als Schranke ab; ihr soll vielmehr eine Warnfunktion zukommen.[489] Für den hier zu untersuchenden Bereich der Drittmitteleinwerbung ist die Qualifizierung dieser Regelung indes nicht weiter von Bedeutung, da sie lediglich die Voraussetzungen

---

482 BVerfG, Beschluss vom 01.03.1978, Az.: 1 BvR 333/75 und 174, 178, 191/71, BVerfGE 47, S. 327 (369 f.).

483 *Christoph Kannengießer* in: Bruno Schmidt-Bleibtreu/Franz Klein (Hrsg.), Kommentar zum Grundgesetz, Art. 5 Rn. 32.

484 BVerwG, Urteil vom 25.02.1971, Az.: BVerwG II C.11.70, BVerwGE 37, S. 265 (268).

485 *Hans D. Jarass* in: Hans D. Jarass/Bodo Pieroth, Grundgesetz für die Bundesrepublik Deutschland, Art. 5 Rn. 132.

486 *Rudolf Wendt* in: Ingo v. Münch (Begr.)/Philip Kunig (Hrsg.), Grundgesetz-Kommentar, Bd. 1 (Präambel bis Art. 19), Art. 5 Rn. 113.

487 BVerfG, Beschluss vom 01.03.1978, Az.: 1 BvR 333/75 und 174, 178, 191/71, BVerfGE 47, S. 327 (368).

488 *Herbert Bethge* in: Michael Sachs (Hrsg.), Grundgesetz, Art. 5 Rn. 225.

489 BVerwG, Urteil vom 19.1.1989, Az.: 7 C 89/87, BVerwGE 81, S. 212 (218); *Rudolf Wendt* in: Ingo v. Münch (Begr.)/Philip Kunig (Hrsg.), Grundgesetz-Kommentar, Bd. 1 (Präambel bis Art. 19), Art. 5 Rn. 114.

für ein Einschreiten gegen den Missbrauch der Lehrfreiheit gegen die freiheitlich demokratische Grundordnung schafft.[490]

Daher verbleibt es für den Bereich der medizinischen Drittmitteleinwerbung bei der Möglichkeit einer verfassungsrechtlichen Rechtfertigung durch die hergebrachten Grundsätze des Berufsbeamtentums sowie anderer Rechtsgüter mit Verfassungsrang.

(3) Diese Rechtsgüter mit Verfassungsrang müssen allerdings ihren Ausdruck in einem Gesetz finden. Nach zutreffender, wenn auch selten deutlich gemachter Ansicht kann ein Eingriff in ein vorbehaltsloses Grundrecht **nicht unter geringeren Voraussetzungen** gerechtfertigt werden als bei Grundrechten, bei denen das Grundgesetz einen Eingriff durch Gesetz oder aufgrund Gesetzes vorgesehen hat.[491]

Selbst wenn in § 331 StGB Rechtsgüter mit Verfassungsrang zum Ausdruck kommen, muss im Rahmen einer Abwägung untersucht werden, ob diese geeignet sind, den Eingriff in die Forschungsfreiheit verfassungsrechtlich zu rechtfertigen.

(4) Überlegenswert erscheint zunächst an der **Bedeutung der Forschungsfreiheit** anzusetzen und zu untersuchen, ob **aus dieser ein Verbot bzw. eine Begrenzung von Drittmitteleinwerbungen** abgeleitet werden kann. Der Grundgesetzgeber wollte – wie bereits beschrieben – drittdeterminierte Forschung vermeiden und verhindern. Völlig „frei" ist die Forschung aber nur, wenn sie von jeglichem Einfluss Dritter, d.h. nicht nur des Staates, sondern auch von Drittmittelgebern, losgelöst ist.

Dagegen spricht zum einen die Gleichsetzung des Dritten mit dem Staat. Der Forscher braucht das grundrechtliche Schutzrecht als Abwehrrecht, da der Staat durch einerseits Gesetze und Verordnungen und andererseits durch die Finanzierung lenken könnte. Das Grundrecht schützt insoweit auch den staatlichen Forscher vor einer Verknüpfung der Finanzierungsentscheidung mit den konkreten Forschungsentscheidungen und ihren Ausgestaltungen. Dem nichtstaatlichen Drittmittelgeber sind nicht so weite Einflussmöglichkeiten eingeräumt. Dieser kann letztlich „nur" durch die Finanzierung auf die Forschung einwirken. Ferner sind einige Bereiche naturwissenschaftlicher Forschung so miteinander verknüpft, dass eine Forschung zwingend die Kooperation mit Dritten erforderlich macht. Im Bereich der medizinischen und pharmazeutischen Produkte ist klinische Erprobung, also die klinische Forschung, gesetzlich vorgeschrieben und auch zum Patientenwohl zwingend notwendig. Der Forscher ist seinerseits wiederum auf die Produkte dieser Industrie als Forschungssubstrat und -mittel angewiesen, so dass eine Forschung ohne diese nicht möglich ist. Ferner ist auch eine weitere faktische Verknüpfung dadurch gegeben, dass nur Dritte bestimmte Forschungsprojekte finanzieren (können). Auf die Auswirkung fehlender staatlicher Mittel wird an späterer Stelle zurückzukommen sein. Fest steht aber, dass die Forschung in bestimmten Bereichen einen sehr hohen finanziellen Aufwand notwendig macht. Vor dem Hintergrund der Überschuldung der staatlichen Haushalte wird der Forscher daher naturgemäß nicht jeden Wunsch von stattlicher Seite erfüllt bekommen können. Mit anderen Worten gibt es Bereiche, in denen Forschung finanziell aufgrund von Mittel nichtstaatlicher Dritter erst ermöglicht wird.

---

[490] *Christoph Kannengießer* in: Bruno Schmidt-Bleibtreu/Franz Klein (Hrsg.), Kommentar zum Grundgesetz, Art. 5 Rn. 33.
[491] *Bodo Pieroth/Bernhard Schlink*, Staatsrecht II/Grundrechte, Rn. 333.

Die Freiheit der Forschung für ein Drittmittelverbot oder eine Drittmittelbeschränkung anzuführen, würde bedeuten, dass die Forschung um jeden Preis vollständig von jeglichem Einfluss frei sein soll, selbst um den Preis, dass die Forschung deshalb nicht mehr möglich ist. Ad absurdum geführt bedeutete dies, dass ganze Bereiche aufgrund dieser Freiheit „forschungsfrei" blieben. Die Forschungsfreiheit würde sich damit quasi „totsparen".

Dem ist entschieden entgegenzutreten. Die Bedeutung der Forschungsfreiheit kann daher weder bei der Schutzbereichseröffnung noch bei der verfassungsrechtlichen Rechtfertigung gegen die Drittmitteleinwerbung mit Erfolg ins Feld geführt werden.

(5) Als Rechtsgut mit Verfassungsrang, welches möglicherweise zur Einschränkung der Forschungsfreiheit in Betracht kommt, sind hier insbesondere die **hergebrachten Grundsätze des Berufsbeamtentums** zu nennen, die gemäß Art. 33 Abs. 5 GG Beachtung finden. Diese können definiert werden als ein Kernbestand von Strukturprinzipien, die allgemein oder doch ganz überwiegend und während eines längeren, Tradition bildenden Zeitraums als verbindlich anerkannt und gewahrt worden sind.[492] Dabei müssen Fundamentalität und Traditionalität kumulativ gegeben sein.[493]

Zu diesen anerkannten Grundsätzen gehört unter anderem die **Unbestechlichkeit sowie die Uneigennützigkeit**.[494] Diese Prinzipien gehören zu den Grundlagen eines jeden öffentlich-rechtlichen Dienst- oder Treueverhältnisses.[495] Ihnen kommt gerade in der klinischen Forschung besondere Bedeutung zu, da hier die Gefahr einer Bestechlichkeit zum Wohle des Patienten weitmöglichst gebannt werden muss.

Allerdings findet Art. 33 Abs. 5 GG **nur** auf **Berufsbeamte und Richter** Anwendung. Zum Öffentlichen Dienst i.S.d. Absatzes 5 zählen nach ganz herrschender Ansicht nämlich nur Beamte,[496] nicht aber Angestellte im öffentlichen Dienst.[497] Hieraus darf jedoch nicht der Schluss gezogen werden, dass hinsichtlich an einer Universitätsklinik als wissenschaftliche Mitarbeiter angestellte Ärzte ein Eingriff nicht verfassungsrechtlich gerechtfertigt werden kann. Zwar unterliegen diese nicht in demselben Maße den beamtenrechtlichen Verpflichtungen, ihnen stehen auch nicht die gleichen Rechte zu wie Beamten. Bei vergleichbarer Sachlage ist jedoch ein **Rückgriff auf Art. 33 Abs. 5 GG möglich**. Dies hat das Bundesverwaltungsgericht beispielsweise für Soldaten bejaht.[498] Zudem können auch Verfassungsgüter außerhalb von Art. 33 Abs. 5 GG einen Eingriff in die Forschungsfreiheit rechfertigen.

(6) In Bezug auf nicht verbeamtete Ärzte an Hochschulkliniken kommen als verfassungsrechtlich geschützte Werte ebenso die **Unbestechlichkeit sowie die Uneigennützigkeit** in Betracht. Wie das Bundesverwaltungsgericht in der genannten Ent-

---

[492] BVerfG, Beschluss vom 13.11.1990, Az.: 2 BvF 3/88, BVerfGE 83, S. 89 (98).
[493] *Bodo Pieroth* in: Hans D. Jarass/Bodo Pieroth, Grundgesetz für die Bundesrepublik Deutschland, Art. 33 Rn. 35.
[494] BVerwG, Urteil vom 14.12.1995, Az.: 2 C 27/94, BVerwGE 100, S. 172 (175).
[495] BVerwG, Urteil vom 14.12.1995, Az.: 2 C 27/94, BVerwGE 100, S. 172 (175).
[496] BVerfG, Urteil vom 17.12.1953, Az.: 1 BvR 323/51, 195/51, 138/52, 283/52, 319/52, BVerfGE 3, S. 162 (186).
[497] *Bodo Pieroth* in: Hans D. Jarass/Bodo Pieroth, Grundgesetz für die Bundesrepublik Deutschland, Art. 33 Rn. 34; *Ulrich Battis* in: Michael Sachs (Hrsg.), Grundgesetz, Art. 33 Rn. 69.
[498] BVerwG, Beschluss vom 24.11.1987, Az.: 1 WB 105/86, BVerwGE 83, S. 345 (348); *Ulrich Battis* in: Michael Sachs (Hrsg.), Grundgesetz, Art. 33 Rn. 69.

scheidung für einen Zivildienstleistenden betont hat, gehören beide Grundsätze zu den Eckpfeilern des Öffentlichen Dienstes. Vor diesem Hintergrund muss an dieser Stelle nicht entschieden werden, ob ein Rückgriff auf Art. 33 Abs. 5 GG notwendig ist. Vielmehr kann das **Vertrauen der Allgemeinheit in die Unkäuflichkeit von Trägern staatlicher Funktionen** selbständig als Wert mit Verfassungsrang angesehen werden.

Ein Eingriff in die Forschungsfreiheit durch § 331 StGB kann damit grundsätzlich verfassungsrechtlich gerechtfertigt sein.

(7) Allerdings darf hierdurch nicht der grundrechtliche Schutz der vorbehaltslos gewährten Forschungsfreiheit ad absurdum geführt werden. Vielmehr müssen beide Verfassungsgüter – die Forschungsfreiheit auf der einen sowie das Vertrauen in die Unbestechlichkeit auf der anderen Seite – gegeneinander abgewogen werden.[499] Im Wege eines schonenden Ausgleichs soll dabei den widerstreitenden Belangen zur optimalen Wirksamkeit verholfen werden (sog. **praktische Konkordanz**).[500] Die Abwägung muss die Intensität der jeweiligen Beeinträchtigung berücksichtigen. Bei beiden kollidierenden Verfassungsgüter ist der größtmögliche Wirkungsgrad sicherzustellen, so dass die jeweiligen Einschränkungen von der jeweiligen Entfaltung des anderen Rechtsguts bedingt sein müssen; m.a.W. muss die Einschränkung jeweils „streng erforderlich" sein.

(8) Bei der Abwägung darf nicht außer Acht gelassen werden, dass der Parlamentarische Rat die **Wissenschaftsfreiheit als vorbehaltsloses Grundrecht** ausgestaltet hat. Damit hat er die besondere Bedeutung dieser grundrechtlichen Garantie unterstrichen. Insbesondere die medizinische Forschung ist eine grundlegende Aufgabe von Staat und Gesellschaft.[501] Diese ist nämlich conditio sine qua non für die Volksgesundheit. Der Forschungsfreiheit muss daher auch vor dem Hintergrund der Bedeutung eines unbestechlichen Staates und des Vertrauens der Allgemeinheit in die Unkäuflichkeit von Trägern staatlicher Funktionen und in die „Nicht-Käuflichkeit" dienstlichen Handelns der größtmögliche Freiraum gelassen werden. Dies betont auch das OLG Hamburg, das sich als eines der wenigen Gerichte mit den grundrechtlichen Implikationen überhaupt beschäftigt: Es unterstreicht dabei deutlich den hohen Rang der Wissenschafts- und Forschungsfreiheit, die bei der Auflösung der Konfliktlage beachtet werden müsse.[502] Zu beachten ist ferner, dass das Grundgesetz Näheverhältnisse zwischen Wissenschaft, Wissenschaftler und Dritten in Kauf nimmt, um auf diese Weise eine offene Wissenschaftsbetätigung und damit Innovativität und einen praxisorientierten Fortschrittsgedanken zu fördern.[503] Die Qualität von Forschung steht mit der Zuwendung von Drittmitteln und deren Höhe in Zusammen-

---

[499] BVerfG, Beschluss vom 24.02.1971, Az.: 1 BvR 435/68, BVerfGE 30, S. 173 (193 ff.).

[500] *Walter Schmidt Glaeser*, Die Freiheit der Forschung – Fortsetzung und Schluß, WissR 1974, S. 177 (186).

[501] *Klaus Lüderssen*, Die Symbiose von Markt und Staat – auseinanderdividiert durch Strafrecht?, StV 1997, S. 318 (322).

[502] OLG Hamburg, Beschluss vom 11.07.2000, Az.: 2 Ws 129/00, StV 2001, S. 284 (288).

[503] *Manfred Dauster*, Private Spenden zur Förderung von Forschung und Lehre: Teleologische Entschärfung des strafrechtlichen Vorteilsbegriffs nach § 331 StGB und Rechtfertigungsfragen, NStZ 1999, S. 63 (67).

hang; zwischen Zuwendungsgeber und –empfänger besteht ein sog. systemimmanentes Näheverhältnis.[504]

(9) Vor diesem Hintergrund ist auch die **veränderte Hochschullandschaft**, die die Forschungsfreiheit insbesondere **finanziell maßgeblich beeinflusst**, in die Erwägungen miteinzubeziehen.

In den 70er Jahren hatte das Bundesverfassungsgericht noch betont, dass dem Staat hinsichtlich des Wissenschaftsbetriebs ein faktisches Monopol zukomme, weil nur er über entsprechende finanzielle Mittel verfüge, um eine unabhängige Forschung zu ermöglichen.[505] Diese Aussage kann heute nicht mehr aufrechterhalten werden. Die Hochschulforschung ist heutzutage von Sparzwängen gekennzeichnet. Gerade im Bereich der Naturwissenschaften ist eine Forschung ohne die Unterstützung Privater mittlerweile nicht mehr denkbar. Schon im Jahre 1983 wies *Karpen* daraufhin, dass die staatlichen Etatmittel in der Regel nur den Grundbedarf der Hochschule decken können, während mit Drittmitteln der Bedarf befriedigt werden könne, der sich aus einer besonderen Forschungs-Kompetenz einer Hochschule und dem unterschiedlichen wissenschaftlichen Engagement des einzelnen Wissenschaftlers ergebe.[506] Dies gelte in besonderem Maße für neue Projekte.[507] Diese Tendenz hat sich in den vergangenen Jahren nur verstärkt, wie die zu Beginn der Arbeit vorgestellten Zahlen des Statistischen Bundesamtes[508] deutlich aufzeigen.

Es ist ein **Faktum**, dass die **medizinische Forschung heutzutage ohne die finanzielle Unterstützung der Medizinprodukteindustrie nicht über die technischen und finanziellen Mittel verfügen würde, ihrem Forschungsauftrag nachzukommen.**[509] Es wird sogar vertreten, dass selbst die Grundlagenforschung heute nicht mehr ohne Anwendungsbezug erfolgen kann; in staatlichen Institutionen tätige Grundlagenforscher müssen daher von der Industrie wissen, welche Produkte um- und einsetzbar sind.[510] Für die anwendungsorientierte Grundlagenforschung gilt dies sicherlich.

Je mehr sich der Staat jedoch aus der Finanzierung der Forschung zurückzieht, desto mehr müssen Forscher auf andere Quellen zurückgreifen. Hierbei darf nicht vernachlässigt werden, dass diesem Grundrecht eine **Doppelfunktion** als **Abwehrrecht** sowie auch als **Teilhaberecht** zukommt. Stellt der Staat nicht die notwendigen finanziellen Mitteln für die Pflege der freien Wissenschaft zur Verfügung, so wird er der einen Funktion dieser Garantie nicht gerecht. Der Forschungsfreiheit muss in diesem Fall im Rahmen der Abwägung ein größeres Gewicht zukommen, als wenn

---

[504] *Norbert Gatzweiler*, Zuwendungen und Korruption – Ein Bericht aus der Sicht des Strafverteidigers, WissR 35 (2002), S. 327 (331).

[505] BVerfG, Urteil vom 29.05.1973, Az.: 1 BvR 424/71 und 325/72, BVerfGE 35, S. 79 (115).

[506] *Ulrich Karpen*, Wissenschaftsfreiheit und Hochschulfinanzierung – Überlegungen zu einem effektiven Mitteleinsatz, Berlin 1983, S. 39.

[507] *Ulrich Karpen*, Wissenschaftsfreiheit und Hochschulfinanzierung – Überlegungen zu einem effektiven Mitteleinsatz, Berlin 1983, S. 39.

[508] Publikation „Im Fokus: Drittmitteleinnahmen der Hochschulen in 2002" herausgegeben im August 2004 vom Statistischen Bundesamt, abrufbar im Internet unter: https://www-ec.destatis.de/csp/shop/sfg/bpm.html.cms.cBroker.cls.

[509] *Peter Dieners*, Selbstkontrolle der Wirtschaft zur Verhinderung von Korruption, JZ 1998, S. 181 (184).

[510] *Torsten Verrel*, Überkriminalisierung oder Übertreibung? Die neue Furcht vor der Korruptionsstrafbarkeit in der Medizin, MedR 2003, S. 319 (321).

durch den Staat genügend Mittel zur Verfügung gestellt würden, der einzelne Wissenschaftler seine Forschung also auch mit staatlichen Mitteln in gebührendem Maße vorantreiben könnte.

Gleichsam wie bei einer **Schaukel** soll die faktische Einschränkung der Teilhabefunktion durch die leeren öffentlichen Kassen zu einer erhöhten Effizienz der Abwehrfunktion führen, da nur dann das Grundrecht der Forschungsfreiheit einen wirksamen Schutz der Forschung und ihre bezweckte Entfaltung erreichen kann.

Dies ist nicht nur bei der Formulierung strafrechtlicher Normen wie § 331 StGB zu beachten, sondern vor allem bei der verfassungsrechtlichen Abwägung.

(10) Auf die Tatsache, dass die Forschung auch für den **Wirtschaftsstandort** Deutschland von großer Bedeutung ist und ein Großteil der Arbeitsplätze von Wissenschaft und Forschung abhängig ist,[511] soll nur nebenbei verwiesen werden.

(11) Verfassungsrechtlich von Bedeutung ist aber vielmehr, dass die klinische Forschung nämlich sowohl im Hinblick auf die Grundlagenforschung als auch im Bezug auf die anwendungsorientierte Forschung geprägt ist von dem Patientenwohl. Klinische Forschung dient – wie aufgezeigt – der Erforschung von Krankheiten und der Verbesserung diagnostischer und therapeutischer Verfahren und damit letztendlich dem **Patientenwohl bzw. der Volksgesundheit**. Damit tritt jedoch neben die Forschungsfreiheit ein weiterer Wert mit Verfassungsrang.[512] Ein beschleunigter Wissens- und Technologietransfer durch die Einwerbung von Drittmitteln dient mithin nicht nur der Schaffung und Erhaltung von Arbeitsplätzen, sondern auch der Förderung der Gesundheit aller und entspringt damit letztlich der staatlichen Verantwortung.[513] Die in die Abwägung einzustellende Forschungsfreiheit wird somit um ein weiteres Verfassungsgut angereichert.

(12) Entscheidend im Rahmen der Abwägung ist aber, dass eine Einschränkung des Schutzbereichs „**streng erforderlich**", d.h. von der Notwendigkeit der Entfaltung des kollidierenden Rechtsguts, getragen sein muss. Dabei darf die Reichweite des Schutzgutes – das Vertrauen der Allgemeinheit in die Unkäuflichkeit von Trägern staatlicher Funktionen – nicht überschätzt werden. Es muss vielmehr näher differenziert werden, denn dieses so pauschal definierte Schutzgut enthält mehrere voneinander **trennbare Facetten**.

Einerseits enthält es das Vertrauenssubstrat,[514] also die tatsächliche **Unkäuflichkeit** von Trägern staatlicher Funktionen, die ein hohes Schutzgut darstellt. Das hohe Gewicht dieses Schutzgut kann nicht nur mit Art. 20 Abs. 3 GG und mit der (ggf.) materiell falschen Entscheidung belegt werden. Die Unkäuflichkeit von Trägern staatlicher Funktionen schafft auch einen Rechtsfrieden und ermöglicht erst die Akzeptanz von Maßnahmen des Staates, insbesondere der Exekutive, weil diese noch mit der

---

[511] *Gerd Pfeiffer*, Von der Freiheit der klinischen Forschung zum strafrechtlichen Unrecht?, NJW 1997, S. 782 (783).
[512] Im Rahmen einer auf die Verletzung von Art. 12 Abs. 1 GG geschützten Verfassungsbeschwerde hat das BVerfG die Volksgesundheit als besonders wichtiges Gemeinschaftsgut bezeichnet, das sogar geeignet ist, eine objektive Zulassungsschranke zu rechtfertigen (BVerfG, Urteil vom 11.06.1985, Az.: 1 BvR 596/56, BVerfGE 7, S. 377 [414]).
[513] *Steffen Walter*, Medizinische Forschung mit Drittmitteln – lebenswichtig oder kriminell? Zur Neufassung des § 331 StGB, ZRP 1999, S. 292 (293).
[514] Gemeint ist damit das Bezugsobjekt des Vertrauens.

dahinter stehenden Gemeinwohlidee[515] gerechtfertigt werden können – oder zumindest der im Hinblick auf die friedensstiftende Funktion und Akzeptanz der Allgemeinheit entscheidende diesbezügliche Eindruck gewahrt wird.

Neben der Unkäuflichkeit als solcher ist aber auch das isolierte **Vertrauen der Allgemeinheit** in die Unkäuflichkeit selbst Schutzgut mit Verfassungsrang. Wie soeben dargestellt, ist dieses Vertrauen der Allgemeinheit der Aspekt, der den Rechtsfrieden erst ermöglicht.

Analysiert man die Eigenständigkeit dieses zweiten Aspekts näher, so entfaltet er – sofern man ihn vom ersten löst, also gerade kein Fall der Käuflichkeit vorliegt – letztlich nur Wirkung gegen den „bösen Anschein der Käuflichkeit“. Auch wenn dies für den zu erreichenden Rechtsfrieden erhebliche Wirkung hat, so ist dieser zweite Aspekt weniger gewichtig. Die Begründung ist darin zu sehen, dass einerseits nicht (gleichzeitig) materiell in die Entscheidungsfindung des Staates eingegriffen wird und (ggf. falsche) Entscheidungen aus sachfremden Erwägungen gefällt werden. Ferner kann der böse Anschein u.U. auch durch nachträgliche Kontroll- und Offenlegungsmaßnahmen im Nachhinein entkräftet werden, was ihm im Rahmen einer Abwägung weniger Gewicht verleiht.

Letztlich ist daher in Bezug auf die Gewichtung dieses zweiten Aspekts meines Erachtens danach zu unterscheiden, **wie stark der erzeugte Anschein ist** und ob eine Entkräftung dieses bösen Anscheins möglich ist. Der Anschein wird zumindest in den Fällen als sehr stark einzustufen sein, wenn die Dienstausübung und die Vorteilszuwendung zusammenfallen bzw. zeitlich eng aneinander liegen und gleichzeitig die Vorteilsgewährung einen eindeutigen Anschein setzt. So wird beispielsweise die Geldleistung an einen Beamten zu dem ansonsten keinerlei Verbindung besteht, im unmittelbaren zeitlichen Zusammenhang mit einer zu fällenden Vergabeentscheidung, die anschließend auch zugunsten des Leistenden erfolgt, einen derartigen starken Anschein setzen, dass die anschließende Entkräftung nicht ausreichend erscheint, um den Rechtsfrieden zu wahren.

Ist jedoch das Verhalten auch schon vom Anschein her mehrdeutig, so muss auf sein **Entkräftungspotential** abgestellt werden. Werden von der Norm Verhaltensweisen und Situationen erfasst, in denen auch eine spätere Kontrolle letztlich unmöglich ist und der Anschein der Käuflichkeit perpetuiert wird, so ist dem Schutzgut des Vertrauens der Allgemeinheit in die Unkäuflichkeit von Trägern staatlicher Funktionen ein sehr hohes Gewicht beizumessen und damit regelmäßig Vorrang zu geben. Ist allerdings der Anschein heilbar, so ist wiederum von der Vorstellung der Grundgesetzgeber auszugehen und dem vernünftigen und mündigen Bürger zu (ver-)trauen, der bei nachträglicher Korrektur des Anscheins die Rechtsordnung weiterhin akzeptiert.

Ohne dieser Differenzierung vorzunehmen, hat der Gesetzgeber selbst bewusst und gewollt an anderer Stelle im Zusammenhang mit der Frage der **Abgeordnetenbestechung** (§ 108e StGB) seinerseits sogar Fälle straffrei gelassen, bei denen nicht nur der Anschein unverrückbar bestehen bleibt, da eine Straffreistellung auch im Falle von erwiesenen Bestechungshandlungen beibehalten wurde,[516] obwohl

---

[515] Allgemein geht der Bürger davon aus, dass Maßnahmen des Staates dem Gemeinwohl dienen, und akzeptiert diese daher leichter.
[516] *Herbert Tröndle/Thomas Fischer*, Strafgesetzbuch, § 108e Rn. 3.

auch hier letztlich die Legitimität der parlamentarischen Demokratie,[517] mithin des Staates zur Debatte steht. Mit anderen Worten geht auch der Gesetzgeber zumindest davon aus, dass dem Anschein der Käuflichkeit alleine kein überragendes Gewicht zukommt. Der vom Gesetzgeber geäußerte Wille, auch Beweiserleichterungen zu schaffen, um letztlich schon im Vorfeld, jeden verdächtigen Geldfluss zu erfassen, rechtfertigt keine andere Wertung. Auch wenn der **Strafrechtspflege** als solcher durchaus Verfassungsrang zuzusprechen ist, gilt dies nicht zwingend auch für den Grundsatz der Verfahrensvereinfachung. Etwas anderes würde nur gelten, wenn ansonsten ein Verfahren letztlich nicht mehr durchführbar wäre. Sofern der Gesetzgeber aber Verfahrensvereinfachungen schafft, die in den grundrechtlich geschützten Bereich eingreifen, ohne diese mit mehr als einem nicht beweisbaren Generalverdacht zu rechtfertigen, wird dies der Bedeutung des Grundrechts der Forschungsfreiheit nicht gerecht.

(13) Überträgt man diese Überlegungen auf den Fall der **medizinischen Drittmittelforschung**, so ist zunächst festzuhalten, dass es hier zumindest in den Fällen, in denen eine pflichtwidrige Handlung unterbleibt, also in denen ein eventueller Einkauf und Einsatz von medizinischen Produkten/Arzneien zu marktüblichen Bedingungen erfolgt (also in allen Fallgruppen außer den Gruppen 5 und 6), lediglich die zweite Facette des Schutzgutes – also das isolierte Vertrauen der Allgemeinheit in die Unkäuflichkeit – betroffen ist. In diesen Fällen ist aber auch vom erzeugten Anschein her festzuhalten, dass zwar eine Gefahr der Bestechung nicht geleugnet werden kann, das Verhalten aber auch aus Sicht des vernünftigen Bürgers zumindest mehrdeutig ist, so dass es auf die Entkräftung ankommt. Diese ist wiederum immer dann möglich, wenn die Mittelflüsse ex post nachvollziehbar sind, also immer dann, wenn keine Vermengung der erlangten Vorteile (Drittmittel) mit dem Privatvermögen des Arztes oder seiner Angehöriger (Fallgruppe 8) erfolgt. Entscheidend ist damit die Transparenz und Nachvollziehbarkeit der Geldflüsse, die auch bei einem externen Verein gegeben sind, soweit ordentlich Buch geführt wird.

(14) Schließlich muss beachtet werden, dass der Eingriff durch eine strafrechtliche Norm geschieht. Eine **Strafnorm** stellt jedoch die *„**ultima ratio**“* im Instrumentarium des Gesetzgebers dar: *„Nach dem das ganze öffentliche Recht einschließlich des Verfassungsrechts beherrschendem rechtsstaatlichen Prinzip der Verhältnismäßigkeit darf er von diesem Mittel nur behutsam und zurückhaltend Gebrauch machen.“*[518] Das Missverhältnis wird noch deutlicher vor dem Hintergrund, dass das in Art. 5 Abs. 3 GG garantierte Freiheitsrecht, von staatlichen Zwängen im wissenschaftlichen Erkenntnisprozess unbehelligt zu bleiben, einen durchgreifenden Schutz schon vor verhältnismäßig geringfügigen Beeinträchtigungen bieten soll.[519] Von einer geringfügigen Beeinträchtigung kann aber bei einer strafrechtlichen Sanktion keine Rede sein.

Nicht gefolgt werden kann in diesem Zusammenhang der Ansicht des OLG Hamburg, das den Schutzgütern der §§ 331 ff. StGB den Vorrang einräumt, weil dem Hochschullehrer Wege offen stehen, in nicht strafbedrohter Weise seine Tätigkeit auszuüben, nämlich durch Abwicklung im Rahmen eines Drittmittelprojektes oder

---

[517] *Herbert Tröndle/Thomas Fischer*, Strafgesetzbuch, § 108e Rn. 9.
[518] BVerfG, Urteil vom 25.02.2975, Az.: 1 BvF 1, 2, 3, 4, 5, 6/74, BVerfGE 39, S. 1 (47).
[519] BVerfG, Beschluss vom 01.03.1987, Az.: 1 BvR 333/75 und 174, 178, 191/71, BVerfGE 47, S. 327 (378).

durch anderweitige Offenlegung und Genehmigungseinholung.[520] Dies ist gerade im Falle der an die Höhe des Umsatzes gekoppelten Zuwendungen jedoch nicht der Fall, da diese – wie für das Saarland aufgezeigt – nicht als Drittmittel qualifiziert werden können und damit eine Genehmigung, die zu einer teleologischen Reduktion des Tatbestandes oder zur Anwendbarkeit des § 331 Abs. 3 StGB führt, ausgeschlossen ist. Dennoch muss auch in diesen Fallkonstellationen angesichts der derzeit bestehenden Hochschullandschaft die Abwägung zugunsten der Forschungsfreiheit ausfallen.

Die Einhaltung von dienstrechtlichen Verfahrensvorschriften kann **auf dem Wege des Disziplinarrechts** sichergestellt werden; einer strafrechtlichen Sanktion bedarf es angesichts des ultima ratio-Charakters solcher Sanktionen indes nicht.

IV. Lösung der Beispielsfälle unter Berücksichtigung der Forschungsfreiheit

Bewertung Gruppe 1 (Fälle 1 bis 3):[521]

Für die unter Gruppe 1 vorgestellten Fälle, in denen außer der Tatsache selbst, dass der Forscher seinem staatlichen Forschungsauftrag nachgeht, keinerlei weitere Gegenleistung vorliegt, ist der mit § 331 StGB vorgenommene Eingriff in die Forschungsfreiheit verfassungsrechtlich nicht zu rechtfertigen.

Als einzig in Frage kommendes, eine Rechtfertigung tragendes Verfassungsgut ist das Vertrauen der Allgemeinheit in die Nichtkäuflichkeit der Entscheidung staatlicher Träger anzusehen. Die Beweiserleichterungsargumentation ist aus den erläuterten Gründen nicht anzuerkennen, so dass die Strafrechtspflege als solche ebenfalls nicht in die Abwägung einzustellen ist. Die Bedeutung der Freiheit der Forschung vor einer Einflussnahme Dritter spricht ebenfalls nicht dagegen, zumindest dann nicht, wenn die Forschung nur mit diesen Dritten möglich ist.

Allerdings ist neben der Forschungsfreiheit auch die Volksgesundheit zu berücksichtigen, die eine Forschung voraussetzt, die selbst wiederum nur in Zusammenarbeit mit der Medizinprodukteindustrie zu bewerkstelligen ist. Schließlich sprechen der faktische Rückzug des Staates im Verhältnis zum Finanzierungsbedarf und die daran anknüpfende vorgenannte Schaukelargumentation für eine möglichst freie Drittmitteleinwerbung und damit gegen die Rechtfertigung des Eingriffs. Da schließlich das Verhalten keinen eindeutigen Anschein der Käuflichkeit erweckt, mithin zumindest als möglicherweise rechtmäßig und damit zumindest als mehrdeutig einzustufen ist, ist auf das Entkräftungspotential abzustellen. Dieses ist in Anbetracht der Nichtvermengung mit dem Privatvermögen gegeben. Die letztlich lediglich aus der Verletzung des Verwaltungsverfahrens resultierende Strafbarkeit ist in diesen Fällen nicht verfassungsgerichtlich gerechtfertigt.

Bewertung Gruppe 2 (Fälle 4 bis 6):[522]

Auch in diesen Fällen kommt eine verfassungsrechtliche Rechtfertigung nicht in Frage. Der Unterschied zur Gruppe 1 besteht lediglich darin, dass es sich bei Gruppe 2

[520] OLG Hamburg, Beschluss vom 11.07.2000, Az.: 2 Ws 129/00, StV 2001, S. 284 (288).
[521] Vgl. S. 63 ff..
[522] Vgl. S. 67 ff..

um Auftrags- bzw. Zweckforschung handelt, die allerdings ebenfalls vom Schutzbereich des Art. 5 Abs. 3 S. 1 GG erfasst wird. Auf Rechtfertigungsebene greifen die vorgenannten Argumente auf gleiche Weise. Lediglich die aus Art. 5 Abs. 3 S. 1 GG selbst resultierende Freiheit vor drittdeterminierter Forschung könnte hier in gewichtigerem Maße angeführt werden, m.a.W. könnte hier nur die Bedeutung der Forschungsfreiheit als solcher mit größerem Gewicht in die Abwägung eingestellt werden. Dies würde indes zu keinem anderen Ergebnis führen, da die Forschung letztlich zwingend auf die medizinischen und pharmazeutischen Produkte – mithin auf die Kooperation der Industrie – angewiesen und andernfalls eine Forschung nicht möglich ist. Ferner ist in diesem Zusammenhang einerseits die Notwendigkeit der Zusammenarbeit für die Volksgesundheit und andererseits die fehlenden staatlichen Forschungsmittel zu unterstreichen. Die Freiheit der Forschung kann daher nicht zu dem Ergebnis führen, dass ganze Bereiche aufgrund eben gerade dieser Freiheit „forschungsfrei" bleiben. Auch bei dieser Fallgruppe scheidet eine verfassungsrechtliche Rechtfertigung aus.

Bewertung Gruppe 3 (Fälle 7 bis 9):[523]

Eine verfassungsrechtliche Rechtfertigung scheidet auch hier aus. Der Unterschied zur Gruppe 1 besteht darin, dass der Arzt de lege artis für die Beschaffung und den Einsatz von medizinischen und pharmazeutischen Produkten sorgt. Einzuräumen ist, dass die Missbrauchsgefahr bei dieser Fallgruppe steigt und der Anschein der Käuflichkeit gegeben sein kann. Indes handelt es sich bei den Beschaffungsentscheidungen sowie bei dem Einsatz der beschafften Güter dem äußeren Anschein nach möglicherweise um pflicht- und rechtmäßige Verhaltensweisen – mithin zumindest um mehrdeutige Verhaltensweisen, so dass es auf das hier unproblematisch gegebene Entkräftungspotential ankommt. Auch hier ist Art. 5 Abs. 3 S. 1 GG den Vorrang zu geben und eine verfassungsrechtliche Rechtfertigung des Eingriffes abzulehnen.

Bewertung Gruppe 4 (Fälle 10 bis 12):[524]

Der Unterschied zu der vorherigen Gruppe besteht in der Umsatzabhängigkeit der Drittmittel, die einen höheren Anschein der Käuflichkeit setzen. Indes kann das Verhalten noch als mehrdeutig bezeichnet werden, so dass auch hier auf das Entkräftungspotential abzustellen ist. In Anbetracht des doch recht starken Anscheins sind allerdings erhöhte Anforderungen an die anschließende Kontrollierbarkeit zu setzen. Dies rechtfertigt indes keine Strafbarkeit des Forschers.

Bewertung Gruppen 5 und 6 (Fälle 13 bis 18):[525]

Bei diesen Gruppen ist die Strafandrohung gerechtfertigt, da jeweils pflichtwidrige Handlungen vorliegen. M.a.W. geht es hier nicht nur um den Anschein der Käuflichkeit. Jedenfalls ist aber der Anschein der Käuflichkeit so stark, dass es nicht mehr auf die Frage der nachträglichen Entkräftung dieses Anscheins ankommen kann.

---

[523] Vgl. S. 69 ff..
[524] Vgl. S. 71 ff..
[525] Vgl. S. 74 ff. und S. 76 ff..

Bewertung Gruppe 7 (Fälle 19 bis 21):[526]

Allen diesen Fällen ist gemein, dass schon die Beschaffungsentscheidung und der Einsatz der medizinischen/pharmazeutischen Produkte zu Zwecken der Forschung erfolgt. Der Forscher beschafft sich auf diesem Wege sein Forschungssubtrat bzw. seine Forschungsinstrumente. Mithin sind diese Verhaltensweisen im Unterschied zu den vorherigen Gruppen ebenfalls von der Forschungsfreiheit gedeckt. Eine Rechtfertigung scheidet daher auch hier aus – selbst dann, wenn die Drittmittelvergabe von der Beschaffungsentscheidung abhängig ist.

Bewertung Gruppe 8 (Fälle 22 bis 23):[527]

Fall 23 fällt schon nicht in den Schutzbereich des Art. 5 Abs. 3 S. 1 GG, weil die Mittel nicht der Forschung zufließen (s.o.), so dass eine verfassungsrechtliche Problematik in Bezug auf die Strafbarkeit insoweit nicht gegeben ist.

Im Falle von Fall 22 fließen – im Unterschied zu allen bisher besprochenen Fällen – die Drittmittel in das Privatvermögen des Forschers. Damit wird nicht nur ein verheerender, kaum zu korrigierender Anschein gesetzt. Eine Entkräftungsmöglichkeit scheidet hier aus, weil für den Forscher auch keinerlei verobjektivierbare Möglichkeiten bestehen, die Mittelflüsse nachzuverfolgen.

Anders sieht es im Falle eines Vereins aus, da keine Vermengung mit einem Privatvermögen erfolgt und damit der gesetzte Anschein weniger stark ist – und eine Zweckentfremdung der Drittmittel schneller bemerkt werden kann. Eine zumutbare Entkräftungsmöglichkeit besteht für den Forscher durch Vorlage der geführten Bücher.

C. Vereinbarkeit mit der Berufsfreiheit, Art. 12 Abs. 1 GG

Zu prüfen ist schließlich, ob die Drittmitteleinwerbung von der Berufsfreiheit des Art. 12 Abs. 1 GG geschützt ist.

I. Verhältnis zu Art. 5 Abs. 3 S. 1 GG

Eine Prüfung von Art. 12 Abs. 1 GG wäre indes entbehrlich, wenn der Forschungsfreiheit gegenüber der Berufsfreiheit der Vorrang gebührt mit der Folge, dass sich § 331 StGB nur an den Vorgaben des Art. 5 Abs. 3 S. 1 GG messen lassen muss.

Nach der Rechtsprechung des Bundesverfassungsgerichts besteht jedoch zwischen beiden Grundrechten kein Spezialitätsverhältnis; vielmehr sind beide Grundrechte parallel anwendbar.[528] Mithin ist im Folgenden zu untersuchen, ob auch der Schutzbereich dieses Grundrechtes eröffnet ist und ob hierin in verfassungsgemäßer Weise eingegriffen wird.

---

[526] Vgl. S. 78 ff..
[527] Vgl. S. 80 ff..
[528] BVerfG, Urteil vom 10.03.1992, Az.: 1 BvR 454, 470, 602, 616, 905, 939-955, 957-963, 1128, 1315-1318, 1453/91, BVerfGE 85, S. 360 (381).

II. Schutzbereich

1. Sachlicher Schutzbereich

In sachlicher Hinsicht schützt Art. 12 Abs. 1 GG die Freiheit der Berufswahl und der Berufsausübung. Dabei nimmt das Bundesverfassungsgericht aufgrund der Abgrenzungsschwierigkeiten zwischen Wahl und Ausübung eines Berufes einen einheitlichen Schutzbereich an, der umfassend alle Aspekte der Berufswahl und -ausübung umfasst und auch die Ausbildung einschließt.[529] Art. 12 Abs. 1 GG gewährt dem Einzelnen das Recht, jede Tätigkeit, für die er sich geeignet glaubt, als Beruf zu ergreifen und zur Grundlage seiner Lebensführung zu machen.[530] Damit konkretisiert die Berufsfreiheit das Grundrecht auf freie Entfaltung der Persönlichkeit im Bereich der individuellen Leistung und Existenzerhaltung und zielt auf eine möglichst unreglementierte berufliche Betätigung ab.[531]

Beruf ist jede auf eine gewisse Dauer angelegte Tätigkeit, die der Schaffung oder Erhaltung der Lebensgrundlage dient.[532] Die Tätigkeit sowohl eines Arztes als auch eines Forschers, die sich in einer Person vereinigen können, können hierunter subsumiert werden, da unter den Schutzbereich auch Tätigkeiten im öffentlichen Dienst fallen. Art. 33 GG verdrängt Art. 12 Abs. 1 GG nämlich nicht vollständig, sondern enthält in seinen Absätzen 2 und 5 lediglich besondere Beschränkungsmöglichkeiten.[533]

Zwar wird der Schutzbereich des Art. 12 Abs. 1 GG häufig auf „erlaubte"[534] oder „nicht sozialschädliche"[535] Tätigkeitsformen begrenzt. Beide Kriterien sind jedoch im Schrifttum heftiger Kritik ausgesetzt. Während dem Tatbestandsmerkmal des Erlaubtseins zu Recht entgegengehalten wird, hiermit werde der Berufsbegriff zur Disposition des Gesetzgebers gestellt, bleibt das Merkmal der Sozialschädlichkeit zu vage.[536]

Unabhängig davon, welcher Ansicht vor diesem Hintergrund der Vorzug zu geben ist, wirkt sich dieses einschränkende Merkmal im Rahmen der vorliegenden Untersuchung nicht aus. Allein die Tatsache, dass die Drittmitteleinwerbung unter bestimmten Voraussetzungen mit Strafe bedroht ist, ist nicht geeignet, die wissenschaftliche Tätigkeit eines Drittmittel einwerbenden Forschers aus dem Schutzbereich auszuschließen. Andernfalls könnte die Berufsfreiheit einfachgesetzlich ausgehöhlt werden. Um dies zu vermeiden, ist richtigerweise darauf abzustellen, ob eine Tätigkeit

---

[529] Ganz h.M. und st. Rspr. seit BVerfG, Urteil vom 11.06.1985, Az.: 1 BvR 596/56, BVerfGE 7, S. 377 (402).
[530] BVerfG, Beschluss vom 12.06.1990, Az.: 1 BvR 355/86, BVErfGE 82, S. 209 (223).
[531] BVerfG, Beschluss vom 12.06.1990, Az.: 1 BvR 355/86, BVErfGE 82, S. 209 (223).
[532] BVerfG, Urteil vom 11.06.1985, Az.: 1 BvR 596/56, BVerfGE 7, S. 377 (397).
[533] *Hans D. Jarass* in: Hans D. Jarass/Bodo Pieroth, Grundgesetz für die Bundesrepublik Deutschland, Art. 12 Rn. 6 und 51.
[534] BVerfG, Urteil vom 11.06.1985, Az.: 1 BvR 596/56, BVerfGE 7, S. 377 (397); BVerfG, Beschluss vom 28.11.1984, Az.: 1 BvL 13/81, BVerfGE 68, S. 272 (281); BVerfG, Beschluss vom 14.11.1989, Az.: 1 BvL 14/85, 1 BvR 1276/84, BVerfGE 81, S. 70 (85).
[535] BVerwG, Urteil vom 04.11.1965, Az.: I C 6.63, BVerwGE 33, S. 286 (289).
[536] *Bodo Pieroth/Bernhard Schlink*, Staatsrecht II/Grundrechte, Rn. 810.

wie die eines Auftragkillers evident dem Menschenbild des Grundgesetzes entgegensteht.[537] Dies ist jedoch bei der Drittmitteleinwerbung abzulehnen.

2. Persönlicher Schutzbereich

Träger dieses Grundrechts können insbesondere[538] natürliche Personen sein. Als sog. Bürgerrecht ist der Schutzumfang allerdings nur Deutschen i.Sv. Art. 116 GG gewährleistet.

III. Eingriff in die Berufsfreiheit

Eingriffe in die Berufsfreiheit können – entsprechend dem sachlichen Schutzbereich – sowohl den **Ausübungsaspekt**, also das Wie der beruflichen Tätigkeit, als auch den **Wahlaspekt**, d.h. das Ob der beruflichen Tätigkeit, betreffen.

Anders als bei der Forschungsfreiheit werden bei der Berufsfreiheit allerdings weitergehende Anforderungen an die **Eingriffsqualität** gestellt. Die Berufsfreiheit wird zum einen durch Regelungen mit Berufsbezug, d.h. durch solche Regelungen beeinträchtigt, die sich unmittelbar auf einen Beruf beziehen, d.h. nur Berufstätige als Adressaten haben.[539] Auch ohne eine solche berufsregelnde Zielsetzung kann ein Eingriff aufgrund der mittelbaren oder tatsächlichen Auswirkungen einer Vorschrift vorliegen, sofern diese zumindest eine objektiv berufsregelnde Tendenz hat.[540] Diese ist dann gegeben, wenn die Norm nach Entstehungsgeschichte und Inhalt im Schwerpunkt Tätigkeiten betrifft, die typischerweise beruflich ausgeübt werden.[541] Die Regelung muss zudem von einigem Gewicht sein und die berufliche Tätigkeit nennenswert behindern.[542]

§ 331 StGB stellt das Fordern, Sich-versprechen-lassen und Annehmen von Vorteilen durch Amtsträger und besonders für den Öffentlichen Dienst Verpflichtete unter Strafe. Er richtet damit eine Verhaltensanweisung in Form eines Verbotes unmittelbar an diese Gruppe der Berufstätigen und greift damit in den Schutzbereich des Art. 12 Abs. 1 GG ein. Allerdings verbietet § 331 StGB nicht das Recht eines Forschers, überhaupt Drittmittel einzuwerben. Unmittelbare Folge des § 331 StGB ist auch nicht, dass die Forschung nicht mehr wie gewünscht ausgeübt werden kann. Ein Eingriff nach dem klassischen Eingriffsbegriff ist damit zu verneinen. Indes ist es – wie dargestellt – ausreichend, wenn die Auswirkungen hoheitlichen Handelns geeignet sind, die Berufsfreiheit zu beeinträchtigen.[543] Eine solche mittelbare Wirkung kann § 331 StGB aber ohne Zweifel nicht abgesprochen werden. Schon früh hat

---

[537] *Peter J. Tettinger* in: Michael Sachs (Hrsg.), Grundgesetz, Art. 12 Rn. 38.

[538] Neben natürlichen Personen kommen unter den Voraussetzungen des Art. 19 Abs. 3 GG auch inländische juristische Personen als Grundrechtsträger in Betracht. Dies ist für die vorliegende Untersuchung indes nicht weiter von Bedeutung.

[539] BVerfG, Urteil vom 17.02.1998, Az.: 1 BvF 1/91, BVerfGE 97, S. 228 (254).

[540] BVerfG, Urteil vom 17.02.1998, Az.: 1 BvF 1/91, BVerfGE 97, S. 228 (254); BVerfG, Beschluss vom 19.06.1985, Az.: 1 BvL 57/79, BVerfGE 70, S. 191 (214).

[541] BVerfG, Urteil vom 17.02.1998, Az.: 1 BvF 1/91, BVerfGE 97, S. 228 (254).

[542] BVerfG, Beschluss vom 29.11.1989, Az.: 1 BvR 1402, 1528/87, BVerfGE 81, S. 108 (122).

[543] BVerfG, Beschluss vom 12.06.1990, Az.: 1 BvR 355/86, BVErfGE 82, S. 209 (223).

auch das Bundesverfassungsgericht deutlich gemacht, dass Strafnormen geeignet sei können, Art. 12 Abs. 1 GG mittelbar zu betreffen.[544]

Im Rahmen von Art. 12 Abs. 1 GG wird darüber hinaus unterschieden, **auf welcher Ebene der Eingriff** stattfindet. Eingriffe können zum einen auf der Ebene der Berufswahl erfolgen. Hierbei ist zwischen objektiven und subjektiven Zulassungsvoraussetzungen zu unterscheiden. Objektive Zulassungsschranken sind solche, die mit den persönlichen Eigenschaften und Möglichkeiten des Berufsbewerbers nichts zu tun haben und auf deren Erfüllung er keinen Einfluss nehmen kann.[545] Hingegen handelt es sich um subjektive Zulassungsvoraussetzungen, wenn Vorschriften die Aufnahme der Berufstätigkeit an das Vorliegen persönlicher Eigenschaften, Fähigkeiten oder Leistungsnachweise knüpft.[546]

Zum anderen können Regelungen aber auch die Berufsausübung, d.h. die Form, Mittel und die Bestimmung des Umfangs und Inhalts der Berufsbetätigung, betreffen, ohne dass der Kern der Berufstätigkeit angetastet wird.[547] Dieser letzten Ebene ist § 331 StGB zuzuordnen, da nicht der Kern der Berufstätigkeit eines Forschers berührt, sondern lediglich eine spezielle Art der Berufsausübung in einer besonderen Ausprägung verboten wird.

IV. Verfassungsrechtliche Rechtfertigung

Die Berufsfreiheit ist nicht vorbehaltslos gewährleistet, sondern unterliegt gesetzlichen Beschränkungen. Art. 12 Abs. 1 S. 2 GG erlaubt Eingriffe in die Berufsfreiheit allerdings nur durch Gesetz oder auf Grund eines Gesetzes. Dabei erstreckt sich der Regelungsvorbehalt des Art. 12 Abs. 1 S. 2 GG dem Grunde nach sowohl auf die Berufsausübung als auch auf die Berufswahl.[548]

Die gesetzliche Grundlage muss dabei den Umfang und die Grenzen des Eingriffs deutlich erkennen lassen, d.h. der Gesetzgeber muss selbst alle wesentlichen Entscheidungen treffen, soweit sie gesetzlicher Regelung zugänglich sind.[549] Diese Erfordernisse sind bei § 331 StGB als Parlamentsgesetz erfüllt.

Beeinträchtigungen der Berufsfreiheit müssen des Weiteren **verhältnismäßig** sein. Das Bundesverfassungsgericht hat die Anforderungen, die an diesen Grundsatz gestellt werden, speziell für Art. 12 Abs. 1 GG durch die sog. **Stufenlehre** näher konkretisiert: Danach hat sich die verfassungsrechtliche Rechtfertigung bei steigender Intensität der Grundrechtsbeeinträchtigung an entsprechend höherwertigen Gemeinwohlbelangen auszurichten.[550]

Den strengsten Anforderungen sind die objektiven Zulassungsvoraussetzungen unterworfen. Ein derartiger Eingriff in die freie Berufswahl kann nur zur Abwehr

---

[544] BVerfG, Beschluss vom 08.01.1959, Az.: 1 BvR 425/52, BVerfGE 9, S. 83 (88).
[545] *Manfred Gubelt* in: Ingo v. Münch (Begr.)/Philip Kunig (Hrsg.), Grundgesetz-Kommentar, Bd. 1 (Präambel bis Art. 19), Art. 12 Rn. 65.
[546] *Peter J. Tettinger* in: Michael Sachs (Hrsg.), Grundgesetz, Art. 12 Rn. 103.
[547] *Manfred Gubelt* in: Ingo v. Münch (Begr.)/Philip Kunig (Hrsg.), Grundgesetz-Kommentar, Bd. 1 (Präambel bis Art. 19), Art. 12 Rn. 48.
[548] BVerfG, Urteil vom 11.06.1985, Az.: 1 BvR 596/56, BVerfGE 7, S. 377 (402).
[549] BVerfG, Beschluss vom 12.06.1990, Az.: 1 BvR 355/86, BVErfGE 82, S. 209 (224).
[550] *Peter J. Tettinger* in: Michael Sachs (Hrsg.), Grundgesetz, Art. 12 Rn. 100.

nachweisbarer oder höchstwahrscheinlicher schwerer Gefahren für ein überragend wichtiges Gemeinschaftsgut erfolgen.[551]

Subjektive Zulassungsvoraussetzungen hingegen sind nur zulässig, soweit sie durch überragende Gemeinschaftsgüter, die der Freiheit des einzelnen vorgehen, geschützt werden sollen.[552]

Auf der Stufe der reinen Ausübungsregelungen ist der Gesetzgeber am freiesten:[553] Er muss den Eingriff hier mit sachgerechten und vernünftigen Erwägungen des Gemeinwohls begründen können und darf sich nicht von zweckfremden Erwägungen leiten lassen.[554]

§ 331 StGB betrifft allein die **Berufsausübung**. Die Strafvorschrift ist daher mit Art. 12 Abs. 1 GG vereinbar, soweit vernünftige Erwägungen des Gemeinwohls sie als zweckmäßig erscheinen lassen und das Grundrecht nicht unverhältnismäßig eingeschränkt wird.

Unbestechlichkeit und das Vertrauen der Allgemeinheit in die Unkäuflichkeit von Trägern staatlicher Funktionen und in die „Nicht-Käuflichkeit“ dienstlichen Handelns können den **vernünftigen Erwägungen des Gemeinwohls** zweifelsfrei zugerechnet werden. Dies allein ist indes für die verfassungsrechtliche Rechtfertigung eines Eingriffs in die Berufsfreiheit nicht ausreichend. Vielmehr darf die Berufsausübung zudem auch nicht unverhältnismäßig beeinträchtigt werden.

Jeder Eingriff in die Berufsfreiheit muss dem Grundsatz der **Verhältnismäßigkeit** genügen, d.h. das gewählte Mittel muss zur Erreichung des verfolgten Zweckes geeignet und auch erforderlich sein und bei einer Gesamtabwägung zwischen der Schwere des Eingriffs und dem Gewicht der ihn rechtfertigenden Gründe muss die Grenze der Zumutbarkeit noch gewahrt sein.[555] Im Bereich der Berufsausübungsregelungen hat der Gesetzgeber allerdings einen erheblichen Beurteilungs- und Gestaltungsspielraum: Dieser umfasst sowohl die Einschätzung der drohenden Gefahren als auch die Eignung und Erforderlichkeit des gewählten Mittels.[556]

Die Beeinträchtigung der Berufsausübung muss zunächst zur Erreichung des verfolgten Zweckes geeignet sein.[557] Dies ist dann der Fall, wenn mit Hilfe dieses Mittels der gewünschte Erfolg gefördert werden kann.[558] § 331 StGB kann vor diesem Hintergrund die Geeignetheit nicht abgesprochen werden. Indem der Gesetzgeber das Fordern, Sichversprechenlassen oder Annehmen von Vorteilen unter bestimmten Voraussetzungen unter Strafe stellt, fördert er zweifellos das Vertrauen der Bürger in die Unkäuflichkeit von Trägern staatlicher Funktionen und in die „Nicht-Käuflichkeit“ dienstlichen Handelns. Das Mittel ist daher als geeignet zu qualifizieren.

---

551 BVerfG, Urteil vom 11.06.1985, Az.: 1 BvR 596/56, BVerfGE 7, S. 377 (378).
552 BVerfG, Beschluss vom 12.03.1985, Az.: 1 BvL 25, 45, 52/83, BVerfGE 69, S. 209 (218).
553 BVerfG, Urteil vom 11.06.1985, Az.: 1 BvR 596/56, BVerfGE 7, S. 377 (406).
554 *Manfred Gubelt* in: Ingo v. Münch (Begr.)/Philip Kunig (Hrsg.), Grundgesetz-Kommentar, Bd. 1 (Präambel bis Art. 19), Art. 12 Rn. 49.
555 BVerfG, Beschluss vom 14.07.1987, Az.: 1 BvR 362/79, BVerfGE 76, S. 196 (207).
556 *Hans D. Jarass* in: Hans D. Jarass/Bodo Pieroth, Grundgesetz für die Bundesrepublik Deutschland, Art. 12 Rn. 27.
557 BVerfG, Beschluss vom 16.03.1971, Az.: 1 BvR 52, 665, 667, 754/66, BVerfGE 30, S. 292 (316).
558 BVerfG, Beschluss vom 16.03.1971, Az.: 1 BvR 52, 665, 667, 754/66, BVerfGE 30, S. 292 (316).

Ferner muss die Beeinträchtigung erforderlich sein. Dies ist nur dann der Fall, wenn der Zweck nicht durch ein anderes Mittel erreicht werden kann, das gleich wirksam ist, den Bürger aber weniger fühlbar einschränkt.[559] Mit Blick auf § 331 StGB stellt sich hier insbesondere die Frage, ob das genannte Ziel – das Vertrauen der Allgemeinheit in die Unkäuflichkeit von Trägern staatlicher Funktionen und in die „Nicht-Käuflichkeit" dienstlichen Handelns – nicht ebenso auf andere Weise als durch strafrechtliche Sanktionen erreicht werden kann. In Betracht kommt hier insbesondere eine disziplinarische Ahndung des Fehlverhaltens des Forschers. Dies gilt insbesondere vor dem Hintergrund, dass eine Strafnorm die *„ultima ratio"* im Instrumentarium des Gesetzgebers darstellt.[560]

Meines Erachtens wird das Ziel, das Vertrauen in die Unkäuflichkeit von Trägern staatlicher Funktionen und in die „Nicht-Käuflichkeit" dienstlichen Handelns, durch das Disziplinarrecht ebenso gut erreicht. Die disziplinarrechtlichen Folgen einer Handlung werden von Beamten nicht minder gefürchtet als die strafrechtlichen, manchmal sogar mehr.

Allerdings ist dem Gesetzgeber hier zugute zu halten, dass ihm im Bereich der Berufsausübungsregelungen ein weiter Prognosespielraum zugute kommt.[561] Wenn man vor diesem Hintergrund die Erforderlichkeit bejahen würde, müsste die gebotene Gesamtabwägung zwischen der Schwere des Eingriffs und dem Gewicht der ihn rechtfertigenden Gründe die Grenze der Zumutbarkeit noch wahren. Die Beeinträchtigung, die ein Grundrechtsträger in seiner Berufsfreiheit erfährt, und die Förderung der Gemeinwohlinteressen müssten mithin in einem angemessenen Verhältnis zueinander stehen.[562] Auch auf dieser Stufe gilt: Je stärker die Berufsangehörigen in ihrer Berufsausübung beeinträchtigt werden, desto wichtiger müssen die Gemeinwohlinteressen sein, die mit dieser Regelung verwirklicht werden.[563]

Bei der in Bezug auf § 331 StGB vorzunehmenden Abwägung ist auf der einen Seite zu beachten, dass der Eingriff in die Berufsfreiheit des Forschers nicht gering ist. Indem er bestimmte Verhaltensweisen mit Strafe bedroht, greift der Gesetzgeber zu einer seiner schärfsten Waffen, da eine Strafnorm stets als die *„ultima ratio"* im Instrumentarium des Gesetzgebers anzusehen ist, von der der Gesetzgeber nur behutsam Gebrauch machen darf.[564] Auf der anderen Seite ist aber mit dem Vertrauen der Allgemeinheit in die Unkäuflichkeit von Trägern staatlicher Funktionen und in die „Nicht-Käuflichkeit" dienstlichen Handelns ein bedeutsames Gemeinwohlinteresse in die Abwägung einzustellen. Letzteres stellt mehr dar als eine sachgerechte Erwägung, so dass im Ergebnis die Angemessenheit des Eingriffs zu bejahen ist.

V. Ergebnis

Nach Auffassung des Bundesverfassungsgerichts kann neben eine Verletzung der Forschungsfreiheit auch eine Verletzung der in Art. 12 Abs. 1 GG gewährten Berufs-

---

559 BVerfG, Beschluss vom 14.03.1989, Az.: 1 BvR 1033/82 und 174/84, BVerfGE 80, S. 1 (30).
560 BVerfG, Urteil vom 25.02.2975, Az.: 1 BvF 1, 2, 3, 4, 5, 6/74, BVerfGE 39, S. 1 (47).
561 BVerfG, Beschluss vom 14.07.1987, Az.: 1 BvR 362/79, BVerfGE 76, S. 196 (207).
562 *Manfred Gubelt* in: Ingo v. Münch (Begr.)/Philip Kunig (Hrsg.), Grundgesetz-Kommentar, Bd. 1 (Präambel bis Art. 19), Art. 12 Rn. 49.
563 BVerfG, Beschluss vom 28.07.1971, Az.: 1 BvR 40, 47, 175, 155, 159/69, BVerfGE 32, S. 1 (34).
564 BVerfG, Urteil vom 25.02.2975, Az.: 1 BvF 1, 2, 3, 4, 5, 6/74, BVerfGE 39, S. 1 (47).

freiheit treten. Eine mögliche Verbeamtung des Forschers steht dem nicht entgegen, da Art. 12 Abs. 1 GG auch für diese Anwendung findet. § 331 StGB wirkt sich mittelbar auch auf die Berufsausübung von Forschern aus. Billigt man dem Gesetzgeber im Hinblick auf die Frage der Erforderlichkeit dieser Strafnorm einen weiten Einschätzungsspielraum zu, kann die Erforderlichkeit des Eingriffs noch bejaht werden. Die Angemessenheit dieser Regelung ist dann angesichts der überragenden Bedeutung der in die Abwägung eingestellten Gemeinschaftsgüter gegeben.

D. Ergebnis der verfassungsrechtlichen Untersuchung

Festzuhalten bleibt, dass eine Strafbarkeit der Drittmitteleinwerbung ohne Einhaltung des Verwaltungsverfahrens nur in den Fällen von pflichtwidrigen Handlungen (Gruppen 5 und 6) sowie bei Vermengung der Drittmittel mit dem Privatvermögen des Forschers (Gruppe 8) zu rechtfertigen ist.

In allen anderen Fällen verstößt die Anordnung der Strafbarkeit gegen Art. 5 Abs. 3 S. 1 GG und ist mithin verfassungswidrig. Ein Verstoß gegen Art. 12 Abs. 1 GG liegt hingegen bei der Anordnung der Strafbarkeit nicht vor.

Sähe sich das Bundesverfassungsgericht mit einem einen Forscher auf der Grundlage des § 331 StGB fußenden Urteils konfrontiert, so müsste dieses – noch vor der Frage, ob die Norm in verfassungskonformer Weise angewandt wurde – prüfen, ob die Norm selbst verfassungsgemäß ist (wobei dies von der im Anschluss prüfenden Frage abhängt, ob eine verfassungskonforme Auslegung überhaupt möglich ist). Dabei müsste das Bundesverfassungsgericht meines Erachtens zum Ergebnis gelangen, dass dies nicht der Fall ist.

5. Kapitel: Verfassungskonforme Auslegung des § 331 StGB?

Mit der Feststellung, dass durch eine Verurteilung in den dargestellten Beispielsfällen mit Ausnahme der Gruppen 5 und 6 und des Beispielfalles 23 unter Zugrundlegung der höchstrichterlichen Rechtsprechung die Forschungsfreiheit der Ärzte in verfassungswidriger Weise beeinträchtigen würde, ist § 331 StGB in seiner geltenden Fassung aber noch **nicht zwingend als verfassungswidrig** zu qualifizieren. Dies wäre nur dann der Fall, wenn eine Heilung der Vorschrift durch Auslegung nicht möglich ist.

Nach ständiger Rechtsprechung des Bundesverfassungsgerichts ist die **verfassungskonforme Auslegung** einer Norm immer dann geboten, wenn unter Berücksichtigung von Wortlaut, Entstehungsgeschichte, Gesamtzusammenhang und Zweck mehrere Deutungen möglich sind, von denen nicht alle, aber zumindest eine zu einem verfassungsgemäßen Ergebnis führt.[565] Allerdings ist auch eine verfassungskonforme Auslegung nicht unbeschränkt möglich. Ihr werden vielmehr durch die geltenden Auslegungsmethoden Grenzen gezogen.[566]

Es ist daher zu prüfen, ob mit Hilfe der **anerkannten Auslegungsmethoden** eine den Vorgaben des Art. 5 Abs. 3 S. 1 GG gerecht werdende Auslegung auf der Grundlage des geltenden Rechts möglich ist. Hierbei sind der vom Bundesgerichtshof eingeschlagene Weg – die Einschränkung des Tatbestandes anhand des Merkmals der Unrechtsvereinbarung – sowie die von Teilen der Rechtsprechung sowie der Literatur vorgeschlagenen Lösungen – den Ausschluss der Anstellungskörperschaft aus dem Kreis der Dritten, ein einschränkendes Verständnis des Tatbestandsmerkmals „Vorteils“ sowie eine erweiterte Anwendung von § 331 Abs. 3 StGB – näher auf ihre Zulässigkeit hin zu untersuchen.

Zu den **Kriterien**, die bei der Auslegung von Gesetzen angewandt werden können, zählen der Wortlaut der Norm (grammatische Auslegung), ihr Zusammenhang (systematische Auslegung), ihr Zweck (teleologische Auslegung) sowie die Entstehungsgeschichte des Gesetzes (historische Auslegung).[567, 568]

Damit hat sich das Bundesverfassungsgericht schon früh gegen die subjektive Theorie, die auf den historischen Willen des Gesetzesverfassers und dessen Motive in ihrem geschichtlichen Zusammenhang abstellt, und für die objektive Theorie,[569]

---

565 Vgl. die ständige Rechtsprechung des Bundesverfassungsgerichts, zuletzt BVerfG, Beschluss vom 11.01.2005, Az.: 2 BvR 167/02, BVerfGE 112, S. 164 (182 f..mit Hinweisen auf die ältere Rechtsprechung)

566 BVerfG, Beschluss vom 11.01.2005, Az.: 2 BvR 167/02, BVerfGE 112, S. 164 (183).

567 BVerfG, Beschluss vom 17.05.1960, Az.: 2 BvL 11/59, 11/60, BVerfGE 11, S. 126 (130).

568 Im Zusammenhang mit der Entscheidung des Bundesgerichtshofs im sog. Herzklappenskandal ist bisweilen die Rede von einer **verwaltungsakzessorischen Lösung bzw. Auslegung** [*Thomas Rönnau*, Untreue und Vorteilsannahme durch Einwerbung von Drittmitteln? – BGH, NJW 2002, 2801, JuS 2003, S. 232 (237); *Regina Mischalke*, Drittmittel und Strafrecht – Licht am Ende des Tunnel?, NJW 2002, S. 3381 (3382); *Klaus Wasserburg*, Rechtsprechungsübersicht zum Arztstrafrecht - Januar 1997 bis Mai 2002, NStZ 2003, S. 353 (358).]. Hierbei handelt es sich jedoch nicht um eine eigene Auslegungsmethode, sondern lediglich um eine andere Wortwahl, die die Verzahnung von Strafrecht und Verwaltungsrecht zum Ausdruck bringen soll. In den folgenden Ausführungen soll dieser Begriff jedoch nicht aufgegriffen werden; vielmehr soll und kann die Untersuchung auf der Grundlage der anerkannten Auslegungsmethoden durchgeführt werden.

569 Auch als die überlieferte juristische Methodenlehre oder „Alte Hermeneutik“ benannt (*Hans-Joachim Koch*, Die Begründung von Grundrechtsinterpretationen, in: Robert Alexy/Hans-Joachim

nach der Gegenstand der Auslegung das Gesetz selbst, d.h. der im Gesetz objektivierte Wille des Gesetzgebers ist, entschieden.[570]

Um diesen objektiven Willen des Gesetzgebers zu erfassen, zieht das Bundesverfassungsgericht all die genannten Auslegungsmethoden heran, die sich seiner Auffassung nach nicht ausschließen, sondern ergänzen.[571] Der Entstehungsgeschichte einer Vorschrift kommt dabei nach Ansicht des Bundesverfassungsgerichts allerdings nur insoweit Bedeutung zu, als sie die Richtigkeit einer nach den angegebenen Grundsätzen ermittelten Auslegung bestätigt oder Zweifel behebt, die auf dem angegebenen Weg allein nicht ausgeräumt werden können.[572] Dagegen spielt der Gesetzeszweck eine überragende Rolle.[573]

Diesen Grundsätzen entsprechend[574] ist im Folgenden § 331 StGB anhand der einzelnen Auslegungsmethoden näher auf die Möglichkeit einer verfassungskonformen Auslegung hin zu untersuchen.

I. Grammatische Auslegung

Diese Auslegungsmethode betrachtet den **Wortsinn**, d.h. die Bedeutung eines Ausdrucks oder auch einer Satzform im allgemeinen Sprachgebrauch.[575]

Der Wortsinn des § 331 StGB erfasst sämtliche Vorteile, die der Amtsträger oder ein Dritter für die Dienstausübung fordert, annimmt oder sich versprechen lässt.

(1) Die Person des **Dritten** ist nicht weiter eingeschränkt und kann nach allgemeinem Sprachgebrauch jede natürliche oder juristische Person erfassen. Damit ist der von einem Teil der Rechtsprechung und einigen Autoren favorisierte Ausschluss der Anstellungskörperschaft als „*Dritter*" i.S.v. § 331 StGB[576] über diese Auslegungsmethode nicht zu erreichen. Der Wortlaut des § 331 Abs. 1 StGB ist vielmehr dahingehend zu verstehen, dass auch die Anstellungskörperschaft als Dritte erfasst ist.[577, 578] Nicht zuzustimmen ist insoweit der Auffassung, der Wortlaut der Vorschrift sei offen mit der

---

Koch/Lothar Kuhlen/Helmut Rüßmann (Hrsg.), Elemente einer juristischen Begründungslehre, Baden-Baden 2003, S. 184; *Hans-Joachim Koch/Helmut Rüßmann*, Juristische Begründungslehre, München 1982).

[570] BVerfG, Beschluss vom 17.05.1960, Az.: 2 BvL 11/59, 11/60, BVerfGE 11, S. 126 (129 f.).

[571] BVerfG, Beschluss vom 17.05.1960, Az.: 2 BvL 11/59, 11/60, BVerfGE 11, S. 126 (130).

[572] BVerfG, Beschluss vom 17.05.1960, Az.: 2 BvL 11/59, 11/60, BVerfGE 11, S. 126 (131).

[573] *Karl Larenz/Claus-Wilhelm Canaris*, Methodenlehre der Rechtswissenschaft, S. 301.

[574] Mit den Schwierigkeiten und Grenzen dieser Auslegungsmethoden setzen sich ausführlich auseinander: *Hans-Joachim Koch/Helmut Rüßmann*, Juristische Begründungslehre, München 1982, § 18 (Die Anwendung der Auslegungsregeln. Schwierigkeiten und Grenzen), S. 188 ff.

[575] *Karl Larenz/Claus-Wilhelm Canaris*, Methodenlehre der Rechtswissenschaft, S. 301.

[576] LG Bonn, Beschluss vom 08.02.2001, Az.: 27 B 13/00, StV 2001, S. 292 (294); *Klaus Bernsmann*, „Vorteil" und „Vorteilsannahme" (§ 331 StGB) des beamteten Forschers, in: Festschrift für Dieter Leuze zum 70. Geburtstag, Berlin 2003, S. 59 (68 ff.).

[577] *Manfred Dauster*, Private Spenden zur Förderung von Forschung und Lehre: Teleologische Entschärfung des strafrechtlichen Vorteilsbegriffs nach § 331 StGB und Rechtfertigungsfragen, NStZ 1999, S. 63 (65).

[578] Im Übrigen würde selbst ein Ausschluss der Anstellungskörperschaft nicht zur Straflosigkeit des Arztes führen, wenn er selbst Vorteile durch die Zuwendung erlangt oder Patienten als „Dritte" hiervon profitieren.

Folge, dass auch die gegenteilige Ansicht vertreten werden könne.[579] Hiermit würde der allgemeine Sprachgebrauch in einer Weise aufgeladen, die mit der grammatischen Auslegung nicht mehr im Einklang steht.

(2) Ferner kann auch eine Einschränkung des Tatbestandes auf **eigennützige Vorteile**[580] schon dem Wortlaut des § 331 StGB nicht entnommen werden.

(3) Entsprechendes gilt für das Merkmal **„für die Dienstausübung"**, welches nach dem normalen Sprachgebrauch jede erdenkliche Diensthandlung erfasst.

(4) Die als sog. **Rechtfertigungslösung**[581] bekannt gewordene Ansicht der Literatur, die auf die Existenz des § 331 Abs. 3 StGB als Rechtfertigungsgrund abstellt und eine weite Auslegung dieses Absatzes als ausreichend ansieht,[582] ist unzureichend, da sie ihre Grenze im Wortlaut des § 331 Abs. 3 StGB findet.

Dieser fordert eine Genehmigung, mit der nach allgemeinem Sprachgebrauch eine positive Äußerung im Sinne einer Zustimmung zu verstehen ist. Doch nicht alle landesrechtlichen oder universitären Regelungen fordern eine solche Genehmigung.[583] § 25 Abs. 3 S. 1 HRG etwa sieht ausdrücklich nur die Anzeige eines Drittmittelforschungsvorhabens vor; gemäß § 25 Abs. 3 S. 2 HRG darf die Durchführung eines solchen Vorhabens nicht von einer Genehmigung abhängig gemacht werden. Anders als eine Genehmigung setzt jedoch die Anzeige nach dem natürlichen Sprachverständnis jedoch kein irgendwie geartetes Handeln des anderen, im Zusammenhang mit § 331 StGB der Behörde, voraus, sondern lediglich ein Handeln des Zuwendungsempfängers.

Damit wird deutlich, dass § 331 Abs. 3 StGB keinesfalls ausreicht, um die bestehende Verfassungswidrigkeit zu beseitigen - unabhängig davon, ob man § 331 Abs. 3 StGB tatbestandsausschließende oder lediglich rechtfertigende Wirkung zukommen lassen möchte.[584] Die Rechtfertigungslösung scheitert vielmehr schon am Wortlaut der Vorschrift.

II. Systematische Auslegung

Neben dem Wortsinn hat die Auslegung den **Bedeutungszusammenhang des Gesetzes** zu beachten und zwar sowohl der einzelnen Teile eines Rechtssatzes als auch der sinnhaft aufeinander bezogenen Rechtssätze untereinander: *„Unter mehreren, dem Wortsinn nach ‚möglichen' Bedeutungen hat sie also derjenigen den Vor-*

---

579 *Manfred Dauster*, Private Spenden zur Förderung von Forschung und Lehre: Teleologische Entschärfung des strafrechtlichen Vorteilsbegriffs nach § 331 StGB und Rechtfertigungsfragen, NStZ 1999, S. 63 (65).

580 *Manfred Dauster*, Private Spenden zur Förderung von Forschung und Lehre: Teleologische Entschärfung des strafrechtlichen Vorteilsbegriffs nach § 331 StGB und Rechtfertigungsfragen, NStZ 1999, S. 63 (66 f.).

581 S. *Brigitte Tag*, Drittmitteleinwerbung – strafbare Dienstpflicht? – Überlegungen zur Novellierung des Straftatbestandes der Vorteilsannahme, in: Brigitte Tag/Jochen Tröger/Jochen Taupitz (Hrsg.), Drittmitteleinwerbung – Strafbare Dienstpflicht?, Heidelberg 2004, S. 153 (161).

582 *Klaus Bernsmann*, Anti-Korruptionsregeln – Problemdarstellung an Hand von Fallbeispielen, WissR Bd. 35 (2002), S. 1 (15).

583 S. hierzu im Einzelnen: *Brigitte Tag*, Drittmitteleinwerbung – strafbare Dienstpflicht? Überlegungen zur Novellierung des Straftatbestandes der Vorteilsannahme, JR 2004, S. 50 (52).

584 Meines Erachtens hindert eine Genehmigung schon das Unrecht der tatbestandlich erforderlichen Unrechtsvereinbarung.

zug zu geben, die im Gesamtzusammenhang der betreffenden Regelung einen durchgehenden, verständlichen Sinn ergibt.“[585]

Da der Wortlaut des § 331 StGB – wie dargestellt – sehr weit gefasst ist, kann diese systematische Auslegungsmethode für die verfassungskonforme Auslegung dieser Norm nicht fruchtbar gemacht werden. Dies gilt bei Betrachtung des Gesamtzusammenhangs umso mehr. § 331 StGB wurde im Rahmen des Korruptionsbekämpfungsgesetzes verschärft, mit dem Missständen effektiv entgegengewirkt und Korruption umfassender und wirkungsvoller bekämpft werden sollte.[586]

Da es sich um den Grundtatbestand handelt, ist das gesamte Normgefüge durch die Reform überarbeitet und verschoben worden, so dass ein Blick auf die §§ 332 ff. StGB nicht weiterführend ist.

III. Teleologische Auslegung

Eine Norm ist ferner so auszulegen, dass der erkennbar **vom Gesetzgeber gewollte**, hilfsweise der aus dem Inhalt der Regelung vernünftigerweise zu entnehmende **Zweck** soweit wie möglich verwirklicht wird und zugleich zweckwidrige Entscheidungen vermieden werden.[587]

(1) Dieser teleologischen Auslegung haben sich – wenn auch in einem deutlich weitergehenden Sinne – der Bundesgerichtshof und ein Teil des Schrifttums bedient, indem sie sich bei Einhaltung des entsprechenden Verfahrens zur Einwerbung von Drittmitteln für eine **einschränkende Auslegung des Tatbestandes** im Rahmen des Tatbestandsmerkmals der Unrechtsvereinbarung ausgesprochen haben.[588] Auch die Stimmen im Schrifttum, die eine Einschränkung des Vorteilsbegriffs fordern,[589] schlagen diesen Weg ebenso ein wie die Auffassung, die zwischen staatsnützigen und eigennützigen Vorteilen unterscheidet[590].

---

[585] *Karl Larenz/Claus-Wilhelm Canaris*, Methodenlehre der Rechtswissenschaft, S. 305.

[586] Entwurf eines Gesetzes zur Änderung des Strafgesetzbuches, des Gesetzes gegen den unlauteren Wettbewerb, der Strafprozeßordnung und anderer Gesetze – Korruptionsbekämpfungsgesetz -, BT-Drs. 13/3353, S. 1 und 11.

[587] *Karl Larenz/Claus-Wilhelm Canaris*, Methodenlehre der Rechtswissenschaft, S. 311.

[588] BGH, Urteil vom 23.05.2002, Az.: 1 StR 372/01, BGHSt 47, S. 295 (308); *Frank Zieschang*, Die Auswirkungen des Gesetzes zur Bekämpfung der Korruption auf den Forschungsbereich, WissR 32 (1999), S. 111 (121 f.); *Lothar Kuhlen*, Untreue, Vorteilsannahme und Bestechlichkeit bei Einwerbung universitärer Drittmittel – Zugleich eine Anmerkung zu den Urteilen des BGH vom 23.5.2002 und vom 23.10.2003, JR 2003, S. 231 (233); *Torsten Verrel*, Überkriminalisierung oder Übertreibung? Die neue Furcht vor der Korruptionsstrafbarkeit in der Medizin, MedR 2003, S. 319 (323 f.).

[589] *Hans Helmut Günther*, Unbegründete Ängste der Klinikärzte und der pharmazeutischen Industrie vor den Änderungen des Antikorruptionsgesetzes, MedR 2001, S. 457 (458); *Frank Zieschang*, Die Auswirkungen des Gesetzes zur Bekämpfung der Korruption auf den Forschungsbereich, WissR 32 (1999), S. 111 (117 f.); *Peter Dieners*, Selbstkontrolle der Wirtschaft zur Verhinderung von Korruption, JZ 1998, S. 181 (184); *Klaus Bernsmann*, „Vorteil“ und „Vorteilsannahme“ (§ 331 StGB) des beamteten Forschers, in: Festschrift für Dieter Leuze zum 70. Geburtstag, Berlin 2003, S. 59 (61 ff.).

[590] LG Bonn, Beschluss vom 08.02.2001, Az.: 27 B 13/00, StV 2001, S. 292 (294); *Manfred Dauster*, Private Spenden zur Förderung von Forschung und Lehre: Teleologische Entschärfung des strafrechtlichen Vorteilsbegriffs nach § 331 StGB und Rechtfertigungsfragen, NStZ 1999, S. 63 (67).

In der Sache nehmen sie damit eine **teleologische Reduktion** des Tatbestandes vor:[591] ein rechtssystematische bzw. dogmatische Begründung hierfür sucht man indes vergeblich.

Unter teleologischer Reduktion versteht man eine Fortsetzung der Auslegung über ihre Grenze im Sinne einer Zurückführung der im Gesetz enthaltenen, zu weit gefassten Regel auf den ihr nach dem Zweck oder dem Sinnzusammenhang des Gesetzes zukommenden Anwendungsbereich.[592]

Für diese **Rechtsfortbildung**[593] muss allerdings den Gesetzesmaterialien oder einer anderen Stelle ein Hinweis des Gesetzgebers entnommen werden können, dass eine Einschränkung des Tatbestandes notwendig werden kann.[594] Allein das HRG sowie die landesgesetzlichen und hochschulinternen Regelungen reichen hierfür nicht aus.[595] Zu beachten ist nämlich, dass ein Normverständnis, das in Widerspruch zu dem klar erkennbar geäußerten Willen des Gesetzgebers treten würde, auch im Wege verfassungskonformer Auslegung nicht begründet werden kann. Anderenfalls würde der Rechtsanwender der rechtspolitischen Entscheidung des demokratisch legitimierten Gesetzgebers vorgreifen.[596] M.a.W. ist der **klar geäußerte Wille des Gesetzgebers Grenze jeglicher teleologischen Reduktion**. Rechtspolitische Änderungswünsche können mithin den für die Reduktion erforderlichen normativen Wertungswiderspruch nicht begründen.[597]

Hier schließt der klar erkennbare Zweck des Gesetzes eine teleologische Reduktion der genannten Tatbestandsmerkmale aus. Ziel der Verschärfung des Straftatbestandes der Vorteilsannahme im Jahre 1997 durch das Korruptionsbekämpfungsgesetz war, Korruption umfassender und wirkungsvoller zu bekämpfen, bestehende Strafbarkeitslücken zu schließen und bereits die Fälle der bloßen Zuwendung zur Sicherung des allgemeinen Wohlwollens und der Geneigtheit des Amtsträgers strafrechtlich zu erfassen.[598] Daher sollte der Tatbestand der Vorteilsannahme bereits ohne Nachweis einer erbrachten oder geplanten Gegenleistung erfüllt sein.[599]

Eine Einschränkung des Vorteilsbegriffs ist mit diesem Ziel ebenso wenig vereinbar wie eine Einschränkung der Unrechtsvereinbarung außerhalb des Geltungsbereichs des § 331 Abs. 3 StGB. Vielmehr stehen diese teleologischen Reduktionen im

---

[591] Die Rechtsprechung verwendet in diesen Fällen allerdings häufig den Begriff der einschränkenden Auslegung (*Karl Larenz/Claus-Wilhelm Canaris*, Methodenlehre der Rechtswissenschaft, S. 369).
[592] *Karl Larenz/Claus-Wilhelm Canaris*, Methodenlehre der Rechtswissenschaft, S. 369.
[593] *Hans-Joachim Koch/Helmut Rüßmann*, Juristische Begründungslehre, München 1982, § 23 (Begründungen für Rechtsfortbildungen), S. 257.
[594] *Thomas Rönnau*, Untreue und Vorteilsannahme durch Einwerbung von Drittmitteln? – BGH, NJW 2002, 2801, JuS 2003, S. 232 (237).
[595] *Thomas Rönnau*, Untreue und Vorteilsannahme durch Einwerbung von Drittmitteln? – BGH, NJW 2002, 2801, JuS 2003, S. 232 (237).
[596] BVerfG, Beschluss vom 11.01.2005, Az.: 2 BvR 167/02, BVerfGE 112, S. 164 (183).
[597] *Manfred Dauster*, Private Spenden zur Förderung von Forschung und Lehre: Teleologische Entschärfung des strafrechtlichen Vorteilsbegriffs nach § 331 StGB und Rechtfertigungsfragen, NStZ 1999, S. 63 (67).
[598] Entwurf eines Gesetzes zur Änderung des Strafgesetzbuches, des Gesetzes gegen den unlauteren Wettbewerb, der Strafprozeßordnung und anderer Gesetze – Korruptionsbekämpfungsgesetz -, BT-Drs. 13/3353, S. 11.
[599] Entwurf eines Gesetzes zur Änderung des Strafgesetzbuches, des Gesetzes gegen den unlauteren Wettbewerb, der Strafprozeßordnung und anderer Gesetze – Korruptionsbekämpfungsgesetz -, BT-Drs. 13/3353, S. 11.

Widerspruch zu den mit dem Korruptionsbekämpfungsgesetz verfolgten Zielen. Obwohl die ersten Fälle von Vorteilsannahme im medizinischen Bereich Mitte der 90er Jahre bekannt geworden sind, ist an keiner Stelle der Gesetzgebungsmaterialien ein Hinweis des Gesetzgebers darauf, dass eine Einschränkung des Tatbestandes notwendig werden kann, vorhanden. Auch dies unterstreicht, dass der Gesetzgeber auch solche Fälle vom Tatbestand des § 331 StGB umfasst sehen wollte.

Manfred Dauster begründet die von unter anderem von ihm vertretene teleologische Reduktion des Tatbestandes auf eigennützige Vorteile[600] mit der Wissenschaftsfreiheit des Art. 5 Abs. 3 S. 1 und 2 GG.[601] Hierbei verkennt er meines Erachtens jedoch, dass es sich – wie er an anderer Stelle selbst betont – um ein „verfassungsrechtliches Bedürfnis“[602] und damit um eine rechtspolitische Forderung handelt, die jedoch dem eindeutig erkennbaren Willen des Gesetzgebers zuwiderläuft. Über diesen Willen des Gesetzgebers darf sich der Rechtsanwender aber gerade nicht hinwegsetzen.

Dem mit § 331 StGB verfolgten Zweck wird die **Rechtfertigungslösung**, die, ohne dies näher zu benennen, § 331 Abs. 3 StGB auch für die Fälle einer Anzeige **analog** anwenden will, ebenfalls nicht gerecht. Zwar kann es auch außerstrafrechtliche Rechtfertigungsgründe vor dem Hintergrund des Grundsatzes der Einheit der Rechtsordnung geben. Die Annahme eines solchen außerstrafrechtlichen Rechtfertigungsgrundes darf jedoch nicht zu einer Umgehung der strafrechtlichen Wertung führen.[603] Genau dies wäre hier jedoch der Fall, da der Gesetzgeber, der auch bei der Änderung des § 331 StGB durch das Korruptionsbekämpfungsgesetz von einer Änderung des § 331 Abs. 3 StGB bewusst abgesehen hat, die Voraussetzungen einer Rechtfertigung abschließend geregelt hat.

IV. Historische Auslegung

Diesem Ergebnis entspricht auch die historische Auslegung. Zwar hatte der Gesetzgeber bei der Verschärfung des Korruptionsstrafrechts im Jahre 1997 vor allem Parteispenden im Blickfeld; ihm ging es jedoch – wie bereits erläutert – darum, Korruption insgesamt wirkungsvoller zu bekämpfen.

Diese Auslegung wird von den Verfechtern einer teleologischen Reduktion des Tatbestandsmerkmals der Unrechtsvereinbarung zumindest für die Fälle, in denen der Vorteil nur für die Forschung gewährt wird, ohne dass hiermit andere Erwartungen verbunden sind[604], zur Unterstützung ihrer Argumentation herangezogen.[605] Da-

---

600 S. auch LG Bonn, Beschluss vom 08.02.2001, Az.: 27 B 13/00, StV 2001, S. 292 (294).

601 *Manfred Dauster*, Private Spenden zur Förderung von Forschung und Lehre: Teleologische Entschärfung des strafrechtlichen Vorteilsbegriffs nach § 331 StGB und Rechtfertigungsfragen, NStZ 1999, S. 63 (67).

602 *Manfred Dauster*, Private Spenden zur Förderung von Forschung und Lehre: Teleologische Entschärfung des strafrechtlichen Vorteilsbegriffs nach § 331 StGB und Rechtfertigungsfragen, NStZ 1999, S. 63 (67).

603 *Kai Ambos*, Zur Strafbarkeit der Drittmittelakquisition, JZ 2003, S. 345 (353).

604 Dies betrifft die Fälle der Beispielsgruppe 1.

605 *Lothar Kuhlen*, Untreue, Vorteilsannahme und Bestechlichkeit bei Einwerbung universitärer Drittmittel – Zugleich eine Anmerkung zu den Urteilen des BGH vom 23.5.2002 und vom 23.10.2003, JR 2003, S. 231 (234); *Steffen Walter*, Medizinische Forschung mit Drittmitteln – lebenswichtig oder kriminell? Zur Neufassung des § 331 StGB, ZRP 1999, S. 292 (296); *Frank Zieschang*, Die Auswirkun-

bei stellen sie darauf ab, dass es gerade nach der alten Fassung nicht ausgereicht habe, wenn der Zuwendungsgeber sich nur das allgemeine Wohlwollen des Amtsträgers sichern wollte. In der Tat enthielt § 331 StGB a.F. die Formulierung „Gegenleistung" und war damit deutlich enger gefasst als die heutige Gesetzesfassung.

Dennoch geht diese Argumentation fehl, da der Gesetzgeber – wie bereits aufgezeigt – bei der Reform des Korruptionsstrafrechts gerade bestrebt war, die Unrechtsvereinbarung weiterzufassen, um auf diese Weise gerade auch die Fälle des „Anfüttern" zu erfassen. Zwar wurde von der ursprünglich im Gesetzgebungsverfahren vorgeschlagenen Formulierung „in Zusammenhang mit dem Amt"[606] Abstand genommen, weil diese als zu weit angesehen wurde und die Befürchtung bestand, dass auch ein ganzes Spektrum nicht strafwürdiger Handlungen in die Strafbarkeit einbezogen und die Schwierigkeiten einer klaren Abgrenzung zu nicht strafwürdigen Zuwendungen geringren Gewichts größer würden.[607]

Zugleich wurde aber auch deutlich gemacht, dass die Unrechtsvereinbarung im Vergleich zur bisherigen Rechtslage deutlich erweitert werden sollte. Dass – wie ursprünglich vorgesehen – die Fälle des sog. „Anfütterns" erfasst werden sollten, wurde im Laufe des Gesetzgebungsverfahrens gerade nicht in Frage gestellt. Vielmehr sollten – und darauf zielte die Formulierungsänderung ab – insbesondere Zuwendungen mit geringem Gewicht straffrei bleiben.

Damit führt aber die historische Auslegung zu dem bereits vorgefundenen Ergebnis, dass eine einschränkende Auslegung des Tatbestandes im Sinne einer teleologischen Reduktion nicht mit dem vom Gesetzgeber gewollten Zweck vereinbar ist.

Gleiches gilt im Hinblick auf die vom LG Bonn vertretene Ausklammerung der Anstellungskörperschaft aus dem Begriff des Dritten. Das Gericht begründet seine Ansicht zwar mit dem Hinweis, dass der Gesetzgeber bei der Änderung des § 331 StGB gerade nicht an die Dienststelle des Amtsträgers als Dritte gedacht habe.[608] Dies ist jedoch ein Trugschluss. Vielmehr kann im Umkehrschluss aus der Tatsache, dass der Gesetzgeber nicht hierüber diskutiert hat, gerade darauf geschlossen werden, dass er keine Ausnahmen zulassen wollte.

Damit führt auch die historische Auslegung zu keinen anderen Ergebnissen.

V. Ergebnis

Damit scheitert eine verfassungskonforme Auslegung des § 331 StGB an dem Zweck der Norm, Korruption möglichst umfassend und wirkungsvoll zu bekämpfen. § 331 StGB ist, da eine verfassungskonforme Auslegung für die genannten Fälle nicht möglich ist, verfassungswidrig.

---

gen des Gesetzes zur Bekämpfung der Korruption auf den Forschungsbereich, WissR 32 (1999), S. 111 (120).

606 Entwurf eines Gesetzes zur Änderung des Strafgesetzbuches, des Gesetzes gegen den unlauteren Wettbewerb, der Strafprozeßordnung und anderer Gesetze – Korruptionsbekämpfungsgesetz -, BT-Drs. 13/3353, S. 5.

607 Beschlussempfehlung und Bericht des Rechtsausschusses, BT-Drs. 13/8079, S. 15.

608 LG Bonn, Beschluss vom 08.02.2001, Az.: 27 B 13/00, StV 2001, S. 292 (293).

6. Kapitel: Abhilfemöglichkeiten de lege lata und de lege ferenda

Da eine verfassungskonforme Auslegung der geltenden Fassung des § 331 StGB nicht dergestalt möglich ist, dass der Forschungsfreiheit in ihrer ganzen Tragweite und damit auch für die Fälle umsatzabhängiger Unterstützung der Forschung Rechnung getragen wird, ist abschließend zu untersuchen, welche Möglichkeiten der Gesetzgeber hat, eine verfassungsgemäße Lösung zu finden. Ziel müsste sein, – ohne zugleich neue „Strafbarkeitslücken"[609] zu öffnen – die nach der derzeitigen Rechtslage strafbaren Fallgruppen nicht mehr dem strafbaren Bereich zuzurechnen. Dies gilt insbesondere vor dem Hintergrund, dass mit dem Disziplinarrecht, das die gleiche Zielsetzung wie die §§ 331 ff. StGB hat, ein Verhaltensinstrument zur Verfügung steht, das nur unzulänglich genutzt wird.[610] Eine weitere Kriminalisierung ist nicht mehr notwendig.

I. Keine Abhilfemöglichkeit de lege lata

Auf die gelegentlich angesprochene sog. **strafprozessuale Lösung**[611] soll an dieser Stelle nicht weiter eingegangen werden. Sie knüpft an die geltende Rechtslage an und meint die Möglichkeit, ein Strafverfahren gemäß §§ 153, 153a StPO einzustellen. Diese Lösung mag zwar im Einzelfall ein Ausweg sein, als systematische Abhilfemöglichkeit ist sie jedoch ungeeignet. Hierfür lassen sich nicht nur rechtspraktische Gründe wie die mit einer Einstellungsentscheidung immer verbundenen Unsicherheiten, sondern auch insbesondere dogmatische Gründe anführen. Wie dargestellt, wird die geltende Fassung des § 331 StGB der Forschungsfreiheit des Art. 5 Abs. 3 S. 1 GG nicht gerecht und ist mangels verfassungskonformer Auslegungsmöglichkeit verfassungswidrig.

Um diesen verfassungswidrigen Zustand zu beseitigen, ist ein Handeln des Gesetzgebers erforderlich. Die strafprozessuale Lösung beseitigt nämlich den Unrechtscharakter des Verhaltens nicht. Keinesfalls darf es Staatsanwaltschaften und Gerichten überlassen werden, diesem verfassungswidrigen Zustand faktisch abzuhelfen.

II. Reformvorschläge

In der Literatur werden – wenn auch so gut wie nie vor dem Hintergrund der Forschungsfreiheit – daher verschiedene Reformvorschläge gemacht, die an dieser Stel-

---

609 Die häufig angeführte Argumentation der Gefahr von Strafbarkeitslücken (s. beispielsweise den Entwurf eines Gesetzes zur Änderung des Strafgesetzbuches, des Gesetzes gegen den unlauteren Wettbewerb, der Strafprozeßordnung und anderer Gesetze – Korruptionsbekämpfungsgesetz -, BT-Drs. 13/3353, S. 11.) ist bereits von sich aus inkonsistent, weil sie vom Ergebnis ausgeht. Das Gesetz bestimmt, was strafbar ist; andere Verhaltensweisen sind infolgedessen nicht strafbar. Im Rahmen der Auslegung darf auf daher auf dieses Argument nicht zurückgegriffen werden. Hier ist dieser Begriff aber rechtspolitisch zu verstehen in dem Sinne, dass strafwürdiges Verhalten nicht straffrei bleiben soll.

610 *Heribert Ostendorf*, Bekämpfung der Korruption als rechtliches Probleme oder zunächst moralisches Problem?, NJW 1999, S. 615 (617).

611 Hiermit setzt sich auseinander: *Brigitte Tag*, Drittmitteleinwerbung – strafbare Dienstpflicht? – Überlegungen zur Novellierung des Straftatbestandes der Vorteilsannahme, in: Brigitte Tag/Jochen Tröger/Jochen Taupitz (Hrsg.), Drittmitteleinwerbung – Strafbare Dienstpflicht?, Heidelberg 2004, S. 153 (164 f.).

le kurz vorgestellt und im Hinblick auf ihre Verwertbarkeit hin untersucht werden sollen. Auch die Politik hat sich mit dieser Frage befasst. Im Jahre 2001 hat der Senat der Freien und Hansestadt Hamburg im Bundesrat eine Entschließung des Bundesrates zur rechtlichen Absicherung der Drittmittelförderung eingebracht, in der die Bundesregierung gebeten wurde, einen Gesetzesentwurf vorzulegen, der den Umgang mit Drittmitteln auf eine einwandfreie rechtliche Grundlage stelle.[612] Auch auf diesen soll im Folgenden eingegangen werden.

1. Verengung des Amtsträgerbegriffes in § 11 Abs. 1 Nr. 2 StGB

Aus den Reihen der Ärzte wird vereinzelt eine Korrektur des Amtsträgerbegriffes gefordert in dem Sinne, dass die in der medizinisch Versorgung und Forschung tätigen Ärzte aus dem Amtsträgerbegriff ausgenommen werden.[613]

Dieser Vorschlag ist jedoch abzulehnen. Eine Änderung der allgemeinen, d.h. sich auf das gesamte StGB erstreckenden[614] Regelung des § 11 Abs. 1 Nr. 2 StGB würde sich nicht nur auf § 331 StGB auswirken, sondern auf sämtliche Delikte, die wie beispielsweise § 353b StGB (Verletzung des Dienstgeheimnisses) an die Amtsträgerschaft anknüpfen. Eine solche weitgehende Privilegierung verlangt die Forschungsfreiheit des Art. 5 Abs. 3 S. 1 GG jedoch nicht.

2. Ergänzung des Tatbestandes des § 331 StGB durch Einführung eines normativen Tatbestandsmerkmals

Einige Autoren plädieren – in Anlehnung an die die Bestechlichkeit und Bestechung im geschäftlichen Verkehr regelnde Vorschrift des § 299 StGB – für die Einführung eines Unlauterkeitskriteriums: Strafbar wäre nur derjenige Amtsträger, der sich einen „*unlauteren*"[615] oder „*unangemessenen*"[616] Vorteil versprechen lässt, einen solche fordert oder annimmt. Bisweilen finden sich auch die in die gleiche Richtung weisende Formulierungsvorschläge „*sachwidriger Vorteil*" oder „*in unlauterer Weise*".[617] Eine ähnliche Formulierung findet sich im Schweizerischen Strafgesetzbuch[618]: Art. 322sexies (Vorteilsannahme) spricht von einem „*nicht gebührenden Vorteil*".[619]

---

[612] Antrag der Freien und Hansestadt Hamburg auf Entschließung des Bundesrates zur rechtlichen Absicherung der Drittmittelförderung, BR-Drs. 541/01.

[613] S. *Fernando Sanchez-Hermosilla,* Korruptionsstrafrecht und Drittmittelforschung, Kriminalistik 2002, S. 506 (509).

[614] Dies ergibt sich aus dem Wortlaut des § 11 Abs. 1 StGB selbst: „*Im Sinne dieses Gesetzes ist [...]*".

[615] *Steffen Walter*, Medizinische Forschung mit Drittmitteln – lebenswichtig oder kriminell? Zur Neufassung des § 331 StGB, ZRP 1999, S. 292 (296); *Klaus Lüderssen*, Zweckverfehlende Kriminalisierung, in: Brigitte Tag/Jochen Tröger/Jochen Taupitz (Hrsg.), Drittmitteleinwerbung – Strafbare Dienstpflicht?, Heidelberg 2004, S. 269 (274).

[616] *Klaus Lüderssen,* Antikorruptionsgesetz und Drittmittelforschung, JZ 1997, S. 112 (116).

[617] *Stefanie Diettrich/Holger Schatz*, Drittmittelforschung: Überlegungen zur Minimierung de strafrechtlichen Risikos, MedR 2001, S. 614 (620).

[618] Schweizerisches Strafgesetzbuch vom 21.12.1937 (Stand am 19. Dezember 2006).

[619] S. hierzu auch ausführlich: *Mark Pieth*, Drittmitteleinwerbung und Strafrecht in der Schweiz, in: Brigitte Tag/Jochen Tröger/Jochen Taupitz (Hrsg.), Drittmitteleinwerbung – Strafbare Dienstpflicht?, Heidelberg 2004, S. 111 (118 f.); *Michael Pfeifer*, Drittmittelforschung unter Korruptionsverdacht? Die Hochschulmedizin zwischen Leistungsdruck und Strafrecht - Der Blick in die Schweiz, MedR 2002, S. 68 ff.

Eine solche Formulierung hätte den Vorteil, dass die strafrechtliche Beurteilung von Korruption im öffentlichen und privaten Bereich harmonisiert würde.[620] Sie würde des Weiteren den Richter dazu zwingen, die einer Zuwendung zugrunde liegende Motive im Einzelfall zu überprüfen.

Dies würde zwar nicht zwingend – wie von den Gegnern einer solchen Einschränkung des Vorteilsbegriffs vorgetragen – die Rechtsnatur des § 331 StGB von einem abstrakten Gefährdungsdelikt hin zu einem konkreten Gefährdungsdelikt verändern.[621] Auch § 299 StGB ist trotz der Einschränkung auf eine Bevorzugung in unlauterer Weise ein abstraktes Gefährdungsdelikt.[622]

Eine solche Änderung des Tatbestandes wäre meines Erachtens zu weitgehend. Der Gesetzgeber hat zuletzt bei der Reform im Jahre 1997 deutlich gemacht, dass er jeglichen Anschein einer Käuflichkeit im Öffentlichen Dienst vermeiden will. Hiermit wollte der Gesetzgeber auch ein rechtspolitisches Signal aussenden, dem eine solche Änderung des Tatbestandes zuwiderlaufen würde. Insbesondere aber würde mit einer solchen Tatbestandsergänzung weit über das Ziel hinaus geschossen. Eine solche allgemeine Lockerung, die für alle Bereiche und nicht nur für den Forschungssektor geltend würde, könnte als rechtspolitisch falsches Signal (miss-)verstanden dahingehend werden, dass der Statt im Kampf gegen die Korruption nachgibt.[623]

Schließlich würde die Einführung eines weiteren Tatbestandsmerkmals meines Erachtens die bislang bestehende Rechtsunsicherheit nicht beseitigen, sondern vielmehr über den Bereich der Drittmittelforschung hinaus zur Unbestimmtheit des Tatbestandes beitragen.[624] Auch wenn die Grenze des in Art. 103 Abs. 2 GG zum Ausdruck kommenden Bestimmtheitsgrundsatzes wohl noch nicht erreicht wäre, weil sich mit Hilfe der üblichen Auslegungsmethoden eine zuverlässige Auslegung und Anwendung der Norm für den Bürger erkennen ließe,[625] ist es nicht sinnvoll, bestehende Rechtsunsicherheiten durch einen so weiten und unbestimmten Rechtsbegriff beseitigen zu wollen.

Ob eine solche Einengung des Tatbestandes zudem tatsächlich – wie von einigen Autoren befürchtet[626] – zu Verfolgungsdefiziten führen würde, weil der konkrete Nachweis unlauterer Machenschaften häufig nur schwer zu erbringen ist, kann angesichts der in materieller Hinsicht gegen die Ergänzung des Tatbestandes um ein normatives Tatbestandsmerkmal sprechenden Einwände dahingestellt bleiben.

---

[620] *Steffen Walter*, Medizinische Forschung mit Drittmitteln – lebenswichtig oder kriminell? Zur Neufassung des § 331 StGB, ZRP 1999, S. 292 (297); *Stefanie Diettrich/Holger Schatz*, Drittmittelforschung: Überlegungen zur Minimierung de strafrechtlichen Risikos, MedR 2001, S. 614 (620).

[621] *Stefanie Diettrich/Holger Schatz*, Drittmittelforschung: Überlegungen zur Minimierung de strafrechtlichen Risikos, MedR 2001, S. 614 (620).

[622] *Günter Heine* in: Adolf Schönke/Horst Schröder, Strafgesetzbuch, Vorbem. zu §§ 298 ff. Rn. 3.

[623] Antrag der Freien und Hansestadt Hamburg auf Entschließung des Bundesrates zur rechtlichen Absicherung der Drittmittelförderung, BR-Drs. 541/01, S. 2.

[624] So auch *Kai Ambos*, Zur Strafbarkeit der Drittmittelakquisition, JZ 2003, S. 345 (354).

[625] *Stefanie Diettrich/Holger Schatz*, Drittmittelforschung: Überlegungen zur Minimierung de strafrechtlichen Risikos, MedR 2001, S. 614 (620).

[626] *Stefanie Diettrich/Holger Schatz*, Drittmittelforschung: Überlegungen zur Minimierung de strafrechtlichen Risikos, MedR 2001, S. 614 (620).

3. Einführung eines rechtlich selbständigen Drittmittelgesetzes auf Bundes- oder Landesebene bzw. von einheitlichen Verwaltungsrichtlinien

a) Drittmittelgesetz

Von einigen Autoren wird daher ein **spezielles Drittmittelgesetz** gefordert.[627] Auch der Senat der freien und Hansestadt Hamburg hat ein selbständiges Gesetz zur rechtlichen Absicherung der Drittmittelförderung favorisiert. Hierin könnten die Bedingungen für eine lautere Drittmitteleinwerbung unter Beachtung der Prinzipien der Transparenz, der weitgehenden Trennung von Beschaffungsvorgängen und Zuwendungen sowie der Dokumentation der Zuwendungsvorgänge festgeschrieben werden.[628]

(1) Nicht deutlich wird bei diesem Vorschlag – und hieran setzt ein inhaltlicher Kritikpunkt an –, welche Wirkung ein solches Gesetz hätte (**Wirkungsmechanismus**), d.h. ob die Einhaltung der dort enthaltenen Regelungen zu einem Ausschluss auf Tatbestandsebene oder lediglich zu einer Rechtfertigung der Handlung des Forschers führen würden.[629]

(2) Zweifelhaft ist mittlerweile auch die **Gesetzgebungskompetenz** des Bundes für ein entsprechendes Gesetz. Nach Wegfall der in Art. 75 GG geregelten Rahmenkompetenz[630] durch die sog. Föderalismusreform[631] ließe sich ein solches Gesetz allenfalls auf die Kompetenztitel der Art. 74 Abs. 1 Nr. 13 GG (Förderung der wissenschaftlichen Forschung) oder Art. 74 Abs. 1 Nr. 1 GG (Strafrecht) stützen, die beide dem Bereich der konkurrierenden Gesetzgebungszuständigkeit zuzuordnen sind.

(3) Art. 74 Abs. 1 Nr. 13 GG (**Förderung der wissenschaftlichen Forschung**) erfasst zwar mit der Förderung der wissenschaftlichen Forschung, die an dieser Stelle genauso definiert werden kann wie bei Art. 5 Abs. 3 S. 1 GG,[632] auch institutionelle, organisatorische und planerische Maßnahmen und damit die Voraussetzungen und die Grenzen privater Forschungsfinanzierung[633, 634] Allerdings darf dabei nicht übersehen werden, dass dem Bund im Hinblick auf das allgemeine Hochschulwesen nun nicht einmal mehr eine Rahmenkompetenz zusteht, sondern dieser Kompetenztitel vollumfänglich in die Kompetenz der Bundesländer übergegangen ist. Schon vor der

---

627 *Kai Ambos*, Zur Strafbarkeit der Drittmittelakquisition, JZ 2003, S. 345 (354); *Christoph Knauer/Johannes Kaspar*, Restriktives Normverständnis nach dem Korruptionsbekämpfungsgesetz, GA 2005, S. 385 (404).

628 Antrag der Freien und Hansestadt Hamburg auf Entschließung des Bundesrates zur rechtlichen Absicherung der Drittmittelförderung, BR-Drs. 541/01, S. 3; *Stefanie Diettrich/Holger Schatz*, Drittmittelforschung: Überlegungen zur Minimierung de strafrechtlichen Risikos, MedR 2001, S. 614 (622).

629 Zu dieser Frage siehe an späterer Stelle mehr.

630 Gemäß Art. 75 Abs. 1 Nr. 1 Buchst. a GG fielen die Grundsätze des Hochschulwesens früher in die Gesetzgebungskompetenz des Bundes.

631 S. BT-Drs. 16/816 vom 07.03.2006, BR-Drs. 462/06 vom 30.06.2006, s. hierzu im Einzelnen: *Alexander Thiele*, Die Neuregelung der Gesetzgebungskompetenzen durch die Föderalismusreform - Ein Überblick, JA 2006, S. 714 (714).

632 *Christoph Degenhart* in: Michael Sachs (Hrsg.), Grundgesetz, Art. 12 Rn. 56.

633 Nicht in den Katalog der konkurrierenden Gesetzgebungszuständigkeiten fällt in jedem Fall die Drittmittelförderung der Lehre, weil die Lehre nach h.M. nicht von der Forschungsförderung umfasst ist (*Fernando Sanchez-Hermosilla,* Korruptionsstrafrecht und Drittmittelforschung, Kriminalistik 2002, S. 506 [509]).

634 *Fernando Sanchez-Hermosilla,* Korruptionsstrafrecht und Drittmittelforschung, Kriminalistik 2002, S. 506 (509).

Föderalismusreform durfte die Beschränkung der Zuständigkeit des Bundes nicht über die Förderungskompetenz nach Art. 74 Abs. 1 Nr. 13 GG umgangen werden.[635] Dieser Grundsatz hat auch nach der Föderalismusreform Geltung; durch die Abschaffung der Rahmengesetzgebungskompetenz kommt ihm sogar noch größere Bedeutung zu. Im Hinblick auf die Strukturorganisationen sowie die Rechtsverhältnisse der Hochschulangehörigen sind damit allein die Länder zuständig. Auf diesen Kompetenztitel könnte sich der Bundesgesetzgeber zur Einführung eines Drittmittelgesetzes daher nicht stützen.

(4) Eventuell kommt jedoch eine Zuständigkeit des Bundes gemäß **Art. 74 Abs. 1 Nr. 1 GG** in Betracht. Danach hat der Bund die Gesetzgebungskompetenz auf dem Gebiet des **Strafrechts**. Der Begriff „*Strafrecht*" wird dabei so verstanden wie bereits unter der Weimarer Reichsverfassung.[636] Zu ihm gehören mithin das tradierte Kriminalstrafrecht sowie das Ordnungswidrigkeitenrecht.[637] Dem Bund wird dabei sogar die Möglichkeit eingeräumt, Straftatbestände einzuführen, ohne dabei im Übrigen an die Verteilung der Gesetzgebungskompetenzen zwischen Bund und Ländern gebunden zu sein.[638]

Vor diesem Hintergrund wäre es auf den ersten Blick denkbar, dass der Bund ein eigenes, zum Nebenstrafrecht gehörendes Drittmittelgesetz schafft. Schon in der Vergangenheit hat er auf diese Weise Straftatbestände geschaffen wie etwa im Rahmen des Embryonenschutzgesetzes.[639] Gegen die Einführung eines solchen bundesrechtlichen Drittmittelgesetzes sprechen jedoch sowohl formelle als auch inhaltliche Bedenken.

In **formeller Hinsicht** darf die Kompetenz des Bundes aus Art. 74 Abs. 1 Nr. 1 GG nicht so weit gehen, dass die grundgesetzlich verankerte Zuständigkeitsordnung nivelliert würde. Auf dem Umweg über die Zuständigkeit zur Strafgesetzgebung darf die Zuständigkeit der Länder für die ihnen verbleibenden Sachbereiche gerade nicht ausgehöhlt werden.[640] Ein detailliertes Drittmittelgesetz – selbst mit einer entsprechen strafrechtlichen Bestimmung – würde aber eine Umgehung der Kompetenz der Länder darstellen.

Mit Blick auf den **Inhalt** spricht gegen ein entsprechendes Bundesgesetz ferner, dass es in seiner erforderlichen Regelungsdichte weit über das strafrechtlich eigentlich gebotene Maß hinausgehen würde.[641] Zudem birgt die Verortung dieser Problematik im Nebenstrafrecht die Gefahr der Verharmlosung. Es könnte der Eindruck

---

[635] *Christoph Degenhart* in: Michael Sachs (Hrsg.), Grundgesetz, Art. 12 Rn. 56.
[636] BVerfG, Beschluss vom 22.02.1968, Az.: 2 BvO 2/65 und 1/66, BVerfGE 23, S. 113 (123).
[637] *Christoph Degenhart* in: Michael Sachs (Hrsg.), Grundgesetz, Art. 74 Rn. 10.
[638] BVerfG, Beschluss vom 22.02.1968, Az.: 2 BvO 2/65 und 1/66, BVerfGE 23, S. 113 (124).
[639] Embryonenschutzgesetz vom 13. Dezember 1990 (BGBl. I S. 2746), geändert durch Artikel 22 des Gesetzes vom 23. Oktober 2001 (BGBl. I S. 2702). Dieses enthält selbst Strafbestimmungen (s. beispielsweise § 1). Bei Einführung dieses Gesetzes im Jahre 1990 hat der Bund es als zum Nebenstrafrecht gehörend verabschiedet, erst im Jahre 1994 wurde mit Art. 74 Abs. 1 Nr. 26 GG einen eigenen Kompetenztitel geschaffen.
[640] Auch das Bundesverfassungsgericht hat klargestellt, dass dem Bund allenfalls nach dem Grundgesetz die Möglichkeit zusteht, Landesrecht mit einer Kriminalstrafe zu bewehren, weil dadurch die Kompetenz der Länder zur inhaltlichen Ausgestaltung des Landesrechts nicht ausgehöhlt würde (BVerfG, Beschluss vom 31.01.1962, Az.: 2 BvO 1/59, BVerfGE 13, S. 367 [373]).
[641] *Brigitte Tag*, Drittmitteleinwerbung – strafbare Dienstpflicht? Überlegungen zur Novellierung des Straftatbestandes der Vorteilsannahme, JR 2004, S. 50 (55 f.).

entstehen, eine Vorteilsannahme in Verbindung mit einer Drittmitteleinwerbung sei – da als Nebenstrafrecht zu qualifizieren – weniger kriminell als entsprechende Handlungen in anderen Bereichen.

(5) **Drittmittelgesetze auf Landesebene** wären zwar ohne weiteres denkbar. Sie wären der Rechtssicherheit jedoch nicht zuträglich, da die Strafbarkeit dann von der entsprechenden Regelung im Drittmittelgesetz des jeweiligen Landes abhängig wäre. § 331 StGB würde für diese Fallgruppen seinen Anwendungsbereich und Regelungsgehalt nicht mehr selbst beschreiben, sondern hinsichtlich der Tatbestandsverwirklichung auf andere Bestimmungen Bezug nehmen. Vor diesem Hintergrund ist schon fraglich, ob damit den strengen **Anforderungen des Art. 103 Abs. 2 GG**[642] ausreichend Genüge getan würde, da Tragweite und Anwendungsbereich nicht aus der strafrechtlichen Norm selbst ersichtlich wären.[643]

Zudem wäre die **Gefahr der Rechtszersplitterung** sehr hoch, da sich die derzeitigen Regelungen in den einzelnen Bundesländern bisweilen deutlich unterscheiden. Lediglich beispielhaft sollen hier das Saarland und Baden-Württemberg herausgegriffen werden: Während die Drittmittelrichtlinie des Präsidiums des Saarlandes neben der Verwaltung durch die Universität lediglich – auf Antrag – die Verwaltung durch das Universitätsmitglied als Mittelempfänger erlaubt (Nr. 5.1), ist in Baden-Württemberg mittlerweile auch eine Verwaltung durch einen Förderverein möglich (§ 41 Abs. 2 S. 2 Landeshochschulgesetz Baden-Württemberg[644]).

Angesichts dieser rechtlichen Unsicherheiten kann dieser Vorschlag im Ergebnis keine akzeptable Alternative zur geltenden Rechtslage darstellen. Nur auf den ersten Blick würden damit die derzeit bestehenden Probleme gelöst.

b) Einheitliche Verwaltungsvorschriften

In eine ähnliche Richtung wie die Einführung eigener gesetzlicher Regelungen geht der Wunsch von *Dölling*, der sich im Interesse der Rechtssicherheit für möglichst **einheitliche Verwaltungsvorschriften** in Bund und Ländern für die Annahme von Vorteilen ausspricht, mit deren Hilfe die Handhabung des § 331 Abs. 3 StGB erleichtert werden könnte.[645] Die Argumente, die gegen Drittmittelgesetze auf Landesebene sprechen, lassen sich jedoch erst recht gegen die Schaffung von Verwaltungsrichtlinien anführen. Das Risiko der *„Rechtszersplitterung“*[646] ist hierbei mindestens ebenso groß.

---

642 S. hierzu die Ausführungen auf S. 113 ff.
643 In diesem Sinne: *Brigitte Tag*, Drittmitteleinwerbung – strafbare Dienstpflicht? Überlegungen zur Novellierung des Straftatbestandes der Vorteilsannahme, JR 2004, S. 50 (53).
644 Gesetz über die Hochschulen und Berufsakademien in Baden-Württemberg (Landeshochschulgesetz - LHG) vom 01.01.2005 (GBl. S. 1); zuletzt geändert durch Artikel 2 des Gesetzes vom 19. Dezember 2005 (GBl. S. 794, 2006 S. 15).
645 *Dieter Dölling*, Die Neuregelung der Strafvorschriften gegen Korruption, ZStW 112 (2000), S. 334 (346).
646 *Thomas Rönnau*, Untreue und Vorteilsannahme durch Einwerbung von Drittmitteln? – BGH, NJW 2002, 2801, JuS 2003, S. 232 (237).

c) Systemfehler dieser Lösung

Auch wenn sich die Länder dazu entschließen könnten, sich selbst zu verpflichten, in ganz Deutschland einheitliche Regelungen zu treffen,[647] bestünde weiterhin ein Systemfehler. Solche eventuellen Regelungen wären nämlich inhaltlich zu eng, da sie nicht diejenigen Ärzte erfassen würde, die außerhalb universitärer Einrichtung Forschung betreiben und damit vom Schutzbereich des Art. 5 Abs. 3 S. 1 GG erfasst sind.[648] Dies kann keine befriedigende Lösung darstellen, da auch der außeruniversitäre Forschungssektor auf Drittmittelförderung angewiesen ist.[649]

4. Einführung einer Forschungsklausel

Angesichts der Schwächen der bislang besprochenen Vorschläge ist zu untersuchen, ob ein verfassungsgemäßes Ergebnis nicht über die Einführung einer sog. **Forschungsklausel in § 331 StGB** selbst erreicht werden könnte.

(1) Einen entsprechenden Formulierungsvorschlag hat beispielsweise ***Brigitte Tag*** gemacht, in dem sie eine Änderung des § 331 Abs. 3 StGB vorschlug. Dieser könnte ihrer Ansicht nach folgenden Wortlaut erhalten: „*Eine Vorteilsannahme nach Abs. 1 liegt nicht vor, wenn der Vorteil dienst- bzw. hochschulrechtlich erlaubt ist.*“[650]

Von anderer Seite ist die Ergänzung des § 331 StGB um einen Absatz 4 diskutiert worden. Die **Arbeitsgemeinschaft der Wissenschaftlichen Medizinischen Fachgesellschaften** hat im Jahre 2000 folgende Formulierung vorgeschlagen: „*Nicht strafbar nach Absatz 1 sind vertraglich vereinbarte Zuwendungen für die wissenschaftliche Forschung sowie die Fort- und Weiterbildung, wenn diese den Aufgaben der Einrichtung dienen, der der Zuwendungsempfänger angehört und wenn sie nicht in unmittelbarem Zusammenhang mit Umsatzgeschäften stehen, wenn sie der Leitung der Einrichtung angezeigt sind und die Verwendung der Mittel für die Zwecke des Projektes von dieser kontrolliert wird*“.[651]

(2) Gegen eine solche Forschungsklausel wird eingewandt, sie stelle einen **Systembruch** dar und werfe **Gerechtigkeitszweifel** auf, da andere Amtsträger nicht von ihr erfasst würden.[652] Dem kann allerdings nicht zugestimmt werden, denn im Unterschied zu wissenschaftlich tätigen Ärzten können sich andere Amtsträger gerade nicht auf das Grundrecht des Art. 5 Abs. 3 S. 1 GG berufen. Eine willkürliche Ungleichbehandlung, die eine Verletzung von Art. 3 Abs. 1 GG bedeuten könnte, ist daher gerade nicht gegeben.

---

[647] Dies wäre über einen Beschluss der Kultusministerkonferenz möglich.

[648] *Stefanie Diettrich/Holger Schatz*, Drittmittelforschung: Überlegungen zur Minimierung des strafrechtlichen Risikos, MedR 2001, S. 614 (622).

[649] Antrag der Freien und Hansestadt Hamburg auf Entschließung des Bundesrates zur rechtlichen Absicherung der Drittmittelförderung, BR-Drs. 541/01, S. 3.

[650] *Brigitte Tag*, Drittmitteleinwerbung – strafbare Dienstpflicht? Überlegungen zur Novellierung des Straftatbestandes der Vorteilsannahme, JR 2004, S. 50 (57); *Brigitte Tag*, Drittmitteleinwerbung – strafbare Dienstpflicht? – Überlegungen zur Novellierung des Straftatbestandes der Vorteilsannahme, in: Brigitte Tag/Jochen Tröger/Jochen Taupitz (Hrsg.), Drittmitteleinwerbung – Strafbare Dienstpflicht?, Heidelberg 2004, S. 153 (174).

[651] S. hierzu: *Fernando Sanchez-Hermosilla,* Korruptionsstrafrecht und Drittmittelforschung, Kriminalistik 2002, S. 506 (509, Fn 34.).

[652] *Kai Ambos*, Zur Strafbarkeit der Drittmittelakquisition, JZ 2003, S. 345 (354); *Helmut Satzger*, Bestechungsdelikte und Sponsoring, ZStW 115 (2003), S. 469 (497).

Darüber hinaus wird gegen die Einführung einer solchen Klausel angeführt, dass sie – angesichts der auf ein strenges Korruptionsstrafecht hinweisenden internationalen Vorgaben – **rechtspolitisch ein falsches Signal** geben könnte.[653] An dieser Stelle wird etwa auf das Übereinkommen über den Schutz der finanziellen Interessen der Europäischen Gemeinschaften vom 17.10.2002[654] sowie das Strafrechtsübereinkommen über Korruption des Europarates vom 27.01.1999 verwiesen. Dies kann jedoch nicht ausschlaggebend sein, wenn die deutsche Verfassung eine Straflosigkeit solcher Verhaltensweisen gebietet.

(3) Die Aufnahme einer Forschungsklausel hätte grundsätzlich vielmehr **deutliche Vorteile**. Damit würde schon aus der strafrechtlichen Norm heraus erkennbar sein, dass Drittmitteleinwerbung unter bestimmten Umständen nicht strafbar ist. Hiermit könnte meines Erachtens dem Rang der Forschungsfreiheit innerhalb der Grundrechte Rechnung getragen werden.

(4) Die bislang vorgeschlagenen Ergänzungen des § 331 StGB können jedoch in ihrer **Ausgestaltung** nicht völlig überzeugen.

Der Vorschlag von ***Brigitte Tag*** besticht zwar durch seine Einfachheit. Es erscheint in der Tat mehr als reizvoll, die Problematik der Drittmitteleinwerbung durch einen einzigen Satz aus der Welt zu schaffen. Dies geschieht jedoch nur auf den ersten Blick. Indem diese Forschungsklausel auf die nach Dienst- bzw. Hochschulrecht erlaubte Drittmitteleinwerbung abstellt, ist die Strafbarkeit wiederum abhängig von den einzelnen dienst- bzw. hochschulrechtlichen Regelungen. Damit können ihr jedoch die gleichen Bedenken entgegengehalten werden, die auch gegen die Schaffung eines Drittmittelgesetzes als Nebenstrafrecht oder gegen die Einführung landesrechtlicher Drittmittelgesetze sprechen und die *Brigitte Tag* an anderer Stelle[655] selbst scharf kritisiert.

Hingegen ist der Vorschlag der **Arbeitsgemeinschaft der Wissenschaftlichen Medizinischen Fachgesellschaften** völlig losgelöst von außerhalb des Strafrechts geltenden formellen und materiellen Voraussetzungen. Indem er selbst die Voraussetzungen normiert, unter denen Absatz 1 nicht zur Anwendung kommen soll, bringt er auf der einen Seite eine Rechtssicherheit, die durch keinen der anderen Vorschläge de lege lata oder de lege ferenda erreicht werden kann. Auf der anderen Seite muss sich dieser Vorschlag dem Vorwurf ausgesetzt sehen, dass er alles andere als einfach zu verstehen ist. Was er an Rechtssicherheit durch die abschließende Regelung in § 331 StGB erreicht, büßt er durch die Komplexität seiner Regelung wieder ein. Hier ist dem Senat der freien und Hansestadt Hamburg dahingehend Recht zu geben, dass die Drittmittelförderung in einer Vielzahl unterschiedlichster Formen gewährt wird und – wie die Abbildungen zu den vereinfachten (!) Fällen zeigen – zum Teil auf höchst komplexen Beziehungsverhältnissen beruht, die schwer in Einklang

---

[653] *Helmut Satzger*, Bestechungsdelikte und Sponsoring, ZStW 115 (2003), S. 469 (497); *Fernando Sanchez-Hermosilla*, Korruptionsstrafrecht und Drittmittelforschung, Kriminalistik 2002, S. 506 (510).
[654] Amtsblatt C 316 vom 27.11.1995.
[655] *Brigitte Tag*, Drittmitteleinwerbung – strafbare Dienstpflicht? Überlegungen zur Novellierung des Straftatbestandes der Vorteilsannahme, JR 2004, S. 50 (53).

zu bringen sind mit der für das Strafgesetzbuch gebotenen Kürze der Formulierungen und Prägnanz der Tatbestände.[656]

Bei beiden Vorschlägen bleibt, da sie von ihrer Formulierung dem jetzigen § 331 Abs. 3 StGB ähneln, der mit den Worten *„Die Tat ist nicht nach Absatz 1 strafbar, wenn [...]"* beginnt, zudem **unklar**, ob es sich hierbei um einen **Ausschluss auf der Tatbestandsebene** oder lediglich um einen **Rechtfertigungsgrund** handelt.[657] Auch diese Frage sollte der Gesetzgeber künftig selbst regeln und nicht der Wissenschaft und Justiz überlassen.

(5) Meines Erachtens müsste eine **Forschungsklausel**, um der Bedeutung der Forschungsfreiheit gerecht zu werden, in der Tat auf der **Tatbestandsebene** angesiedelt werden. Käme ihr lediglich der Charakter eines Rechtfertigungsgrundes zu, so stünde die Drittmitteleinwerbung – obwohl vom Staat ausdrücklich gewünscht und dem Forscher durch die tatsächlichen finanziellen Gegebenheiten an den Hochschulen faktisch auferlegt – dennoch unter dem Makel einer strafbaren, aber gerechtfertigten Handlung. Neben der Problematik der Verlagerung des Beweisrisikos würde zudem die Handlung als gegen die bestehende Rechtsordnung verstoßend gebrandmarkt, was jedoch aufgrund des Schutzgehaltes von Art. 5 Abs. 3 S. 1 GG nicht der Fall sein darf.

Darüber hinaus sollte die Forschungsklausel kumulativ eingesetzt werden und nicht zur Streichung von § 331 Abs. 3 StGB führen. Auch wenn § 331 Abs. 3 StGB wegen seiner Widersprüche zu den beamtenrechtlichen Vorschriften kritisiert werden kann und verbesserungswürdig ist, bedarf es zwingend auch für Bereiche außerhalb der von Art. 5 Abs. 3 S. 1 GG geschützten Forschungsfreiheit die Möglichkeit einer im Ergebnis straffreien Vorteilsannahme.

(6) Im Hinblick auf die erforderliche Rechtssicherheit muss Ausgangspunkt eine **im StGB wurzelnde Lösung** sein. Denn nur dann ist aus der strafrechtlichen Norm selbst heraus erkennbar, dass Drittmitteleinwerbung unter bestimmten Umständen nicht strafbar ist. Insofern enthält die von Brigitte Tag propagierte Forschungsklausel in ihrem Kern einen Teil der richtigen Lösung.

Klargestellt muss allerdings werden, dass die Lösung nur in einem Ausschluss der Strafbarkeit auf Tatbestandsebene liegen kann (**Tatbestandsausschluss**). Im Rahmen von § 331 StGB müsste daher ein weiterer Absatz eingefügt werden, welcher mit den Worten *„Der Tatbestand der Vorteilsannahme ist nicht erfüllt, wenn..."* beginnt.

Ferner greift der **Verweis** von Brigitte Tag **auf das Dienst- und/oder Hochschulrecht** aus mehreren Gründen viel zu kurz. Die Strafbarkeit eines Verhaltens darf nicht – auch nicht indirekt – von dienst- bzw. hochschulrechtlichen Regelungen abhängig sein.

---

[656] Antrag der Freien und Hansestadt Hamburg auf Entschließung des Bundesrates zur rechtlichen Absicherung der Drittmittelförderung, BR-Drs. 541/01, S. 2 f.

[657] *Siegfried Kauder*, Drittmitteleinwerbung – strafbare Dienstpflicht? –, in: Brigitte Tag/Jochen Tröger/Jochen Taupitz (Hrsg.), Drittmitteleinwerbung – Strafbare Dienstpflicht?, Heidelberg 2004, S. 267 (267), sieht in diesem Vorschlag einen persönlichen Strafaufhebungsgrund und schlägt deshalb folgende Formulierung vor: *„Absatz 1 findet keine Anwendung, wenn der Vorteil dienst- oder hochschulrechtlich erlaubt ist."*

Denn einerseits stünde der Vorwurf im Raume, den **„Bock zum Gärtner"** gemacht zu haben. In den fraglichen Hochschulgremien hätten die Hochschullehrer nämlich schon von Verfassungswegen letztlich die Möglichkeit, sich durchzusetzen. Das Bundesverfassungsgericht hat dem Gesetzgeber vor dem Hintergrund der Wissenschaftsfreiheit in Bezug auf die sog. wissenschaftsrelevanten Angelegenheiten dahingehend Schranken gesetzt, dass letztlich der Gruppe der Hochschullehrer in diesem Bereich eine „herausgehobene Stellung" und ein „maßgeblicher Einfluss", im Bereich der Forschung sogar ein „ausschlaggebender Einfluss" zu gewähren ist,[658] wobei dies zur Not über ein Mehrfachstimmrecht erreicht werden kann.[659] Dass dieser Bereich forschungsrelevant ist, wurde hinreichend dargelegt. Mit anderen Worten kommt der Verweis auf hochschulrechtliche Regelungen einem an den Normadressaten gerichteten Aufruf gleich, sich ein Gesetz anzufertigen. Zumindest rechtspolitisch erscheint dies sehr bedenklich.

Außerdem muss vor dem Hintergrund der **Gesetzlichkeit der Strafbarkeit** (Art. 103 Abs. 2 GG) die Strafbarkeit durch ein formelles Parlamentsgesetz bestimmt sein. Danach müssen insbesondere die Voraussetzungen der Strafbarkeit gesetzlich bestimmt sein; ein Verweis auf untergesetzliche Regelungen ist nicht ausreichend. Dagegen ließe sich einwenden, dass die Rechtsprechung des Bundesverfassungsgerichts in gewissen engen Fällen auch einen Verweis auf Satzungen[660] ausreichen lässt, wenn schon aus der Ermächtigung die Grenze der Strafbarkeit ersichtlich sei – ja gar auf Rechtsverordnungen[661], sofern diesen nur eine Spezifizierung des Tatbestands verbleibt. Zudem ließe sich einwenden, dass letztlich nur eine Gegenausnahme bestimmt wird, bei der die Strafbarkeit gerade ausgeschlossen werden soll – mit anderen Worten nicht die Strafbarkeit bestimmt wird, sondern gerade die Nichtstrafbarkeit.

Dies wäre indes zu kurz gedacht. Denn die Strafbarkeit ergibt sich aus der Gesamtschau der Tatbestandsmerkmale. Die künstliche Aufspaltung in *„Strafbar ist..."* und *„Ausnahmsweise ist nicht strafbar"* statt eines *„Strafbar ist... außer..."* kann zum einen nicht zu einer anderen verfassungsrechtlichen Wertung führen. Zum anderen führte dies zu einer Privilegierung der Aufspaltung und Zerstreuung von einheitlichen Tatbeständen, was wiederum in Hinblick auf den Bestimmtheitsgrundsatz zumindest rechtspolitisch verfehlt wäre. Schließlich ist der Zweck des im Gesetzlichkeitsprinzip wurzelnden Gesetzesvorbehalts zu vergegenwärtigen. Dessen Zweck ist bekanntlich (auch) subjektiv-rechtlich anzusiedeln. Dem Normadressaten soll es ermöglicht werden, vorherzusehen, welches Verhalten verboten und mit Strafe bedroht ist.[662] Dies ist am ehesten erreichbar, wenn die fraglichen Regelungen in ein Gesetz gegossen werden. Zudem sei – jenseits von Art. 103 Abs. 2 GG – an die Grundsätze des Gesetzes- und Parlamentsvorbehalts bei grundrechtswesentlichen Fragen erinnert. Zumindest rechtspolitisch ist daher ein **formelles Parlamentsgesetz** zu fordern.

---

[658] BVerfG, Urteil vom 29.05.1973, Az.: 1 BvR 424/71 und 325/72, BVerfGE 35, S. 79 (123, 131 f.).
[659] BVerfG, Urteil vom 07.10.1980, Az.: 1 BvR 1289/78, BVerfGE 55, S. 37 (61).
[660] BVerfG, Beschluss vom 23.02.1972, AZ.: 2 BvL 36/71, BVerfGE 32, S. 346 (362);
[661] So ausdrücklich für Verwaltungsvorschriften im Umweltstrafrecht das BVerfGE, Beschluss vom 06.05.1987, 2 BvL 11/85, BVerfGE 75, S. 329 (342). Die Begründung sieht das Gericht darin, dass ansonsten Gesetze zu starr und kasuistisch würden und dem Wandel der Verhältnisse oder der Besonderheit des Einzelfalls nicht mehr gerecht würden.
[662] BVerfG, Urteil vom 11.11.1986, AZ.: 1 BvR 713/83, 921, 1190/84 und 333, 248, 306, 497/85, BVerfGE 73, S. 206 (234 f.) m.w.N..

Im Rahmen der Ausführungen zu einem speziellen (Bundes-) Drittmittelgesetz wurde weiter oben dargelegt, dass dem Bund die Befugnis – mangels Gesetzgebungskompetenz dazu – fehlt. Ein einheitliches Normgefüge, indem zugleich sowohl die Zulässigkeit und Voraussetzungen der Drittmitteleinwerbung als auch dessen Nichtstrafbarkeit geregelt würden, ist nicht möglich.

Dies lässt sich nur mittels einer **Kombination von Bundes- und Landesgesetz** erreichen. Es ist eine **reine Verweisungslösung** dahingehend vorstellbar, dass dem für das Strafrecht zuständige Bund daher nur die Rolle zukommt, die Strafbarkeit für bestimmte Fälle der durch Landesgesetz zugelassenen Drittmitteleinwerbung auszuschließen und die näheren Bestimmungen einem Landesgesetz zu überlassen. Die für das Hochschulrecht (und daher auch für die Modalitäten der Drittmittelweinwerbung) zuständigen Länder müssten ihrerseits die Voraussetzungen der Zulässigkeit der Drittmitteleinwerbung regeln.

Verfassungsrechtlich ist die Verweisung im StGB auf ein formelles Gesetz in Bezug auf den Gesetzesvorbehalt unbedenklich.[663] Damit wäre der Kompetenzordnung genüge getan und im Hinblick auf die ausdrückliche Verweisung wäre dem Normempfänger zumindest bekannt, dass die Regelung nicht bei § 331 StGB „endet".

Die Problematik von unterschiedlichen Drittmittelgesetzen auf Landesebene bleibt aber: Mit dieser reinen Verweisungslösung besteht weiterhin die **Gefahr der Rechtszersplitterung** sowie der fehlenden Übersichtlichkeit und ggf. fehlenden Bestimmtheit der Norm. Diese wurzelt aber in der Kompetenzordnung des Grundgesetzes und kann nicht vollständig vermieden werden. Zudem hat die reine Verweisungslösung einen grundlegenden **Systemfehler**: Letztlich ist die Strafbarkeit wiederum undifferenziert von der Einhaltung des Verwaltungsverfahrens abhängig. Damit kommt sie der aktuellen Rechtslage gleich und ist in vielen Fällen verfassungswidrig.

(7.) Dieser Systemfehler kann aber vermieden werden und die Gefahr der Rechtszersplitterung **reduziert** werden, indem die Grundentscheidung unmittelbar im § 331 StGB gesucht wird und **durch eine subsidiäre Verweisungslösung** auf ein Landesgesetz verwiesen wird, welches eigenständig die Zulässigkeit der Drittmitteleinwerbung regelt.

So könnte bestimmt werden, dass der **Tatbestand der Vorteilsannahme nicht erfüllt ist, wenn** (kumulativ) **der Vorteil**

- **der medizinischen Forschung zugeführt wird, und**
- **zu keinem Zeitpunkt mit dem Privatvermögen einer natürlichen Person vermengt wird und die Verwendung der Vorteile durch entsprechende Unterlagen zuverlässig nachvollzogen werden kann,**

wobei

- **der Vorteil jedenfalls dann unwiderleglich als der medizinischen Forschung zugeführt gilt, wenn er durch Landesgesetz erlaubt ist.**

Diese subsidiäre Verweisungslösung hätte den Vorteil, dass primär der Ausschluss der Strafbarkeit in § 331 StGB angesiedelt wäre und somit eine **einheitliche Regelung für alle Forscher** vorhanden wäre.

---

[663] BVerfGE, Beschluss vom 06.05.1987, 2 BvL 11/85, BVerfGE 75, S. 329 (342).

Das Bundesrecht schließt danach – dogmatisch unabhängig von der hochschulrechtlichen Zulässigkeit der Drittmittelwerbung – die Strafbarkeit aus, wenn bestimmte Voraussetzungen vorliegen. Zugegebenermaßen ist die erste Voraussetzung (Zuführung zur medizinischen Forschung) vom Normadressaten schwer zu ermitteln, da auf den verfassungsrechtlichen Begriff der Forschung, mithin auf den Schutzbereich der Wissenschaftsfreiheit abzustellen ist. Indes ist der Rückgriff auf Verfassungsrecht im Strafrecht nicht selten (§ 240 StGB, § 193 StGB) und im vorliegenden Fall unvermeidbar.

Für diese subsidiäre Verweisungslösung spricht ein weiteres Argument: Durch die Übernahme der zweiten Voraussetzung (keine Vermengung mit Privatvermögen und Nachweisbarkeit der Verwendung) in die Strafnorm ist zu vermuten, dass die Landesdrittmittelgesetze entsprechende Vorschriften aufnehmen, so dass letztlich die Einhaltung des landesgesetzlich bestimmten Verfahrens Rechtssicherheit schafft. Der Forscher, der sich an das Verfahren seines Drittmittelgesetzes hält, wäre ohne weitere Untersuchungsnotwendigkeit im „grünen Bereich". Die Bestimmung dessen, was strafbar bzw. nicht strafbar ist, bleibt aber sowohl in dogmatischer Hinsicht als auch faktisch in der Hand des Bundesgesetzgebers. Die **praktische Handhabung** der Norm würde durch Drittmittelgesetze der Länder wesentlich vereinfacht; denn zunächst würde vernünftigerweise stets geprüft, ob das Landesdrittmittelgesetz greift, bevor man in die verfassungsrechtliche Frage einsteigt. Der **Normadressat wüsste genau, was er tun muss**, um auf jeden Fall nicht strafbar zu handeln.

Damit würden auch etwaige **„verfassungsrechtliche Lücken" des Landesdrittmittelgesetzes unbedenklich**. Sofern nämlich dieses in verfassungsrechtlicher Hinsicht zu kurz greift, wäre nicht zwingend eine Strafbarkeit gegeben. Sofern etwa ein Landesdrittmittelgesetz nur Hochschulforschung erfasst, würde dennoch über die Frage der Zuführung des Vorteils zur Forschung eine verfassungskonforme Würdigung der Strafbarkeitsfrage erreicht. Der oben genannte Systemfehler – etwa, dass der gesamte außeruniversitäre Forschungssektor nicht erfasst wird – würde hier vermieden, selbst wenn das Landesdrittmittelgesetz zu kurz greift.

Die **Kompetenzordnung des Grundgesetzes** bliebe gewahrt. Die Länder wären stets in der Regelung der Zulässigkeitsvoraussetzungen und des Verfahrens von Drittmitteleinwerbungen frei.

Unabhängig davon würde allerdings eine Straflosigkeit nur dann in Frage kommen, wenn die Voraussetzungen der Ausschlussnorm vorliegen, so dass im **Hinblick auf die Frage der Strafbarkeit die Zersplitterungsgefahr sehr reduziert** wäre. Die Gefahr der Rechtszersplitterung bliebe nämlich nur noch für den Bereich bestehen, in dem Drittmittelgesetze über das verfassungsrechtlich Notwendige hinaus ein Verfahren für zulässig erklären. In diesem überschießenden Bereich (der indes aufgrund der zweiten Voraussetzung nicht die Frage der Nachweisbarkeit der Mittelzuordnung betrifft) bliebe eine unterschiedliche Regelung zwar möglich – wäre aber weder verfassungsrechtlich noch rechtspolitisch bedenklich.

Eine solche Normstruktur hätte zudem den Vorteil, von vorne herein deutlich zu machen, dass bei Vorliegen der Voraussetzungen schon der Tatbestand der Vorteilsannahme (**Tatbestandsausschluss**) nicht erfüllt ist. Indem auf die Zuführung des Vorteils zur medizinischen Forschung abgestellt und eine Vermengung mit dem

Privatvermögen einer natürlichen Person[664] nicht zugelassen wird, würde diese Forschungsklausel **den Anforderungen gerecht, die sich aus Art. 5 Abs. 3 S. 1 GG ergeben**. Damit ließe die Regelung auch die Zuwendung an eine juristische Person oder Personenvereinigung zu; gefordert würde lediglich die Möglichkeit der Nachvollziehbarkeit des Drittmittelzuflusses. Dies sichert die Entkräftungsmöglichkeit des gesetzten bösen Anscheins, ohne die in verfassungsrechtlicher Hinsicht nichts gegen die Strafbarkeit spricht.

(8) Der **Nachteil der Regelung** liegt auf der Hand. Er verkürzt die allgemeine verfassungsrechtliche Problematik der Strafbarkeit von verfassungsrechtlich geschütztem Verhalten auf den hier näher untersuchten Bereich der Hochschulmedizin. Damit wird zugleich die Frage aufgeworfen, wie es sich in **anderen Bereichen** verhält. Wie wird zu entscheiden sein, wenn ein Hochenergiephysiker für seine Grundlagenforschung einen Teilchenbeschleuniger braucht und diese von Dritten finanziert bekommen kann? Wie wenn ein Ölmagnat „für ein bisschen Weltraumtourismus" ein Weltraumforschungsinstitut langfristig finanziert? Wie wenn ein Liebhaber der deutschen Sprache einen vom Land vernachlässigten Germanistiklehrstuhl für einige wohlwollende Rezensionen zu von ihm verlegte Bücher finanziert?

Diese frei erfundenen Beispiele zeigen, dass die medizinische Hochschulforschung insoweit nicht das Monopol an diesem verfassungsrechtlichen Problem beanspruchen kann – auch wenn diesem dort aufgrund der zahlungskräftigen Pharma- und Medizingeräteindustrie zugespitzte Praxisrelevanz beizumessen ist.

Im Rahmen der vorliegenden Arbeit sind die Rechtsprechung und die Besonderheiten im Bereich der Hochschulmedizin ausgearbeitet worden. Eine abschließende Bewertung zu allen anderen Bereichen kann daher schon in methodischer Hinsicht hier nicht erfolgen. In anderen Fachgebieten besteht aber durchaus genauso ein Bedürfnis nach Drittmitteleinwerbung. Es sei aber aus folgenden Gründen eine **Extrapolation** erlaubt. Zwar ist einzuräumen, dass in vielen Bereichen die Volksgesundheit keine Rolle spielen dürfte. Allerdings gelten die Ausführungen zur Finanzierung und hier entwickelten Schaukellehre bei Rückzug des Staates allgemein. Hinzu kommt, dass der einzig ernst zu nehmende verfassungsrechtliche Rechtfertigungsansatz, nämlich das Vertrauen der Allgemeinheit in die Unkäuflichkeit von Trägern staatlicher Funktionen in allen Fällen eine eingeschränkte Reichweite hat. Auch hier sind die oben gemachten Ausführungen keineswegs medizinspezifisch. Entsprechendes gilt für das Argument der „ultima ratio" der strafrechtlichen Sanktion sowie der Möglichkeit, die Angelegenheit disziplinarrechtlich zu regeln.

Insofern spricht sehr viel dafür, dass die Ausführungen zur fehlenden verfassungsrechtlichen Rechtfertigung **für jeden Bereich gelten, in dem geforscht wird**. Mit anderen Worten ist – *prima facie* – § 331 StGB (Strafbarkeit der Drittmitteleinwerbung aufgrund der Nichteinhaltung des Verwaltungsverfahrens) nach der hier vertretenen Auffassung ebenso wie bei der medizinischen Hochschulforschung nur in ganz seltenen Fällen nicht verfassungswidrig (nämlich bei pflichtwidrigen Handlungen sowie bei Vermengung der Drittmittel mit dem Privatvermögen des Forschers). Zwar mag es im Einzelfall besondere Gründe geben, die eine Strafbarkeit verfassungsrechtlich rechtfertigen könnten, hier jedoch nicht untersucht worden sind. Indes dürfte

[664] Bei einer juristischen Person ist die Gefahr der Vermengung bei ordnungsgemäßer Buchführung nicht gegeben.

die große Masse der Fälle mit der Situation bei der medizinischen Hochschulforschung vergleichbar sein, so dass es sich anbietet, im Rahmen eines zu schaffenden § 331 Abs. 4 StGB eine für alle Forscher geltende allgemeine Regelung zu finden. Selbst wenn sich die Strafbarkeit in bestimmten Bereichen rechtfertigen ließe, stellte sich nämlich die Frage der Ungleichbehandlung der Forscher. Ungeachtet der verfassungsrechtlichen Implikationen (Art. 3 Abs. 1 GG) erscheint es jedenfalls in rechtspolitischer Hinsicht vorzugswürdig, eine **Generalregelung** zu finden.

(9) Ich schlage **daher folgende Ergänzung des § 331 StGB** um einen Absatz 4 vor:

> *„Der Tatbestand der Vorteilsannahme ist nicht erfüllt, wenn der Vorteil der Forschung zugeführt wird, zu keinem Zeitpunkt mit dem Privatvermögen einer natürlichen Person vermengt wird und die Verwendung der Vorteile durch entsprechende Unterlagen zuverlässig nachvollzogen werden kann. Der Vorteil gilt dabei als der Forschung zugeführt, wenn er durch Landesgesetz erlaubt ist."*

Literaturverzeichnis

Kommentare

Ulrich Battis — Bundesbeamtengesetz, 3. Auflage, München 2004

Horst Dreier (Hrsg.) — Grundgesetz, Band I, 2. Auflage, Tübingen 2004

Burkhard Jähnke/ Heinrich Wilhelm-Laufhütte/Walter Odersky — Strafgesetzbuch (Leipziger Kommentar), 11. Auflage, Berlin 2003

Hans D. Jarass/Bodo Pieroth, — Grundgesetz für die Bundesrepublik Deutschland, 9. Auflage, München 2007

Ferdinand Kopp/Ulrich Ramsauer — Verwaltungsverfahrensgesetz, 9. Auflage, München 2005

Theodor Maunz/Günter Dürig (Hrsg.) — Grundgesetz, 48. Auflage, München 2007

Lutz Meyer-Goßner — Strafprozessordnung, 51. Auflage, München 2008

Andreas Reich — Hochschulrahmengesetz, 8. Auflage, Bad Honnef 2002

Michael Sachs (Hrsg.) — Grundgesetz, 4. Auflage, München 2008

Bruno Schmidt-Bleibtreu/Franz Klein (Hrsg.) — Kommentar zum Grundgesetz, 10. Auflage, Neuwied 2004

Adolf Schönke/Horst Schröder — Strafgesetzbuch, 27. Auflage, München 2006

Lothar Senge (Hrsg.) — Karlsruher Kommentar zum OWiG, 3. Auflage, München 2006

Richard Bäumlin/Axel Azzola (Bearb.) — Alternativkommentar zum Grundgesetz für die Bundesrepublik Deutschland, 2. Auflage, Neuwied 1989

Herbert Tröndle/Thomas Fischer — Strafgesetzbuch, 54. Auflage, München 2006

Hermann v. Mangoldt/ Friedrich Klein/Christian Stark (Hrsg.) — Kommentar zum Grundgesetz, Band 1, 5. Auflage, München 2005

Ingo v. Münch (Begr.)/Philip Kunig (Hrsg.) — Grundgesetz-Kommentar, Bd. 1 (Präambel bis Art. 19), 5. Auflage, München 2000

Monographien

Robert Alexy/Hans-Joachim Koch/ Lothar Kuhlen/Helmut Rüßmann (Hrsg.)	Elemente einer juristischen Begründungslehre, Baden-Baden 2003
Gunther Arzt/Ulrich Weber	Strafrecht Besonderer Teil, Bielefeld 2000
Karl Binding	Lehrbuch des gemeinen deutschen Strafrechts, besonderer Teil, Leipzig
Erwin Deutsch/Andreas Spickhoff	Medizinrecht – Arztrecht, Arzneimittelrecht, Medizinprodukterecht und Transfusionsrecht, 5. Auflage, Berlin 2003
Christian Flämig (Hrsg.)	Handbuch des Wissenschaftsrechts, Band 1, 2. Auflage, Berlin 1996
Christian Flämig (Hrsg.)	Handbuch des Wissenschaftsrechts, Band 2, 2. Auflage, Berlin 1996
Cay Fürsen	Drittmitteleinwerbung und –forschung im Spiegel des Strafrechts unter besonderer Berücksichtigung der Problematik industrienah kooperierender Hochschulmedizin, Hamburg 2005
Josef Isensee/Paul Kirchhof/Peter Badura u.a. (Hrsg.)	Handbuch des Staatsrechts, Band II (Verfassungsstaat), 3. Auflage, Heidelberg 2004
Ulrich Karpen,	Wissenschaftsfreiheit und Hochschulfinanzierung – Überlegungen zu einem effektiven Mitteleinsatz, Berlin 1983
Hans-Joachim Koch/Helmut Rüßmann	Juristische Begründungslehre, München 1982
Karl Larenz/Claus-Wilhelm Canaris	Methodenlehre der Rechtswissenschaft, 3. Auflage, Berlin/Heidelberg 1995
Klaus Lüderssen	Die Zusammenarbeit von Medizinprodukte-Industrie, Krankenhäusern und Ärzten – strafbare Kollusion oder sinnvolle Kooperation?, Stuttgart 1998
Bodo Pieroth/Bernhard Schlink	Staatsrecht II/Grundrechte, 22. Auflage, Heidelberg 2006
Hans-Heinrich Trute	Die Forschung zwischen grundrechtlicher Freiheit und staatlicher Institutionalisierung, Tübingen 1994

Aufsätze

Kai Ambos — Zur Strafbarkeit der Drittmittelakquisition, JZ 2003, S. 345 ff.

Albert Bleckmann/Rolf Eckhoff — Der „mittelbare" Grundrechtseingriff, DVBl. 1988, S. 373 ff.

Klaus Bernsmann — Die Korruptionsdelikte (§§ 331 ff. StGB) – Eine Zwischenbilanz, StV 2003, S. 521 ff.

Klaus Bernsmann — „Vorteil" und „Vorteilsannahme" (§ 331 StGB) des beamteten Forschers, in: Festschrift für Dieter Leuze zum 70. Geburtstag, Berlin 2003, S. 59 ff.

Klaus Bernsmann — Anti-Korruptionsregeln – Problemdarstellung an Hand von Fallbeispielen, WissR Bd. 35 (2002), S. 1 ff.

Wolfgang Bruns — Der sogenannte Herzklappenskandal – eine strafrechtliche Zwischenbilanz –, ArztR 1998, S. 237 ff.

Wolfgang Bruns — Sponsoring im Krankenhaus, ArztR 2003, S. 260 ff.

Peter Cramer — Zum Vorteilsbegriff bei den Bestechungsdelikten, Festschrift für Claus Roxin zum 70. Geburtstag am 15. Mai 2001, Berlin/New York 2001, S. 945 ff.

Manfred Dauster — Private Spenden zur Förderung von Forschung und Lehre: Teleologische Entschärfung des strafrechtlichen Vorteilsbegriffs nach § 331 StGB und Rechtfertigungsfragen, NStZ 1999, S. 63 ff.

Erwin Deutsch — Fortschreibung des Medizinprodukterechts, NJW 1999, S. 817 ff.

Peter Dieners — Selbstkontrolle der Wirtschaft zur Verhinderung von Korruption, JZ 1998, S. 181 ff.

Stefanie Diettrich/Holger Schatz — Sicherung der privaten Drittmittelförderung, ZRP 2001, S. 521 ff.

Stefanie Diettrich/Holger Schatz — Drittmittelforschung: Überlegungen zur Minimierung de strafrechtlichen Risikos, MedR 2001, S. 614 ff.

Dieter Dölling — Empfehlen sich Änderungen des Straf- und Strafprozessrechts, um der Gefahr von Korruption in Staat, Wirtschaft und Gesellschaft wirksam zu begegnen?, Gutachten C für den 61. DJT, in: Ständige Deputation des Deutschen Juristentages (Hrsg.), Verhandlungen des Einundsechzigsten Deutschen Juristentages Karlsruhe 1996, Band I Gutachten, München 1996, C 3-C 115

Rainer Erlinger — Drittmittelforschung unter Korruptionsverdacht?, Der aktuelle Stand der Rechtsprechung – Gibt es schon Rechtsprechung zur „neuen" Rechtslage, MedR 2002, S. 60 ff.

Rainer Erlinger — Anmerkung zu OLG Köln, Beschluss vom 21.09.2001, 2 Ws 170/01 (MedR 2002, S. 413 ff.), MedR 2002, S. 419 ff.

Helmut Fuchs — Drittmittelforschung und Strafrecht in Österreich, MedR 2002, S. 65 ff.

Cay Fürsen/Juana Schmidt — „Drittmitteleinwerbung – strafbare Dienstpflicht?" Ein Symposium ruft den Gesetzgeber zum Handeln auf, JR 2004, S. 57 ff.

Norbert Gatzweiler — Zuwendungen und Korruption – Ein Bericht aus der Sicht des Strafverteidigers, WissR 35 (2002), S. 327 ff.

Jens Göben — Auswirkungen des Gesetzes zur Bekämpfung der Korruption auf die Forschungstätigkeit von Hochschulangehörigen, MedR 1999, S. 345 ff.

Jens Göben — Bestechlichkeit und Vorteilsannahme bei der Bestellung medizinischer Produkte durch Krankenhausärzte (Anmerkung zu BGH, Urt. v. 19.10.1999, 1 StR 264/99, MedR 2000, 193 f.), MedR 2000, S. 194 f.

Hans Grosse-Wilde — Zuwendung und Korruptionsproblematik aus Sicht des Dekans einer Medizinischen Fakultät, in: Festschrift für Dieter Leuze zum 70. Geburtstag, Berlin 2003, S. 625 ff.

Hans Helmut Günther — Unbegründete Ängste der Klinikärzte und der pharmazeutischen Industrie vor den Änderungen des Antikorruptionsgesetzes, MedR 2001, S. 457 ff.

Petra Alexa Haeser — Erfahrungen mit der neuen Rechtslage im Korruptionsstrafrecht und Drittmittelrecht - aus Sicht des Staatsanwalts, MedR 2002, S. 55 ff.

Bernd Heinrich — Rechtsprechungsüberblick zu den Bestechungsdelikten (§§ 331-335 StGB) - (1998-2003) - 1. Teil, NStZ 2005, S. 197 ff.

Bernd Heinrich — Rechtsprechungsüberblick zu den Bestechungsdelikten (§§ 331-335 StGB) - (1998-2003) - 2. Teil, NStZ 2005, S. 256 ff.

Heinrich Henkel — Die Bestechlichkeit von Ermessensbeamten, JZ 1960, S. 507 ff.

Michael Hettinger — Das Strafrecht als Büttel? – Fragmentarische Bemerkungen zum Entwurf eines Korruptionsbekämpfungsgesetzes des Bundesrats vom 3.11.1995, NJW 1996, S. 2263 ff.

Siegfried Jutzi — Genehmigung der Vorteilsannahme bei nicht in einem öffentlich-rechtlichen Amtsverhältnis stehenden Amtsträgern, NStZ 1991, S. 105 ff.

Eberhard Kaiser — Spenden an politische Parteien und strafbare Vorteilsannahme, NJW 1981, S. 321 f.

Walter Kargl — Über die Bekämpfung des Anscheins der Kriminalität bei der Vorteilsannahme (§ 331 StGB), ZStW 114 (2002), S. 763 ff.

Siegfried Kauder — Drittmitteleinwerbung – strafbare Dienstpflicht? –, in: Brigitte Tag/Jochen Tröger/Jochen Taupitz (Hrsg.), Drittmitteleinwerbung – Strafbare Dienstpflicht?, Heidelberg 2004, S. 267 ff.

Urs Kindhäuser/Barbara Goy — Zur Strafbarkeit ungenehmigter Drittmitteleinwerbung – Zugleich eine Besprechung von BGH - 1 StR 372/01 und BGH - 1 StR 541/01–, NStZ 2003, S. 291 ff.

Christoph Knauer/Johannes Kaspar — Restriktives Normverständnis nach dem Korruptionsbekämpfungsgesetz, GA 2005, S. 385 ff.

Matthias Korte — Bekämpfung der Korruption und Schutz des freien Wettbewerbs mit den Mitteln des Strafrechts, NStZ 1997, S. 513 ff.

Matthias Korte — Strafbarkeit wegen Vorteilsannahme bei Drittmitteleinwerbung für Lehre und Forschung, NStZ 2003, S. 157 ff.

Lothar Kuhlen — Untreue, Vorteilsannahme und Bestechlichkeit bei Einwerbung universitärer Drittmittel – Zugleich eine Anmerkung zu den Urteilen des BGH vom 23.5.2002 und vom 23.10.2003, JR 2003, S. 231 ff.

Hans-Dieter Lippert — Klinische Prüfung von Arzneimitteln durch Professoren: Dienstaufgabe oder Nebentätigkeit, NJW 1992, S. 2338 ff.

Hans-Dieter Lippert — Wechselwirkungen: Korruptionsstrafrecht – ärztliches Standesrecht, in: Brigitte Tag/Jochen Tröger/Jochen Taupitz (Hrsg.), Drittmitteleinwerbung – Strafbare Dienstpflicht?, Heidelberg 2004, S. 177 ff.

Fritz Loos — Zum „Rechtsgut" der Bestechungsdelikte, Festschrift für Hans Welzel zum 70. Geburtstag, Berlin/New York 1974, S. 879 ff.

Klaus Lüderssen — Zweckverfehlende Kriminalisierung, in: Brigitte Tag/Jochen Tröger/Jochen Taupitz (Hrsg.), Drittmitteleinwerbung – Strafbare Dienstpflicht?, Heidelberg 2004, S. 269 ff.

Klaus Lüderssen — Antikorruptionsgesetz und Drittmittelforschung, JZ 1997, S. 112 ff.

Klaus Lüderssen — Die Symbiose von Markt und Staat – auseinanderdividiert durch Strafrecht?, StV 1997, S. 318 ff.

Manfred Maiwald — Die Amtsdelikte, JuS 1977, S. 353 ff.

Manfred Maiwald — Belohnung für eine vorgetäuschte pflichtwidrige Diensthandlung - Zur Problematik von Bestechlichkeit und Betrug, NJW 1980, S. 2777 ff.

Regina Mischalke — Drittmittel und Strafrecht – Licht am Ende des Tunnel?, NJW 2002, S. 3381 ff.

Fritz Ossenbühl — Zu StGB § 11 Abs 1 Nr 2 Buchst c, JR 1992, S. 473 ff.

Heribert Ostendorf — Bekämpfung der Korruption als rechtliches Probleme oder zunächst moralisches Problem?, NJW 1999, S. 615 ff.

Harro Otto — Amtsträgerschaft innerhalb zivilrechtlich organisierter Daseinsfürsorge, Jura 1997, S. 47 ff.

Gerd Pfeiffer — Von der Freiheit der klinischen Forschung zum strafrechtlichen Unrecht?, NJW 1997, S. 782 ff.

Michael Pfeifer — Drittmittelforschung unter Korruptionsverdacht? Die Hochschulmedizin zwischen Leistungsdruck und Strafrecht - Der Blick in die Schweiz, MedR 2002, S. 68 ff.

Mark Pieth — Drittmitteleinwerbung und Strafrecht in der Schweiz, in: Brigitte Tag/Jochen Tröger/Jochen Taupitz (Hrsg.), Drittmitteleinwerbung – Strafbare Dienstpflicht?, Heidelberg 2004, S. 111 ff.

Rudolf Ratzel — Arzt und (Pharma-)Industrie, MedR 1998, S. 98 ff.

Rudolf Ratzel — Drittmittelforschung unter Korruptionsverdacht? - Wechselwirkung des Korruptionsstrafrechts mit dem ärztlichen Standesrecht, MedR 2002, S. 63 f.

Thomas Rönnau — Untreue und Vorteilsannahme durch Einwerbung von Drittmitteln? – BGH, NJW 2002, 2801, JuS 2003, S. 232 ff.

Hans-Joachim Rudolphi — Spenden an politische Parteien als Bestechungsstraftaten, NJW 1982, S. 1417 ff.

Fernando Sanchez-Hermosilla — Korruptionsstrafrecht und Drittmittelforschung, Kriminalistik 2002, S. 506 ff.

Helmut Satzger — Bestechungsdelikte und Sponsoring, ZStW 115 (2003), S. 469 ff.

Wolfgang J. Schaupensteiner — Gesamtkonzept zur Eindämmung der Korruption, NStZ 1996, S. 409 ff.

Udo Scheu — Parteienspenden und Vorteilsannahme, NJW 1981, S. 1195 f.

Andreas Schmidt/Michael Güntner — Drittmitteleinwerbung und Korruptionsstrafbarkeit - Rechtliche Prämissen und rechtspolitische Konsequenzen, NJW 2004, S. 471 ff.

Walter Schmidt Glaeser — Die Freiheit der Forschung - Vorbemerkung, WissR 1974, S. 106 ff.

Walter Schmidt Glaeser — Die Freiheit der Forschung – Fortsetzung und Schluß, WissR 1974, S. 177 ff.

Michael Schröder — Sponsoring – Verwaltungsvorschrift des Bundes –, in: Brigitte Tag/Jochen Tröger/Jochen Taupitz (Hrsg.), Drittmitteleinwerbung – Strafbare Dienstpflicht?, Heidelberg 2004, S. 277 ff.

Richard Sturm — Änderungen des Besonderen Teils des Strafgesetzbuches durch das Einführungsgesetz zum Strafgesetzbuch, JZ 1975, S. 6 ff.

Brigitte Tag — Drittmitteleinwerbung – strafbare Dienstpflicht? Überlegungen zur Novellierung des Straftatbestandes der Vorteilsannahme, JR 2004, S. 50 ff.

Brigitte Tag — Drittmitteleinwerbung – strafbare Dienstpflicht? – Überlegungen zur Novellierung des Straftatbestandes der Vorteilsannahme, in: Brigitte Tag/Jochen Tröger/Jochen Taupitz (Hrsg.), Drittmitteleinwerbung – Strafbare Dienstpflicht?, Heidelberg 2004, S. 153 ff.

Jürgen Taschke — Die Strafbarkeit des Vertragsarztes bei der Verordnung von Rezepten – Anmerkung zu BGH, Beschluss vom 25.22.2003, 4 StR 239/03, StV 2004, 422 ff. -, StV 2005, S. 406 ff.

Alexander Thiele — Die Neuregelung der Gesetzgebungskompetenzen durch die Föderalismusreform - Ein Überblick, JA 2006, S. 714 ff.

Günther Tondorf/Heribert Waider — Strafrechtliche Aspekte des sog. Herzklappenskandals, MedR 1997, S. 102 ff.

Torsten Verrel — Überkriminalisierung oder Übertreibung? Die neue Furcht vor der Korruptionsstrafbarkeit in der Medizin, MedR 2003, S. 319 ff.

Steffen Walter — Medizinische Forschung mit Drittmitteln – lebenswichtig oder kriminell? Zur Neufassung des § 331 StGB, ZRP 1999, S. 292 ff.

Klaus Wasserburg | Rechtsprechungsübersicht zum Arztstrafrecht - Januar 1997 bis Mai 2002, NStZ 2003, S. 353 ff.

Horst Zeiler | Einige Gedanken zum Begriff des Amtsträgers im Sinne des § 11 I Nr. 2 c StGB, MDR 1996, S. 439 ff.

Frank Zieschang | Die Auswirkungen des Gesetzes zur Bekämpfung der Korruption auf den Forschungsbereich, WissR 32 (1999), S. 111 ff.

Frank Zieschang | Anmerkung zu den Entscheidungen des OLG Hamburg, StV 2001, S. 277 ff., des OLG Hamburg, StV 2001, S. 284 ff., sowie des OLG Karlsruhe, StV 2001, S. 288 ff., StV 2001, S. 290 ff.

SCHRIFTEN ZUM STRAFRECHT UND STRAFPROZESSRECHT

Herausgegeben von Manfred Maiwald

Band 1 Christian-Peter Frees: Die steuerrechtliche Selbstanzeige. Zur kriminalpolitischen Zweckmäßigkeit des § 371 AO. 1991.

Band 2 Norbert Joachim: Der Hörensagenbeweis im Strafverfahren. 1991.

Band 3 Alfred A. Göbel: Die Einwilligung im Strafrecht als Ausprägung des Selbstbestimmungsrechts. 1991.

Band 4 Karl-Heinz Vehling: Die Abgrenzung von Vorbereitung und Versuch. 1991.

Band 5 Heiko Hartmut Lesch: Das Problem der sukzessiven Beihilfe. 1992.

Band 6 Dirk Schwerdtfeger: Besondere persönliche Unrechtsmerkmale. 1992.

Band 7 Stefan Göhring: Polizeiliche Kontrollstellen und Datenverarbeitung. § 163 d StPO und novellierte Polizeigesetze der Länder zwischen Strafverfolgung, Gefahrenabwehr und vorbeugender Straftatenbekämpfung. 1992.

Band 8 Werner Kemper: Horizontale Teilrechtskraft des Schuldspruchs und Bindungswirkung im tatrichterlichen Verfahren nach der Zurückverweisung. §§ 353, 354 Abs. 2 StPO. 1993.

Band 9 Ovvadias Namias: Die Zurechnung von Folgeschäden im Strafrecht. 1993.

Band 10 Jan Zopfs: Unfallflucht bei eindeutiger Haftungslage? Unverzüglichkeitsgebot und Wahlmöglichkeit in § 142 Abs. 2 und 3 StGB. 1993.

Band 11 Stefan Hiebl: Ausgewählte Probleme des Akteneinsichtsrechts nach § 147 StPO. 1994.

Band 12 Ralf Krack: List als Straftatbestandsmerkmal. Zugleich ein Beitrag zu Täuschung und Irrtum beim Betrug. 1994.

Band 13 Henning Radtke: Zur Systematik des Strafklageverbrauchs verfahrenserledigender Entscheidungen im Strafprozeß. 1994.

Band 14 Bernd J. A. Müssig: Schutz abstrakter Rechtsgüter und abstrakter Rechtsgüterschutz. Zu den materiellen Konstitutionskriterien sog. Universalrechtsgüter und deren normentheoretischem Fundament – am Beispiel der Rechtsgutsbestimmung für die §§ 129, 129a und 324 StGB. 1994.

Band 15 Heinz Koriath: Über Beweisverbote im Strafprozeß. 1994.

Band 16 Burkhard Niepoth: Der untaugliche Versuch beim unechten Unterlassungsdelikt. 1994.

Band 17 Karsten Altenhain: Die Strafbarkeit des Teilnehmers beim Exzeß. 1994.

Band 18 Ina Walbaum: Schuldspruch in der Revisionsinstanz nach freisprechendem Urteil des Tatgerichts. 1996.

Band 19 Birgit Dalbkermeyer: Der Schutz des Beschuldigten vor identifizierenden und tendenziösen Pressemitteilungen der Ermittlungsbehörden. 1994.

Band 20 Thomas Hackner: Der befangene Staatsanwalt im deutschen Strafverfahrensrecht. 1995.

Band 21 Hartmut Loritz: Kritische Betrachtungen zum Wert des strafprozessualen Zwischenverfahrens. 1996.

Band 22 Heinz-Hermann Berghof: Therapie und Strafe im Betäubungsmittelrecht. Recht und Wirklichkeit der Behandlung Drogenabhängiger unter besonderer Berücksichtigung der §§ 35 ff BtMG. 1995.

Band 23 Oliver Mertens: Strafprozessuale Grundrechtseingriffe und Bindung an den Wortsinn der ermächtigenden Norm. 1996.

Band 24 Sönke Bahnsen: Das Akteneinsichtsrecht der Verteidigung im Strafverfahren. Dogmatische Grundlagen und Einzelprobleme im Lichte einer rechtsstaatlichen Verfahrensgestaltung. 1996.

Band 25 Dirk Schwieger: Der Vorteilsbegriff in den Bestechungsdelikten des StGB. 1996.

Band 26 Stephanie Meinecke: Die Auswirkungen von Verfahrensfehlern auf die Strafbarkeit nach den Aussagedelikten. 1996.

Band 27 Ute Lambrecht: Strafrecht und Disziplinarrecht. Abhängigkeiten und Überschneidungen. 1997.

Band 28 Carsten Momsen: Verfahrensfehler und Rügeberechtigung im Strafprozeß. Die Strukturen der Revisionsberechtigung unter besonderer Berücksichtigung des Begriffs "Rechtsnormen, die lediglich zugunsten des Angeklagten gegeben sind" in § 339 StPO. 1997.

Band 29 Ursula Epp: Die Abgeordnetenbestechung – § 108 e StGB. 1997.

Band 30 Bernd Scheiff: Wann beginnt der Strafrechtsschutz gegen kriminelle Vereinigungen (§ 129 StGB)? 1997.

Band 31 Ulrike Fontaine: Max Grünhut (1893-1964). Leben und wissenschaftliches Wirken eines deutschen Strafrechtlers jüdischer Herkunft. 1998.

Band 32 Claudia Keiser: Das Kindeswohl im Strafverfahren. Zur Notwendigkeit eines am Kindeswohl orientierten Umgangs mit minderjährigen Opfern und Zeugen, den Möglichkeiten de lege lata und den Erfordernissen de lege ferenda. 1998.

Band 33 Wiebke Schürer-Mohr: Erlaubte Risiken. Grundfragen des "erlaubten Risikos" im Bereich der Fahrlässigkeitsdogmatik. 1998.

Band 34 Stephan Voigtel: Zum Freibeweis bei Entscheidungen der Strafvollstreckungskammer. Eine Untersuchung zu ausgewählten Fragen des Beweisrechts im gerichtlichen Verfahren in Strafvollstreckungs- und Strafvollzugssachen. 1998.

Band 35 Volkmar Wißgott: Das Beweisantragsrecht im Strafverfahren als Kompensation der richterlichen Inquisitionsmaxime. Die Judikatur des Reichsgerichts zum strafprozessualen Beweisrecht. 1998.

Band 36 Susanne Merz: Strafrechtlicher Ehrenschutz und Meinungsfreiheit. 1998.

Band 37 Uwe Schlömer: Der elektronisch überwachte Hausarrest. Eine Untersuchung der ausländischen Erfahrungen und der Anwendbarkeit in der Bundesrepublik Deutschland. 1998.

Band 38 Michael Liedke: Die Vermögensstrafe gemäß § 43a StGB in ihrer kriminalpolitischen Bedeutung. 1999.

Band 39 Danja Domeier: Gesundheitsschutz und Lebensmittelstrafrecht. Zur Konkretisierung der Verkehrspflichten und ihrer Strafbewehrung, insbesondere mit Blick auf §§ 8 ff. LMBG. 1999.

Band 40 Ritva Westendorf: Die Pflicht zur Verhinderung geplanter Straftaten durch Anzeige. Eine kritische Betrachtung der §§ 138, 139 StGB im Kontext der Unterlassungsdelikte. 1999.

Band 41 Hans Theile: Tatkonkretisierung und Gehilfenvorsatz. 1999.

Band 42 Nicole Lange: Vorermittlungen. Die Behandlung des staatsanwaltschaftlichen Vorermittlungsverfahrens unter besonderer Berücksichtigung von Abgeordneten, Politikern und Prominenten. 1999.

Band 43 Tanja Gunder: Der Umgang mit Kindern im Strafverfahren. Eine empirische Untersuchung zur Strafverfolgung bei Sexualdelinquenz. 1999.

Band 44 Sven-Markus Thiel: Die Konkurrenz von Rechtfertigungsgründen. 2000.

Band 45 Jan Schlüter: Die Strafbarkeit von Unternehmen in einer prozessualen Betrachtung nach dem geltenden Strafprozeßrecht. 2000.

Band 46 Detlef Heise: Der Insiderhandel an der Börse und dessen strafrechtliche Bedeutung. Eine Untersuchung des neuen deutschen Insiderrechts speziell unter Bezugnahme auf die strafrechtstheoretischen und strafrechtsdogmatischen Grundlagen. 2000.

Band 47 Hermann Wichmann: Das Berufsgeheimnis als Grenze des Zeugenbeweises. Ein Beitrag zur Lehre von den Beweisverboten. 2000.

Band 48 Rainer T. Cherkeh: Betrug (§ 263 StGB), verübt durch Doping im Sport. 2000.

Band 49 Kristian Hohn: Die Zulässigkeit materieller Beweiserleichterungen im Strafrecht. Eine Untersuchung über Erscheinungsformen und Grenzen der Lösung beweisrechtlicher Probleme im materiellen Strafrecht. 2000.

Band 50 Malte Rabe von Kühlewein: Der Richtervorbehalt im Polizei- und Strafprozeßrecht. 2001.

Band 51 Donata Meinecke: Die Gesetzgebungssystematik der Versuchsstrafbarkeit von Verbrechen und Vergehen im StGB. 2001.

Band 52 Joachim Bock: Begriff, Inhalt und Zulässigkeit der Beweislastumkehr im materiellen Strafrecht. 2001.

Band 53 Gabriele Rose: Grenzen der journalistischen Recherche im Strafrecht und Strafverfahrensrecht. 2001.

Band 54 Wiebke Reitemeier: Täuschungen vor Abschluß von Arbeitsverträgen. Zum Verhältnis zwischen dem Straftatbestand des Betrugs und dem Anfechtungsrecht wegen arglistiger Täuschung (§§ 263 Abs. 1 StGB, 123 Abs. 1 Alt. 1 BGB). 2001.

Band 55 Peter Rackow: Das DNA-Identitätsfeststellungsgesetz und seine Probleme. 2001.

Band 56 Frank Zschieschack: Geiselnahme und erpresserischer Menschenraub (§§ 239a, 239b StGB) im Zwei-Personen-Verhältnis. 2001.

Band 57 Natascha Sëyfi: Das Sicherungsverfahren (§§ 413 - 416 StPO). 2002.

Band 58 Dirk Seiler: Die *Sperrwirkung* im Strafrecht. 2002.

Band 59 Dorothee Sydow: Die actio libera in causa nach dem Rechtsprechungswandel des Bundesgerichtshofs. 2002.

Band 60 Inga Metrikat: Die Unterbringung in einer Entziehungsanstalt nach § 64 StGB – Eine Maßregel im Wandel? Eine vergleichende, empirische Untersuchung zur Entscheidung des Bundesverfassungsgerichts vom 16.03.1994, BVerfGE 91, 1 ff. 2002.

Band 61 Sabine Caroline Bechtoldt: Die Erledigungserklärung im Maßregelvollzug des § 63 StGB. Eine empirische Untersuchung der Erledigungserklärung und zugleich rechtsdogmatische Erörterung ihrer Rechtskraftproblematik. 2002.

Band 62 Sandra Schulte-Nover: Strafrichter in Deutschland und England. Ein systematischer Rechtsvergleich im Hinblick auf die richterlichen Kompetenzen im Strafverfahren. 2003.

Band 63 Tim Schurig: Belehrung und Beratung des Beschuldigten über sein Aussageverhalten. Eine gemeinsame Aufgabe von Gericht und Verteidigung? 2003.

Band 64 Markus Laski: Die strafrechtlichen Bezüge des Bundes-Bodenschutzgesetzes. 2003.

Band 65 Gunnar Lüer: Die Versäumung im Berufungsverfahren. Das strafprozessuale Anwesenheitsprinzip im Spannungsfeld von autonomer Subjektstellung und öffentlichen Interessen am Beispiel des § 329 Abs. 1,2 StPO. 2003.

Band 66 Thomas Grützner: Die Sanktionierung von Submissionsabsprachen. Eine Untersuchung der bestehenden Möglichkeiten einer Bekämpfung von Submissionsabsprachen unter besonderer Berücksichtigung des § 298 StGB. 2003.

Band 67 Bettina Noltenius: Kriterien der Abgrenzung von Anstiftung und mittelbarer Täterschaft. Ein Beitrag auf der Grundlage einer personalen Handlungslehre. 2003.

Band 68 Bettina Kraft: Tendenzen in der Entwicklung des Jugendstrafrechts seit der Jugendgerichtsbewegung. 2004.

Band 69 Jessica Däbritz: Die Bestimmung strafbaren fahrlässigen Verhaltens in der Forschung am Beispiel ärztlicher Humanerprobungen. Ein Beitrag zur methodischen Ermittlung und inhaltlichen Bestimmung von Sorgfaltspflichten in der Humanforschung. 2004.

Band 70 Maike Steenbock: Über die Unfallflucht als Straftat. Eine kritische Untersuchung zum Zusammenhang der Strafbarkeit der Unfallflucht mit den Besonderheiten des Straßenverkehrs. 2004.

Band 71 Holger Mann: Beschleunigungspotential im Jugendstrafverfahren. 2004.

Band 72 Dorothee Krutisch: Strafbarkeit des unberechtigten Zugangs zu Computerdaten und -systemen. 2004.

Band 73 Heinz-Helmut Fuhrmann: Das Begehen der Straftat gem. § 25 Abs. 1 StGB. Unter besonderer Berücksichtigung der sogenannten "eigenhändigen" Delikte. 2004.

Band 74 Gerwin M. Moldenhauer: Eine Verfahrensordnung für Absprachen im Strafverfahren durch den Bundesgerichtshof? 2004.

Band 75 Dirk Busch: Konzernuntreue. Eine Untersuchung spezifischer Untreuestrafbarkeit innerhalb von Konzernverbindungen mit Aktiengesellschaften und Gesellschaften mit beschränkter Haftung. 2004.

Band 76 Mitsuru Iijima: Die Entwicklung des strafrechtlichen Unrechtsbegriffs in Japan. Eine kritische Betrachtung aus strafrechtsdogmatischer und rechtsphilosophischer Perspektive. 2004.

Band 77 Lena Barbara Kötter: Private Elemente in der Strafvollstreckung. Zur Privatisierung von Bewährungshilfe, Gerichtshilfe und gemeinnütziger Arbeit. 2004.

Band 78 Martin Maria Laufen: Der Wucher (§ 291 Abs. 1 Satz 1 StGB). Systematische Einordnung und dogmatische Struktur. 2004.

Band 79 Maike Aselmann: Die Selbstbelastungs- und Verteidigungsfreiheit. Ein Beitrag zu den Garantiewirkungen von Verfahrensrechten im Hinblick auf die Beweiswürdigung, Strafzumessung und Strafbarkeit des Beschuldigten im Strafprozess. 2004.

Band 80 Ingmar Wolf: Graffiti als kriminologisches und strafrechtsdogmatisches Problem. 2004.

Band 81 Misuk Son: Straftatfolgen im deutschen und koreanischen Strafrecht. Ein prinzipieller Vergleich. 2004.

Band 82 Matthias Saal: Die Beteiligung an einer Schlägerei (§ 231 StGB). Ein Plädoyer für die Streichung der schweren Folge. 2004.

Band 83 Michael Stüber: Die Entwicklung des Prinzips der Unmittelbarkeit im deutschen Strafverfahren. 2005.

Band 84 Patrick Gerberding: Das Rechtsmittelsystem im US-amerikanischen Strafverfahren. Eine rechtsvergleichende Betrachtung. 2005.

Band 85 Rouven Seeberg: Aufgedrängte Nothilfe, Notwehr und Notwehrexzess. 2005.

Band 86 Andre Knoerchen: Schadenswiedergutmachung über anwaltliche Schlichtungsstellen. Rechtsökonomische Analyse eines Modellprojekts. 2005.

Band 87 Andreas Quante: Sanktionsmöglichkeiten gegen juristische Personen und Personenvereinigungen. 2005.

Band 88 Gundula Momsen-Pflanz: Die sportethische und strafrechtliche Bedeutung des Dopings. Störung des wirtschaftlichen Wettbewerbs und Vermögensrelevanz. 2005.

Band 89 Klaus Kleinbauer: Rechtsmittelverzicht und Rechtsmittelzurücknahme des Beschuldigten im Strafprozeß. 2006.

Band 90 Manuel Fumagalli: Rechtsprobleme vorgeburtlicher Diagnoseverfahren. Die personenrechtliche Begründung von Pränataldiagnostik und Präimplantationsdiagnostik. 2006.

Band 91 Matthias Dann: Staatliche Tatprovokation im deutschen, englischen und schottischen Recht. Rechtsvergleichende Untersuchung unter besonderer Berücksichtigung europäischer und internationaler Entwicklungslinien. 2006.

Band 92 Shahryar Ebrahim-Nesbat: Die Herausbildung der strafrechtlichen Teilnahmeformen im 19. Jahrhundert. 2006.

Band 93 Christoph Pagiotke: Notstand und Notwehr bei Bedrohungen innerhalb von Prozesssituationen. 2006.

Band 94 Sebastian Olk: Die Abgabe von Sacherklärungen des Angeklagten durch den Verteidiger. 2006.

Band 95 Bernadette Pape: Legalverhalten nach Sexualdelinquenz. Eine empirische Analyse der Delinquenzkarrieren nach Sexualstraftaten an Kindern. 2007.

Band 96 Uttam Das: Möglichkeiten der Angleichung materiellen Strafrechts zwischen England und Deutschland im Rahmen des Art. K 31 EUV. 2007.

Band 97 Dennis Miller: Die Beteiligung am Verbrechen nach italienischem Strafrecht. Ein Beitrag zur Geschichte und Gegenwart von Einheits- und Differenzierungsmodellen der strafbaren Beteiligung mehrerer Personen. 2007.

Band 98 Michael Nehring: Kriminelle und terroristische Vereinigungen im Ausland. Auslegung und Analyse des im Zuge der Terrorismusbekämpfung nach dem 11. September 2001 geschaffenen § 129b Strafgesetzbuch. 2007.

Band 99 Bernadette Berger: Das Gesinnungsmoment im Strafrecht. 2008.

Band 100 Peter Rackow: Neutrale Handlungen als Problem des Strafrechts. 2007.

Band 101 Simone Mölders: Bestechung und Bestechlichkeit im internationalen geschäftlichen Verkehr. Zur Anwendbarkeit des § 299 StGB auf Sachverhalte mit Auslandsbezug. 2009.

Band 102 Anke David: Die Entwicklung des Mordtatbestandes im 19. Jahrhundert. 2009.

Band 103 Arne Habenicht: Die Beteiligung an sexuellen Gewalttaten. Unter besonderer Berücksichtigung der Doktrin von den so genannten „eigenhändigen" Delikten. 2009.

Band 104 Marwan Hamdan: Drittmittelforschung in der Medizin. Eine Gratwanderung zwischen strafbarer Vorteilsannahme und verfassungsgarantierter Forschungsfreiheit. 2009.

www.peterlang.de

www.ingramcontent.com/pod-product-compliance
Ingram Content Group UK Ltd.
Pitfield, Milton Keynes, MK11 3LW, UK
UKHW021233031026
15588UKWH00001B/63

9 783631 580929